care

케어

care

Arthur Kleinman

의사에서 보호자로, 치매 간병 10년의 기록

아서 클라인먼

노지양 옮김

시공사

추천의 글

내가 읽은 가장 감동적인 책. 그리고 잊을 수 없는 책. 아서 클라인먼은 우리의 일, 삶, 죽음에서 진정 중요한 것이 무엇인지 상기시킨다.

하워드 가드너(심리학자, 《다중지능》 저자)

미국에서 가장 인간애가 깊은 의사이자 사상가인 저자는 돌봄을 주고받는 능력에 대해서 통찰력 있고 감동적이며 고귀한 이야기를 한다. 강력하고 솔직하고 가슴 저미며 유용하다.

니컬러스 A. 크리스태키스(예일대 사회학 교수, 《행복은 전염된다》 저자)

이 책을 읽으라. 그리고 겸손해지고 감동받을 준비를 하라.

김용(전 세계은행 총재, 전 다트머스대 총장)

당신을 떨게 하고 교육시키는 책. 평생에 걸쳐 인간애를 어떻게 함양하는가에 관한 윤리적이고 희망적인 가르침이다.

폴 파머(의료인류학자, 《권력의 병리학》 저자)

삶을 생각하는 방식과 우리 사회를 바꿀 수도 있는 진정 특별한 책.

마이클 푸엣(하버드대 중국사·인류학 교수, 《더 패스》 저자)

우리 의료 제도에서 중시되어야 할 존재함, 직접성, 관심에 대한 풍부한 서사로 가득하다. 그러나 무엇보다 이 책은 사랑 이야기다. 엄청난 고통의 이야기, 환희의 이야기기도 하다. 나아가 삶에서 무엇이 진정으로 중요한가에 대한 이야기다.

T. M. 루어먼(스탠퍼드대 심리인류학 교수)

아서 클라인먼의 글은 사랑하는 사람의 기억에서 인생을 살아갈 힘을 끌어내는 인간의 능력에 대한 증거다. 사랑하는 사람 안에서 그 기억이 사라지고 있다고 해도 말이다.

케이 레드필드 제미선(존스홉킨스 의대 교수, 《자살의 이해》 저자)

지독하게 슬프고 아름다우며 감동적인 동시에 너무나도 많은 것을 가르쳐주는 책. 가슴에 오래오래 남을 것이다.

에이브러햄 버기즈(스탠퍼드 의대 교수, 《눈물의 아이들》 저자)

이 감동적인 글은 돌봄을 불행한 의무가 아닌 (분명 불행은 피할 수 없는 일부이긴 하지만) 도덕적 실천으로 보아야 한다고 설득력 있게 주장한다.

앤 패디먼(작가, 《서재 결혼 시키기》 저자)

올바른 의료를 위한 선언문이자 내적 삶에 대한 용감한 고백인 이 책은 우리 모두가 찾고 있던 언어를 보여주었다. 효과적이고 인간적인 진료는 그것을 받는 사람과 주는 사람 모두의 정신을 풍요롭게 하며, 결국 그들이 하나임을 깨닫게 한다.

리타 샤론(컬럼비아 의대 교수, 서사 의료 프로그램 설립자)

한국의 독자들에게

2017년 연세대, 이화여대, 서울대에서 강연을 했습니다. 한국은 첫 방문이었지만 그전에도 한국과는 적지 않은 인연이 있었습니다. 제가 가르친 제자 중에는 한국 학생과 한국계 미국인 학생도 많았고 그중에는 전 세계은행 총재였던 김용 총재도 있습니다. 하버드 아시아 센터의 센터장을 역임하면서 정치, 경제, 인류학, 의학 등 각계 각층의 한국인 리더들을 만날 기회도 많았습니다. 이 책이 한국어로 출간된다는 소식에 매우 기쁩니다. 최근작이자 개인적으로 제 인생에서 가장 중요한 책을 출간해 준 시공사 출판사에 감사를 전합니다.

저는 1980년 첫 단독 저서로 《문화적 맥락에서 본 환자와 치유자 Patients and Healers in the Context of Culture》를 출간했습니다. 대만에서의 질병 치료 경험과 민족지학적 연구를 바탕으로 집필한 이 책은 당시 동아시아와 동남아시아의 책과 자료를 참고하면서 의료 시스템의 새로운 모델을 서구에 소개하고자 했습니다. 당시의 기준이던 공중 보건 모델과는 다르게 가족과 환자 스스로의 돌봄이 중요함을 강조했습니다. 1988년에 나온 책 《질병 이야기 The Illness Narratives》는 실제 환자들의 경험과 치료 과정을 자세히 소개하며 돌봄을 중심으로 한 진료와 민족지학적 비전이 의료 시스템과 전문 의료진의 중심 과제가 되어야 한다고 주장했습니다. 우리 시대의 헤게모니라 할 수 있는 생체의학적·경제적 관점과는 반대되는 관점이었지요.

제가 전하고 싶은 메시지는 의료에서 질병과 돌봄의 경험이 도덕적으로나 감정적으로 매우 중요하다는 사실입니다. 2006년의 책 《당신의 삶을 결정하는 것들What Really Matters》에서는 건강과 사회복지 분야에서뿐만 아니라 사회 전체로 이런 생각이 퍼져야 한다고 주장했습니다. 고통과 돌봄의 경험은 삶의 위협과 불확실성을 확인시켜 주기도 하지만 질병, 위험, 의심에 대처하면서 인내력과 정신을 강인하게 할 수도 있습니다.

《케어The Soul of Care》에서 저는 다시 이 주제로 돌아갔습니다. 조발성early-onset 알츠하이머를 앓다 2011년에 세상을 떠난 아내 조앤 클라인먼을 돌보는 사람으로서 나의 경험을 기록했습니다. 가족 간병인이 되어 돌봄에서 관계의 질이 얼마나 중요한지 직접적으로 체험했습니다. (우리는 46년 간 결혼 생활을 했습니다.) 서로의 곁을 지키면서 생성되는 존재감presence이 얼마나 중요한지 배웠습니다. (나뿐만 아니라 우리 부부가 만난) 그 모든 어려움에도 불구하고 조앤과 내가 견딜 수 있었던 이유가 무엇인지를 배웠고 그전에는 미처 몰랐던 심오한 진실을 깨달았습니다. 조앤은 떠났지만 그녀를 돌본 기억은 지금 이 글을 쓰고 있는 순간에도 이어지고 있습니다.

이 책은 돌봄에 대한 사회적 지원이 부족해지고, 의료계와 가족 안에서의 돌봄과 보살핌이 점점 사라지고 있으며 이는 우리 모두에게 비극적인 결말이 될지도 모른다는 사실을 지적하고 있습니다. 개인적으로 나의 인생을 바꾼 가족 간병인으로서의 경험을 통해 관계,

존재함, 인내, 추억을 소중히 하는 것이 돌봄의 핵심임을 말하고 싶습니다. 돌봄은 사회를 하나로 이어주고 삶을 가능하게 합니다. 우리는 아이를 키우고 환자를 간병하고 장애인을 돕고 죽어가는 사람 곁을 지키며 우리 자신을 돌보기도 합니다. 반려동물을 키우고 정원을 가꾸고 지역사회와 환경을 보살핍니다. 이 모든 돌봄은 우리를 윤리적·감정적으로 성장하게 합니다.

돌봄의 모습은 문화에 따라 다를 수 있고 지역적인 특징을 보이기도 합니다. 조앤과 나는 두 문화의 영향을 받았습니다. 우리의 인생이 (일과 가정 모두) 미국과 중국 사회에 걸쳐 있었기 때문입니다. 한국과 다른 국가의 독자들이 이 책을 읽으면서 우리가 사는 특정한 사회와 문화가 돌봄을 어떤 모습으로 형성하고 굴절시키는지 더 깊이 이해하길 소망합니다. 또한 책을 읽은 독자들이 국제사회와 지역사회에서 돌봄의 정신을 다시 살리는 운동에 동참해 주고자 한다면 더 바랄 게 없을 것입니다.

아서 클라인먼

차례

조앤 앤드리아 라이먼 클라인먼에게
1939. 9. 4. ~ 2011. 3. 6.
또한 조앤을 사랑했고 돌보았던 모든 사람,
나처럼 그녀의 사랑에 의해 새롭게 태어난 사람들에게

—

"우리를 둘러싼 공간이 비워져 있는 이유는 우리가 보살피기 위해서다."
셰이머스 히니(아일랜드 시인)

—

인간으로 산다는 건 무엇이고 삶 그리고 죽음이 왜 중요한지를 가르쳐주는 질환과 장애를 겪고 견디고 굴복했던 모든 이들에게 바칩니다. 자신이 가진 것을 주고 할 수 있는 것을 하고 생활을 꾸려가고 희망을 유지하며 마지막 나날을 준비한 사람들, 자기가 줄 수 있는 모든 것을 내어 주면서도 항상 부족하다고 느꼈던, 이 세상의 모든 돌보는 이들에게 바칩니다.

"나가! 나가라고!"

조앤은 소리를 지르며 침대에 들어와 있는 낯선 남자를 힘껏 때린다. 노여움과 분노를 온몸으로 표출하고 있다.

"안 나가? 당장 나가!"

조앤이 낯선 남자라고 생각한 사람은 40년 넘게 함께한 남편인 나다. 조앤은 낮잠에서 깨자마자 나를 보고 이렇게 반응한다.

2009년, 매사추세츠 캠브리지. 우리가 27년 동안 지내온 집의 침실이다.

나는 충격과 두려움을 숨기려 노력하며 목소리를 최대한 낮춰 말한다. "나야 나. 당신 남편. 화내지 말고. 내가 당신 옆에 있잖아!"

"뭐? 당신이 아서라고! 아니잖아. 이 나쁜 놈. 사기꾼! 여기서 나가라니까. 나가." 소리를 빽빽 지르다가 이제 몸까지 덜덜 떨면서 겁먹은 눈으로 나를 노려본다. 그녀는 우리에 갇힌 동물 같다.

떠오르는 모든 방법을 동원해 내가 남편이라는 사실을 증명하려 해보지만 아내는 고개를 격하게 젓고 완강하게 버티며 점점 더 심하게 화를 낸다. 나는 이것이 현실이라고 믿고 싶지 않다. 악몽을 꾸고 있는 것이라면 얼마나 좋을까. 조앤은 자신의 존재를 흔드는 망상의 손아귀에 갇혀 공포를 느끼고 있다. 처음 있는 일은 아니다. 지난해 암스테르담의 호텔에서도 똑같은 일이 있었으나 나는 여전히 아내의 섬망 증세에 대처할 준비가 되어 있지 않다.

조앤의 눈은 거의 보이지 않는다. 아내는 이례적인 종류의 조발성 알츠하이머를 앓고 있다. 이 고문과도 같은 사건은 카프그라 증후군Capgras syndrome의 전형적인 증상으로, 퇴행성 신경 질환을 앓고 있는 사람들에게서 흔히 나타나는 망상이다. 환자는 친밀한 가족이나 친구를 알아보지 못하고 자신이 들어와 있는 물리적 공간이 비현실이고 가짜라고 여기기도 한다. 조앤에게는 대체로 단발성이고 몇 시간 만에 끝나며 쉽게 잊히기도 하지만 가까운 사람들에게는 세상이 무너지는 일이다. 수십 년 동안 형성된 둘 사이의 유대감이 한순간에 깨진 유리 조각처럼 느껴지는 경험인 것이다.

나는 훈련받은 정신과 의사다. 그러니 이 상황을 다룰 기술이 있어야만 한다. 하지만 지금 이 순간, 나는 그저 충격으로 몸서리치는 비참한 남편일 뿐이다. 암스테르담에서 그랬듯 아내의 섬망 증세는 이번에도 몇 시간 동안 지속되었다. 그 지옥 같은 시간 동안 나는 아내의 눈에 띄지 않는 구석에 숨어서 아내의 증상이 가라앉고 대화가 가능해질 때까지 기다린다. 그러나 나는 조앤의 간병인이고 주 보호자다. 어떻게든 조앤과 정상적인 대화를 해보려 노력하지만 계속 거부만 당한다. 결국 나는 다른 사람인 척하며 아내에게 어떻게 도울 수 있겠냐고 묻는다.

"이 사기꾼 내보내고 내 진짜 남편 찾아와요." 조앤은 울면서 애원한다.

~

조앤은 그 일을 대수롭지 않게 여겼다. 다음 날에는 아무 일도 일어나지 않은 척했다. 그때 나는 조앤을 8년째 간병하고 있었다. 씻기고 입히고 어디든 데리고 다녔다. 식사를 차리고 먹이고 주변에서 일어나는 일을 하나하나 설명해 주었다. 나는 평범한 한 명의 가족 간병인이다. 미국의 5000만 명 이상의 사람들이 언제라도 하게 될 수 있는 일이다. 나는 평생 의료계에 종사해 온 의사이고 전문적인 치료와 간병을 연구해 온 의료인류학자이기도 하다. 객관적인 지식으로 무장한 전문가인 동시에 돌봄을 일차적으로 체험하고 있는 참여자기도 하다. 이런 조건 안에서 하루하루 돌봄이란 무엇인지 배우고 있다.

이 책은 돌봄과 간병의 직접적인 체험기이자 돌봄이 우리에게 왜 중요한가를 말하는 나의 증언이다. 의사로서의 경험과 가족 간병인으로서의 경험을 통해, 특히 후자로 보낸 고통스러운 10년 동안 나는 돌봄이란 무엇인지 뼛속 깊이 이해하게 되었다. 돌봄은 인간이 인간으로 성장하는 데 있어 절대 빼놓아서는 안 되는 과정이다. 우리 사회에서 대체로 소년들은 남을 신경 쓸 줄 모르는 사람, 소녀들은 살피고 돌보는 사람으로 여겨진다. 10대 소년과 청년이 타인을 돌보는 법을 익히고 보살필 줄 아는 사람이 되고 돌봄을 제공할 수 있는 사람이 되기까지는 아주 오랜 시간이 걸릴 수 있다. 반면 여성들은 당연히 남을 돌볼 줄 알아야 한다는 사회적 압박과 문화적 기대 속에서 자란다. 그렇다고 해서 돌봄이 언제나 여성에게 더 자연스럽고 쉬울까? 아니다. 여성들 또한 서서히 돌보는 사람으로 변하고 성장한다. 돌봄은 관계의 핵심이기 때문이다. 돌봄을 주고받는 일은 우리가 평생 선물을 주고받는 것처럼 관심, 애정, 실질적 도움, 감정적 지지, 도덕적 유대를 주고받는 일이며 그에 따라오는 의미는 인생의 수많은 일들과 마찬가지로 복잡하고 미완으로 남아 있기도 하다. 돌봄은 행동이고 실천이고 수행이다. 대체로 어떤 일에 대한 **반응**이기도 하다. 각자가 처한 조건과 맥락에서 타인의 욕구와 나의 욕구에 어떻게 반응하는지가 돌봄이다. 돌봄은 불의의 사고와 부상을 헤쳐나가야 하는 사람들과 동행하는 일이다. 보필하고 보호하고 앞으로의 위험까지 준비하는 일이다.

돌봄의 핵심은 옆에 있음, **현존**presence이다. 돌보는 사람과 돌봄을 받는 사람 모두 생생하고 온전한 자기 자신의 모습으로 서로의 곁에 존재하는 일이다. 돌보는 행위는 우리 안의 현존을 끌어낸다. 돌봄은 죽음과 함께 끝나지 않고 적극적으로 추억을 살피는 일로 이어진다. 나는 돌봄이 공포와 두려움의 순간들을 목격하게 하고 자기 의심과 무력감을 수없이 마주하게 하지만 그러면서도 진정한 인간적 유대감을 나누게 하고 서로를 정직하게 드러내고 삶의 목적의식과 감사를 키운다는 사실을 배웠다.

돌봄의 영역이 의학의 경계를 얼마나 멀리 넘을 수 있는지도 배웠다. 돌봄은 모든 인류에게서 볼 수 있는 가장 보편적인 행위이며 그와 동시에 가장 무겁고 좌절을 안겨주는 행위다. 우리 안의 인간애를 온전하게 깨닫게 하는 실존적 행위이기도 하다. 돌봄의 미천한 순간들, 즉 이마의 식은땀을 닦아주고 더러워진 시트를 갈고 짜증을 달래고 마지막 순간에 사랑하는 사람의 볼에 키스할 때 내 안의 가장 훌륭한 나의 모습이 구현된다. 돌보는 사람과 돌봄을 받는 사람에게도 일종의 구원이 찾아온다.

돌봄은 고되고 따분하고 지리멸렬한 일이나 감정적, 윤리적, 때로는 종교적 의미와 공명한다. 누군가를 직접 돌보는 실질적 행동 안에 숨겨진 의미를 끌어내면, 그 일을 지속하면서 만나는 도전과 시행착오를 견디는 힘을 얻고 인생의 다른 시험에 대처할 수 있는 강인한 인간으로 단련된다. 삶에서 이러한 도전은 계속해서 늘어날 뿐이다. 우리는 위험한 시대를 살고 있다. 가정에서, 의료 전문가들 사이에서, 병원과 요양원에서, 또 사회 전반에서 양질의 돌봄이 심각하게 위협받고 있다. 또한 무관심, 증오, 폭력, 냉소주의가 지배하는 정치적 상황 안에서 돌봄을 경시하는 분위기가 팽배하고 있다. 돌봄이 평가절하 되면서 재정적인 지원은 이루어지지 않고 돌봄은 중대한 사회문제가 아니라 가볍고 감상적인 문제로 여겨진다.

절대 그렇지 않다. 돌봄은 가족, 지역, 사회를 끈끈하게 연결한다. 돌봄은 우리가 어떻게 살아야 하고 우리가 누구인지를 알려주는 또 하나의 서사를 제공한다. 하지만 미국에서뿐만 아니라 전 세계에서 돌봄의 가치는 억압받고 폄하되고 경제성과 효율성이라는 미명 아래 희생된다. 재정 지원은 점점 줄어들고 가족과 의료 전문가의 희생만을 요구하고 있으며 의료 서비스 안에서 의미가 사라질 위험에 처했다. 우리 존재의 근간이라 할 수 있는 고통과 치유의 경험이 기록되지 못하고 최악의 경우에는 사라질 수도 있다. 효율성과 비용만 따지는 '의료보험 논쟁'에 반발할 준비를 해야 한다. 이제 행동할 시간이다.

이 책에 담긴 정보는 의사이자 인류학자이자 가족 간병인으로서 나의 정신을 정확하게 전달하고 있다. 자전적인 세부 사항, 우리 가족, 조앤의 주치의 이름과 조앤이 다녔던 병원을 제외하고 모든 이름과 정보는 변경했다. 관련된 개인과 가족의 사생활, 기관의 익명성을 보호하기 위해서다.

일러두기
- 이 책은 가족 간병인으로서의 경험을 담은 전반부(1~5장), 의사이자 학자로서의 전기를 담은 후반부(6~11장)로 나뉜다. 저자의 동의를 얻어 한국어판 구성을 변경했으며, 그 결과 최근 이 야기부터 등장함을 밝혀둔다.
- 옮긴이 주와 저자 주는 원 개수로 구분했다.(● 옮긴이 주, ●● 저자 주)

1

그 일은 불길하면서도 미묘하게 시작되었다. 조앤은 50대 후반에 시력에 문제가 생겼다. 컴퓨터 화면이나 책, 연구 자료가 보이지 않고 안경을 아무리 바꾸어도 나아지지 않는다고 했다. 우리는 주말마다 캠브리지의 집에서 메인주의 중부 해변까지 운전해 별장에서 쉬다 오곤 했는데 내가 운전할 때 조앤이 〈뉴욕 타임스〉를 읽어주곤 했다. 어느 날부터 설명할 수 없는 이유로 한 기사를 끝까지 읽지 못했고 우리 둘 다 짜증이 났다. 몇 달 동안 지켜보니 조앤의 시선이 인쇄물 앞에서 끝으로 뛰어넘고 줄과 줄 사이를 헷갈리면서 기사 내용이 자꾸 엉키고 이해하기 어렵게 된 것이다.

주말에 느꼈던 짜증은 주중까지 이어졌다. 컴퓨터를 쓰다 어이없는 실수를 하고 자판을 정확히 두드리지 못하고 가끔은 똑같은 실수를 수없이 반복했다. 몇십 년 동안 다닌 퇴근길에서 차선을 똑바로 맞추지 못하는 일도 일어났다. 그리고 잊을 수 없는 그날이 있었다. 캠브리지 스트리트에서 하버드 스퀘어를 잇는 짧은 터널을 지날 때였다. 조앤이 아마도 수백 번, 아니 수천 번 오갔을 그 터널 안에서 갑자기 공포에 질린 목소리로 깜깜한 곳에서 운전을 할 수 없다고 소리친 것이다. 뒤차들이 경적을 울려대자 어쩔 수 없이 내가 조수석에서 핸들을 잡고 운전을 도와줄 수밖에 없었다. 그 사건으로 우리는 둘 다 흔들렸고 혼란에 빠졌다. 그날 이후부터 그녀는 운전을 거부했다. 얼마 지나지 않아 계단을 내려가거나 건널목을 건너는 일에도 겁을 냈다.

　　다른 문제들도 있었다. 와인 잔을 떨어뜨리고 접시도 떨어뜨렸다. 전에는 거의 없던 일이었다. 성인이 되어 당연히 해나가던 일상적인 일들이 그녀를 당황하게 만들었다. 먼저 고지서를 정확히 읽을 수 없다고 했다. 수표 쓰는 일을 더 이상 못 하겠다며 30여 년 동안 책임졌던 일을 나에게 넘겼다. 처음에는 나도 불평했지만 아내가 간단한 산수도 어려워하는 걸 보자 이건 단순히 시력 문제가 아니라는 느낌이 오기 시작했다. 전부터 같이 했어야 하는 책임을 나눈 것뿐이므로 긴 말은 하지 않았다. 우리는 저녁을 먹으면서 와인을 한두 잔 하곤 했는데 조앤은 언젠가부터 와인을 마시면 너무 어지럽고 **몽롱하다** 고 했다. 한번은 저녁 식사 초대 자리에서 평소보다 와인을 많이 마셨는데 손님들이 떠나자마자 바로 곯아떨어지더니 다음 날 오전 늦게까지 잠을 잤다. 평소에는 있을 수 없던 일이었다. 주소록 관리 문제도 있었다. 조앤은 기존의 주소록에서 친한 친구들과 가족들의 이름을 찾을 수 없다고 했다. 그래서 새로 알게 되는 주소나 전화번호는 새 수첩에 기입했다. 이런 주소록들은 몇 개가 더 생겼다. 그러나 어느 날 넘겨 보면 작은 수첩 여러 개에 똑같은 이름과 주소가 적혀 있곤 했다. 이걸 어떻게 해석해야 할까?

몇 달간은 이 문제를 그리 중대하게 여기지 않으려 했다. 이런 작은 변화들은 자연스러운 노화의 과정으로 볼 수도 있었다. 그러나 노화로 설명하기에는 조앤이 아직 예순도 되지 않았다는 점이 문제였다. 아흔이 거의 다 된 나의 노모도 일상의 문제를 처리하는 데 조앤만큼 어려움을 겪지는 않았다.

그러다 어느 주말, 문제의 심각성을 경고하는 진짜 사건이 일어났다. 토요일 아침이었다. 평소처럼 우리 집에서 한 블록 떨어진 프레시 폰드 공원으로 주말 조깅을 하러 나갔다. 조앤이 앞서갔고 나는 운동화 끈을 다시 매느라 잠깐 멈춰 섰다. 넓은 2차선 도로를 건너던 조앤은 오른쪽에서 오는 픽업트럭을 보지 못했다. 나는 소리를 질렀고 조앤은 자동차 바퀴가 그녀의 발을 밟고 지나가자 비명을 지르며 넘어졌다. 우리는 둘 다 그녀가 죽을 뻔했다는 사실을 깨달았고 나는 바들바들 떨고 있는 아내를 안았다. 조각난 발목뼈에는 두 개의 티타늄 나사를 박아야 했다. 입원 첫날 밤, 곁을 지키는 날 향해 자신에게 끔찍한 일이 생길 것이라고 반복적으로 말했다. 시력은 점점 잃어가고 판단력은 흐려지고 기본 능력은 떨어지는 건 물론 안전에 대한 감각도 상실한 수준이었다.

지난 몇십 년 동안 우리 주치의로 깊은 신뢰를 쌓아온 선생님 또한 혼란스러워하면서 전문의를 추천해 주기로 했다. 가장 먼저 안과 의사를 만나 여러 무의미한 검사들을 받았다. 그 의사가 무심한 얼굴로 검사실에서 우리에게 등을 돌리고는 컴퓨터에 숫자를 입력하던 모습을 아직도 생생히 기억하고 있다. 그가 우리 부부를 진짜 삶을 살아가는 진짜 사람으로 보지 않은 듯한 느낌을 받았는데, 이는 앞으로 몇 달 동안 다른 의사들에게서 수차례 받게 된 불편한 감정이기도 했다. 두 번째 안과 의사는 조앤의 가시 범위에 문제가 있음을 알아내고 우리를 신경학자에게 소개시켜 주었다. 나이 지긋한 의사는 여러 가지 가능성을 거론하며 혼란만 더했다. 그가 제시한 가능성들은 신체검사나 랩 검사에서 나오지도 않았고 관련조차 없었다. 이 신경학자는 확신하지도 부정하지도 않고 그저 잠재적 병명만을 길게 나열했다.

걱정하는 친구들도 나섰다. 한 친구는 신경안과 병동에 예약을 잡았다. 우리는 몇 시간을 기다려 안과 의사 한두 명이 아니라 총 여섯 명의 전문의를 만났다. 그중 몇 명은 기존의 증상에 들어맞지 않는 조앤의 증상을 보며 고개를 갸우뚱거리기만 했다. 몇 명은 조앤이 아주 희귀한 조건에서만 발병하는, 흔하지는 않지만 흥미로운 질병을 일컫는 '파시노마fascinoma'에 해당한다고 말하기도 했다. 이 말을 듣고 특히 화가 났는데 그들이 구체적인 병명에만 초점을 맞춘다는 사실이 그대로 드러났기 때문이다. 마치 병이 사람들, 환자와 그 환자의 남편과는 분리된 존재처럼 말했다. 그들은 새로 나온 검사들을 해보고 이미 우리에게 유의미한 결과를 주지 못했던 검사들도 또다시 반복했다. 각각의 전문가나 기관에서는 직접 실시한 검사만 신뢰하는 모양이었고 따라서 조앤은 이미 다른 병원에서 거쳤던 것과 똑같은 CT 스캔, MRI, 혈액검사를 받아야만 했다.

몇 달 동안 전화를 하고 예약을 잡고 예약 날짜를 바꾸거나 취소하고 혈액검사를 위해 검사실에 갔다가 새로 나왔다는 더 값비싼 스캔을 받으러 방사선과에 방문하고, 다른 전문가에게 조언을 구하겠다고 하는 전문가들을 만나고 아니면 그냥 무작정 기다리기도 했다. 병원 진료의 대부분은 기다리는 일, 언제나 대기하는 일이었다. 환자와 가족은 대기실에서 한없이 기다리고 그러면서 그들의 불안과 짜증은 당연히 커진다. 검사 결과를 기다리고, 의사와 몇 마디 나누기 위해 기다리고, 의사에게 다음 단계에 대한 말을 듣기 위해 기다린다. 대부분은 답을 듣기 위해 기다린다. 잔인한 사이클임을 알면서도 여기서 쉽게 벗어날 수 없는 이들에게 기다린다는 것은 시간을 잃어버린다는 것, 우리가 적응하고 일상을 꾸리고 미래를 준비할 수 있는 다른 모든 일을 해야 할 시간을 잃어버린다는 것을 의미했다. 그 모든 대기 시간과 그로 인한 짜증은 몇 배나 늘어나면서 영구화되기도 한다. 우리의 공포나 개인적인 사정에는 무심해 보이는 전문가들을 연이어 만나다 보면 어리둥절해지고 의욕을 상실하게 된다. 환자의 가족이 되어서야 비로소 알게 된 것들이다.

　친구들은 좋은 의도에서였겠지만 자꾸 신문 기사를 보내고 웹사이트 링크를 보내거나 병원에서 겪었던 힘들거나 비인간적인 대우를 받은 경험을 전하면서 우리를 더 피곤하게 만들곤 했다. 그들이 우리에게 보여준 정보와 우리가 직접 찾은 정보는 서로 모순되거나 도움이 안 되거나 상황을 더 악화시키기도 했다. 내가 가르쳤던 학생들에게도 소문이 퍼졌는데 당시 동유럽의 한 기관에서 연구원으로 일하던 학생이 구유고슬라비아의 치유자를 소개해 주기도 했다. 그 치유자는 병을 '알아볼 수' 있고 의사들도 발견 못 한 문제를 찾아내고 치료해 주기도 한다고 했다. 서구의 생체의학biomedical 만능주의를 경계하고 타 문화의 전통 치료법에도 마음이 열려 있는 인류학자로서는 무척 끌렸다. 그러나 조앤의 남편으로서는 아직은 이런 종류의 증명되지 않은, 극단적인 길을 탐험할 준비가 되어 있지 않았다. 중국 친구들은 중국의 전통 의학을 공부한 의사들을 추천했고, 중국에서 거주한 경험이 있는 우리 부부는 그들의 말을 진지하게 고려하기도 했다. 그럼에도 아직은 그 단계까지는 아니기를 희망했다. 우리는 절실하게 명확한 진단을 원했다. 우리는 확답을 원했다.

심각한 질병을 앓는 환자들은 초기 단계에서 생활의 기반이 흔들리고 트라우마로 남을 경험을 하게 된다. 조앤과 나처럼 나름대로 이 분야에 지식과 경험이 풍부한 사람들이라 해도 트라우마에 면역되어 있지는 않다. 우리는 이 모든 불확실성 속에서 막막했고 병원 순례라는 혼돈 속에서 지쳐갔다. 기업화된 병원의 많은 의료 전문가와 병원 스태프 들은 우리를 각종 검사와 데이터로는 규명할 수 없는 병의 소유자로만 보고, 지지와 확신을 간절히 바라는 마음 여린 사람들이라고는 생각하지 못하는 듯했다. 우리는 앞으로 무엇을 믿고 의지하며 나아가야 할지 알 수 없었다. 내가 세계에서 가장 명망 있는 의대의 교수고 그 대학병원의 의사라 해도 뭐가 뭔지 몰랐고 다음에 밟아야 할 단계는 무엇인지에 대해서도 조언을 전혀 얻지 못했다.

마침내 우리는 하버드 의대의 동료이기도 하고 진단을 잘 내리기로 유명한 신경학자를 만났다. 그는 주요 신경방사선 검사들을 반복했고 세부적인 신경심리학 검사들도 매우 체계적으로 실시했다. 그리고 우리를 앉히더니 엄숙한 목소리로 검사 결과를 전해주었다. 가장 최근에 찍은 MRI도 '정상'으로 나오긴 했지만 이전의 검사 결과와 비교해 보니 아주 희미하지만 확실한 초기 피질위축cortical atrophy 소견이 관찰된다고 했다. 피질위축이란 시각과 인지에 관련된 두뇌 세포가 위축되고 기능이 심각하게 저하되는 증상이다. 신경심리학 검사 또한 미세하지만 반복적인 인지 저하의 증거를 보여주고 있었고 함께 실시한 다양한 신체검사와 같이 놓고 보니 결론은 한 방향을 가리키고 있다고 했다.

우리는 침묵 속에서 평소에는 건조하면서도 위트 있는 유머를 구사했던 동료가 심각한 어조로 오해의 여지가 없는 증거들을 나열하는 것을 들었다. 조앤의 증상으로 보건대 조발성 알츠하이머가 거의 확실하다고 했다. 알츠하이머의 단 5퍼센트만이 시각 정보를 처리하는 영역인 두뇌의 후두엽에서 시작된다. 조앤이 그 5퍼센트에 속한다고 했다. 후두엽에서 시작되었지만 감각, 시각, 청각을 통해 입수된 정보를 통합하는 중추인 두정엽에도 이미 변화가 보인다고 했다.

동료는 이렇게 중대한 진단을 성공적으로 내린 다음에는 별다른 말이 없었다. 이 병의 예후에 대해서도 말을 꺼렸다. 예측되는 병의 양상과 기간은 어떻게 되는지 말해주지 않았다. 앞으로 어떤 방식으로 병을 겪어야 하는지에 대해서 어떤 조언도 추천도 없었다. 그 대신 우리에게 알츠하이머 전문의인 후배를 소개해 주었다. 뒤돌아보면 우리가 그와 함께 보낸 두 시간 중에서 99퍼센트의 시간이 진단 설명에만 쓰였다. 진단만 명확하게 내렸을 뿐 우리에게 닥친 일이 과연 무엇인지에 대한 설명은 거의 하지 않았다. 중요한 건 우리가 앞으로 어떻게 해야 할지가 아닌가.

이 전문의는 첫 미팅 때 우리에게 새로운 치료법을 시도해 보는 것도 좋다고 권유했지만 그 의사 또한 우리가 무엇을 기대해야 하고 미래를 준비하기 위해 어떤 실질적인 도움을 받아야 하는지에 대해서는 아무 말이 없었다. 조앤을 6주에 한 번씩 만나자고 했지만 그 말투로 봐서는 그 의사가 앞으로 우리의 여정을 지켜봐 주고 의지할 수 있는 사람이 아니라 그저 무슨 일이 일어나는지 관찰하고 싶어 하는 사람 같았다. 그녀는 조앤에게만 말을 걸고 나와는 눈을 마주치지 않으려 했다. 나는 의사에게 아픈 사람은 조앤이고 독자적인 결정권자임을 강조하는 방식으로 상담해 줘서 감사하지만 조앤은 남편인 내가 복잡한 의학적 상황을 이해해 주길 바란다는 말을 전했다. 내내 조용하던 조앤은 입을 열더니 의사에게 자신은 매우 혼란스러우니 남편이 도와주길 바란다고 말했다. 나는 우리가 이 어려운 시기를 한 팀으로 헤쳐나가길 원하며 지난 몇십 년을 그렇게 살아왔고 앞으로도 남은 생을 그렇게 살아갈 것이 확실하다고 말했다. 이 젊은 의사는 '원칙상' 조앤에게 직접 전해야 하고 경험상 남편이 아내의 목소리를 억압하는 경우를 많이 보았기 때문이라고 답했다. 조앤과 나는 입을 모아 우리 부부는 전혀 그렇지 않다고 대답했다. 그러나 의사는 확고했다. 우리는 고개를 절레절레 흔들며 사무실에서 나왔고, 우리를 가족이 아니라 고립된 개인으로만 보려는 전문가에게 어떻게 상담과 진료를 받을 수 있을지 고민했다. 그녀는 진보적이라 할 수 있는 원칙을 따르고 있었으나 우리 부부의 가치는 무시했다. 약물 치료 관련해서는, 지금 사용 가능한 약물로는 큰 변화를 기대하긴 어렵지만 적어도 부작용은 없고 획기적인 약물이 나오기 전까지는 병의 진행을 늦춰주는 역할은 할 것이라고 했다. 이 점에 대해서는 반대할 여지가 없었다. 그러나 의사는 돌봄이나 간병에 관해서는 아무 말도 하지 않았다.

진단을 받고 온 날 밤, 나는 조앤을 꼭 껴안고 내가 앞으로 할 수 있는 건 무엇이든 하겠으니 함께 헤쳐나갈 수 있을 거라 말했다. 조앤은 눈물을 뚝뚝 흘리면서 앞으로 어떤 일을 겪게 될지 몰라 두려울 뿐이라고 했다. 우리 앞에 놓여 있는 얼마 안 되는 황금 시절, 그토록 오래 열심히 준비해 온 우리 부부의 평화로운 노년이 우리 기대와는 완전히, 표현할 길 없이 달라진다는 사실이 너무 야속하다고 했다. 나는 무슨 일이 일어나도 당신을 돌볼 것이며, 집에서 떠나는 일은 없을 거라고 약속했다. 아내의 기분은 나아지지 않았다. 달콤한 말로 위로할 성질의 일이 아니었다. 그날 잠에 들기 전 조앤은 내 얼굴을 양손으로 감싸더니 내 얼굴을 자기에게 돌리고 내 눈을 똑바로 쳐다보았다. 나는 그녀의 형형한 눈빛과 진지하고 확신에 가득한 표정을 바라보았다. 절제하면서도 단호하게 내가 외우려 하지 않아도 외우게 된 그 말을 했다. 이후에도 똑같은 진지함과 무게로 반복했기 때문이다. 그 말은 내 영혼에 영원히 새겨졌다.

"나는 오래 살지 않아도 돼. 위엄 있게 죽을 수 있게 해줘. 당신과 찰리(당시 우리 주치의)는 끝낼 수 있는 방법을 알잖아. 약속해 줘. 당신 약속이 필요해."

그 말을 들었다. 그리고 알아들었다는 표시를 했다. 하지만 그때 의사도 나도 실제로 그런 일을 할 수는 없다는 걸 알았다. 우리는 같이 울었다. 아내를 위해 울었고 우리 부부를 위해 울었다. 하지만 이 말을 어떻게 받아들여야 할지 몰랐다. 아니다. 나는 알았다. 우리에게 앞으로 어떤 일이 닥치건, 아내가 나에게 얼마나 강하게 요구하건 아내의 생명을 절대 끝낼 수는 없다는 것을 뼛속 깊이 알았다. 우리는 무슨 일이 닥쳐도 같이 견딜 것이다. 때로 견딜 수 없는 것도 견딜 것이다.

알츠하이머는 관습적인 이야기 구조를 따르지 않는다. 물론 시작이 있고 피할 수 없는 끝도 있을 테지만 그 중간은 — 돌봄이 중대해지는 그 긴 시기 — 대부분의 환자와 가족 들에게 정의될 수 없고 헤아릴 수도 없는 뒤죽박죽인 기간이다. 알츠하이머 전문가와 권위자들은 마치 이 병이 정확하게 구분된 단계로 진행되는 것처럼 설명한다. 증상이 나타나기 시작하는 초기, 증상이 심해지는 중기, 그리고 가장 심각한 퇴행 증상을 보이는 말기. 이런 구분이 알츠하이머를 이해하고 논하기 쉽게 한다는 건 알지만 직접 체험한 사람의 입장에서는 절대 그와 같지 않다. 우리의 질병 서사는 절대 깔끔한 선으로 떨어지지 않는다. 비논리적이고 예측 불가하며 가끔은 완전히 아무 일이나 닥치는 것처럼 느껴진다. 이야기는 계속해서 순환하고 증상이나 변화는 발작적이고 단속적으로 나타나며 그때마다 배웠다가 다시 모르게 되었다가 다시 배운다. 비극과 승리의 경험이 음악의 주제와 변주처럼 반복해서 일어난다.

실제로 10년의 기간 동안 견딜 수 없는 것에 가까워진 날들이 있었다. 초기엔 시력 문제 정도였다. 아주 천천히, 몇 년에 걸쳐 후두엽의 시냅스 연결이 약해지면서 아예 눈이 보이지 않게 되었다. 그녀는 어떤 단계까지는 그 사실을 부정했고 상실의 크기와 증상을 어떻게든 감추려고 노력했다. 하지만 조앤은 생애 말년에 시력을 잃었기에 변화에 적응할 만한 시간이 없었다. 그녀를 침범한 시각 장애는 곧 그녀가 10년 동안 헌신적으로 매달려 온《천자문》을 번역하지 못한다는, 아니 읽지도 못한다는 걸 의미했다.

조앤이 컴퓨터를 사용하지 못하고 연구 자료를 읽지도 못하고 가족이나 친구와 소통하지 못하면서 연구자로서의 생활은 거의 중단되고 말았다. 이후엔 영화를 볼 수 없게 되고 그토록 사랑하던 박물관과 미술관에 가지 못하고 우리가 40년 동안 수집해 오고 그녀에게 일상의 큰 기쁨이었던 중국 그림들을 감상할 수 없게 되었다. 그녀에게 가장 귀중한 가치와 그녀를 구성하는 감각을 하나씩 잃어가는 걸 옆에서 손 놓고 바라볼 수밖에 없었다. 그녀를 그녀답게 만든 것들이 그렇게 하나둘씩 사라져갔다.

조앤은 계속되는 상실 앞에서 자신의 독립성이 떨어져 나가는 현실 또한 대면해야 했다. 처음에는 시력 때문에 혼자 길을 건널 수 없다는 걸 알게 되었고, 그것은 곧 동행이 없으면 집을 나갈 수도 사무실에도 갈 수 없음을 의미했다. 이후에는 집에서도 홀로 자유롭게 다니지 못하게 되었다. 아들 집을 방문했을 때는 계단에서 넘어져 골반뼈가 부러지기도 했다. 그 끔찍한 사건 이후에 이어진 긴 회복 기간 동안 우리 집에서도 항상 나에게 의지해야 했다.

그래서 나는 아내의 안내인이 되었다. 아내의 손을 잡고 손과 볼에 키스하면서 그녀가 얼마나 사랑받는지를 다시 상기시켰고 그녀의 인지 능력이 나빠지면서부터는 그녀 옆의 사람이 나라는 것을 알리기 위해 그렇게 했다. 우리가 몇십 년간 살았던 집을 항상 안내하며 다녀야 했다. 의자와 탁자를 돌아가고 소파와 책장을 지나치고 침실과 부엌과 거실과 식당을 알려주고 컴퓨터와 TV가 있는 내 서재와 중국어 책과 사전과 프랑스 소설과 중국 그림책들이 빽빽이 꽂혀 있는 그녀의 서재로 데려갔다. 얼마 전까지만 해도 너무나 즐거워하며 베껴 쓰고 그리던 책들이 가득했다. 그녀의 서재 벽에는 직접 그린 소나무와 바위 그림들이 걸려 있었는데 시력 퇴화와 함께 기억력과 인지 능력 저하가 같이 진행되면서 색과 선이 점점 더 흐리고 추상적으로 변했으며 결국에는 그림을 전혀 그릴 수 없게 되었다. 사실 거의 장님처럼 앞이 깜깜해질 때까지도 그림을 그리거나 클래식 음악을 들으면 차분해지곤 했다. 내가 기억하는 가장 가슴 찢어지는 장면은 조앤이 자기 눈이 나빠지고 있다는 것을 숨기기 위해 가족과 친구들에게 달려가서 그들을 붙잡고 활짝 웃으며 인사를 하는데 완전히 엉뚱한 방향을 보고 있을 때였다.

∼

알츠하이머 초기를 지금 와서 다시 생각해 보는 중인데, 생활 속도와 스타일이 변하기 시작하면서 우리가 처한 새로운 현실도 점차 이해하게 된 것 같다. 외출을 점점 줄였고 주로 집에서 머물며 둘이

서만 시간을 보냈다. 어떤 친구들은 떨어져 나갔고 어떤 친구들은 더 가까워졌다. 타인의 돌봄과 그 변화는 조앤이 병을 앓던 10년 동안 계속 반복되던 주제라 할 수 있다. 사람들은 우리 삶에 들어왔다가 떠났다. 오래 믿고 의지하던 친구들과 연락이 끊겨서 실망했으나 이들은 이후 더 힘든 시기에 다시 나타나기도 했다. 가볍게 알았던 지인들이 기대하지 않았을 때 결정적인 도움을 주기도 했다. 이러한 양상은 밀물과 썰물처럼 몇 년간 계속되었고 그렇기 때문에 이제는 시간과 관계의 변화를 재구성하기는 쉽지 않다. 물론 항상 곁에 있었던 사람들은 가족인 피터, 앤, 우리 어머니 마샤로 거의 매일 연락했다. 우리는 함께 이 비정한 병증이 우리의 미래를 어떻게 변화시킬지 알아내려 애쓰고 있었다.

우리는 여행을 미루고 약속을 취소하면서 적어도 가정 내에서는 큰 변화 없이 적응하고 있다고 착각했던 초기의 안정기에 도달했다. 스트레스를 방지하기 위한 의도로 초기에 스스로 여러 제약을 걸었지만, 실은 그 시기가 다시없는 기회였다는 걸 아주 나중에야 알게 되었다. 우리는 그 시절 친구를 더 만나고 공부를 하고 책을 읽고 음악을 듣고 여행하고 조앤의 요리를 먹고 마음 내킬 때 불쑥 달리기를 하러 나가거나 친구의 저녁 식사 초대를 받아들이는 등 일상의 즐거움을 누려야 했다. 우리 삶이 그렇듯이 우리는 변화가 찾아오자 태도와 접근 방식을 바꾸며 적응해 갔다.

조앤과 나는 우리 부부를 한 팀으로 보았다. 어떤 상황에서는 조앤이 우리 부부를 대표했다. 다른 상황에서는 내가 그랬다. 건강의 영역에서는 내가 이끌어야 한다는 기대가 있었다. 하지만 우리가 만났던 신경과 전문의와 마찬가지로 우리가 상담했던 많은 의료인들은 내가 조앤을 대표해서 발언하는 걸 반대했다. 그들은 나의 말을 예의 바르게 들었지만 바로 조앤에게 주의를 돌렸다. 조앤은 그들에게 남편이 의사이고 내가 이 질병과 치료에 대한 자신의 경험과 생각을 어떻게 표현할지 더 잘 알 거라 말하기도 했다. 특히 자신이 깜박깜박하기 때문에 나에게 의지하고 싶다고도 했다. 가끔씩은 내가 한 말을 수정하거나 설명을 덧붙이기도 했지만 대부분 조앤은 내가 자신을 대신해 하는 말에 전적으로 의지했다. 가족 문제에 관해서나 중국, 프랑스 친구들과 있을 때는 조앤이 나를 대신해 말하도록 한 것과 비슷했다. 우리는 진실로 우리를 두 조각으로 이루어진 하나, 같은 감각을 공유하는 하나로 보았다. 우리는 지나치게 개인주의를 강조하는 미국 의사들과 생각이 달랐다. 중국에서 체류하며 중국 문화를 가까이서 경험했기 때문인지 우리 두 사람이 하나의 유닛이며 서로에게 동일한 책임이 있다고 생각했다. 반면 의사들은 나의 개입을 남편이 가하는 억제로 해석하기도 했다.

그러나 조앤이 시력을 거의 잃으면서 행동도 변했다. 쉽사리 놀라고 충분히 할 수 있는 일상적인 일 앞에서도 긴장했다. 우리 자녀들은 그즈음에 각각 두 아이를 키우고 있었다. 조앤은 손주들을 눈으로 볼 수 있었지만 혹여 작은 사고라도 생길까 봐 아이를 차마 안지도 못했다. 손주들이 걸음마를 하고 어린이가 되면서부터는 아이들의 행동을 따라가지 못했다. 한번은 맨해튼에 방문해 손주들과 같이 지하철역에 간 적이 있다. 우리가 몇 호선을 타야 하고 티켓을 몇 장 사야 하는지 이야기하는 동안 조앤은 잠깐 우리들과 멀어졌다. 조앤은 몸이 굳은 채로 똑바로 서서 다른 방향을 보고 있었다. 다섯 살 손녀는 조용하고 재빠르게 할머니에게 다가가 조앤의 손을 잡고 뽀뽀하면서 말했다. "할머니, 이쪽이에요." 그리고 조앤을 우리 가족의 보호 속으로 데리고 왔다. 그 장면을 보며 이디시Yiddish 속담이 생각났다. "부모가 아이를 도우면 둘 다 웃지만 아이가 부모를 도우면 둘 다 운다."

언제나 다정하고 온화하고 친절했던 조앤은 굉장히 까탈스럽고 신경질적인 사람이 되어갔다. 짜증이 쌓이면 불같이 화를 내기도 했다. 쉽게 마음을 열고 사람들의 요구에 세세하게 주의를 기울였던 조앤은 방어적이고 자기만의 세계에만 빠져드는 사람으로 변해갔다. 이는 다른 종류의 중병을 앓는 사람들에게서도 흔히 보이는 모습이지만 신경퇴행성 질환을 가진 이들에게 특별히 더 두드러지는 현상이기도 하다. 추수감사절이나 크리스마스 같은 가족 모임에서 언제나 가족의 중심이었던 조앤은 이제 홀로 떨어져 앉아 침묵에 빠져 가족들의 말에 반응도 하지 않아서 더 이상 가족의 일원으로 보이지 않기도 했다. 우리 자녀, 손주들과 어머니가 그 보호막을 뚫고 들어가려 해보았지만 처음에만 약간 반응을 보이다가 다시 떨어져서 자기만의 세계로 들어갔다.

엄마와 특히 각별했던 우리 아들은 한번은 엄마를 가족의 일상 안으로 들이기 위해 아빠가 더 노력하지 않는다면서 나에게 성을 냈다. 나는 아들을 비난하지 못했다. 어쩌면 나는 조앤의 침묵을 방치하고 내 시간을 갖고 싶었을지 모른다. 이는 많은 주 간병인에게서 전형적으로 나타나는 방어기제라 할 수 있다. 내 나름대로는 나만의 시간이 거의 없어 힘겨워하고 있었다. 아들의 공격이 정당했다고, 나는 나중에야 깨달았다. 조앤이 내게 해준 그 모든 일을 생각해 보라. 나는 이기적이었다. 아들과의 말다툼은 더 커졌다. 이때 딸이 우리 사이에 들어와 중재하려 했다. 나는 무너져서 울어버리고 말았다. 아들과 딸은 내게 다가왔고 우리 셋은 한참을 비통하게 울었다. 아이들은 나날이 나빠지는 엄마의 상태가 우리 부부 관계를 얼마나 망가뜨리고 있었는지 몰랐던 것이다. 그리고 그때 내가 지금 지고 있는 수많은 압박 속에서 살아남으려면 아들과 딸에게 더 많이 의지해야 한다는 걸 깨달았다.

이 사건이 지금까지 기억나는 이유는 그날 이후로 무언가가 명확해지고 현실을 받아들였기 때문이다. 그때까지만 해도 나는 조앤을 혼자서 돌보고 있었다. 그 순간 더 이상 이대로는 안 되고 변해야 한다는 걸 알았다. 이 상황을 헤쳐가려면 자녀들의 도움이 필요했다. 우리 어머니나 친구 혹은 이웃에게도 손을 뻗고 직장 동료나 지인에게도 도움을 요청해야 했다. 나는 워낙에 모든 일을 내가 알아서 해온 편이라 도움을 요청하는 것이야말로 간병으로 인한 어려운 경험 중 하나였다. 특히 병 초기에는 도움을 요구하기가 더욱 어려웠다.

조앤이 아주 심각하게 기능을 상실하기 전에 우리는 하버드 윌리엄스 제임스 홀에 있는 나의 집무실에서 같이 일을 하곤 했다. 조앤을 돌보면서 일을 할 수 있는 쉬운 방법이기도 했다. 처음에는 동료 교수들이 조앤에게 문제가 있다는 걸 이해하고 배려하며 도와주었다. 학생들도 기꺼이 도와주었다. 조앤은 화장실을 갔다가 오는 길을 잊어버리곤 했다. 전화기를 쓸 때도 누군가의 도움을 받아야 했고 걸국 거의 모든 일을 할 때마다 도움을 받아야 했다. 그곳에서 일하던 마지막 해 조앤과 함께할 수 있었던 이유는 하버드 측에서 고맙게도 학기 중에는 요양 보호사 서비스를 지원해 주었기 때문이었다. 조앤의 병세는 점점 심해졌지만 그녀는 여전히 요양 보호사를 불편해했다. 요양 보호사 대부분은 정식 미국 간호사 자격증이 없고 파견 업체에서 나온 흑인 여성들이었다. (미국의 돌봄 노동 분야에서 소수 인종 여성의 비율이 얼마나 높은지를 알 수 있다.) 이 여성들이 곁에 상주하자 조앤은 자아감에 위협을 느꼈고 그들이 없는 것처럼 행동하기도 했다. 하지만 그들이 없으면 조앤은 물론 나도 그 사무실에 있을 도리가 없었다. 누군가가 그녀를 항상 지켜보고 있어야만 했다.

～

조앤이 급속도로 악화되면서 이제 조앤은 절대적으로 집에서만 머물러야만 했다. 하지만 내 일을 완전히 포기하지 않고 어떻게 상황이 무리 없이 돌아가게 할 수 있을까. 조기 은퇴는 불가능했는데 생활비는 물론 알츠하이머가 진행되면서 늘어나는 진료비를 감당하려면 나의 월급이 꼭 필요했다.

조앤과 내 어머니와의 관계는 워낙에 끈끈하고 강해서 어머니는 우리에게 가장 중요한 지원자가 되었다. 주말이면 우리 집에 와서 조앤과 몇 시간 동안 함께하며 나에게 쉴 시간을 주셨다. 내가 도시 밖으로 출장을 가야 할 때면 하룻밤 자고 가시기도 했다. 조앤과 같은 침대에서 자면서 조앤에게 누군가가 바로 옆에 있다는 안정감을 주었다. 이 방법이 너무나 자연스럽고 매끄러워서 내가 어머니에게 과한 부담을 드린다고 생각하지도 못했다. 어머니는 여전히 건강한 편이었지만 90대였고 이런 식으로 계속 도움을 요청하는 건 무리였다. 조앤을 위한 **돌봄 시스템**을 적극적으로 알아보아야 할 때가 왔다. 사실 어머니는 불평 한마디 하지 않았고 이것이 당신이 살아가는 목적이라 생각하고 있으며 조앤과 같이 있는 건 언제나 즐겁다고 말씀하시기도 했다. 그래서 자꾸 사람 찾기를 미루게 된 것이다.

만약 내가 아닌 이 방면에 경험이 있었던 사람이라면 초기 위기 모드에서 다른 단계, 즉 장기 간병의 단계로 넘어가고 있다는 걸 알아챘을 것이다. 하지만 당시에는 한 발 떨어져 나의 상황을 객관적으로 볼 수가 없었다. 사실 대체로 변화를 인식하지 못했다고 할 수 있다. 여전히 나는 초기의 위기 해결 모드였고 내가 무조건 더 많이 떠안으면 될 거라 생각했다. 우리 관계의 유대감이 워낙 강했기에 조앤의 시각 장애와 인지 퇴행을 객관적으로 보지 못하고 내 일처럼 여겨서일 수도 있다.

발병 초기엔 조앤을 돌보면서 내가 인간으로서 성장하고 있다고 느끼기도 했다. 드디어 조앤이 내게 항상 해주었던 그 모든 것들을 돌려주게 된 것이다. 저녁을 준비하고 설거지를 하면서 느꼈던 행복감을 기억한다. 조앤 또한 자신의 상태가 얼마나 심각한지는 드러내지 않으려 노력했으므로 그녀를 돌보는 게 수월하기도 했다. 우리는 최대한 적응하는 척했다. 우리가 잃은 것은 얼마 되지 않으니 기본적인 생활 방식만 바꾸면 충분히 할 수 있다고도 느꼈다. 하지만 그때 우리가 한 건 그것이었다. 알면서도 아닌 척하기.

그렇게 몇 년이 흘러갔다. 예상대로 약물 치료는 거의 효과가 없었다. 하지만 나는 조앤이 아니었다면 절대 하지 않았을 일을 했다. 일을 줄인 것이다. 조앤과 더 많은 시간 보낼 수 있었고 점점 늘어가는 요구를 들어주고 아내를 위해 돌봄의 일상을 마련해 나갔다. 질병과 간병의 몇 안 되는 진실 중 하나는 유일하게 지속적인 건 오직 변화뿐이라는 사실이다. 당신이 안정기에 도달했다고 생각하는 순간 질병은 기대하지 않았던 반전을 던져주고 사회적 또는 재정적 요인이 변하면서 당신은 처음부터 모든 걸 다시 시작해야 한다. 우리의 경우, 우리가 감당할 수 있는 일상에 정착했다고 생각할 무렵 조앤의 성격과 행동이 눈에 띄게 달라졌다. 갑자기 분노를 폭발시켰다. 침묵 속에 빠져 자신을 세상과 차단하는 일도 잦아졌다. 신체적·인지적 한계를 신경질과 짜증으로 대응했다. 그리고 가끔씩 발작이라 할 수 있는 증세도 찾아왔다. 이러한 사건들은 처음에는 조앤이 나에게 반응하는 방식의 색깔을 다르게 했다가 완전히 바꾸어버렸고 이제 나와 그녀 두 사람이 이 돌봄의 관계 안에서 서로 협력하기 어려워졌다. 더 이상 나 혼자서 이 모든 돌봄 노동을 할 수 없다는 사실을 천천히 깨달아갔다. 그런데 그 깨달음에 도달하기까지 왜 이렇게 오래 걸린 걸까?

첫 진단 이후 상당한 변화들이 일어났고 우리가 계획했던 그 길로는 더 이상 갈 수가 없었다. 우리는 시력을 잃고 인지능력을 상실하고 행동을 예측할 수 없는 여성을 위한 장기적인 돌봄 모드로 들어가야 했다. 병원 치료가 한계가 있다는 건 일찍부터 증명되었지만 이제 우리는 치매 초기 단계에 우리가 마련한 가족 돌봄 또한 더 이상 충분하지 않다는 사실을 알게 되었다.

우리 주치의는 — 처음에는 찰리였고 이후에는 크리스였다 — 이 모든 변화를 알았고 그 이상을 살펴주었다. 그들은 우리 둘 모두를 지속적으로 지지해 주면서 일상생활에도 세심한 관심을 갖고 간병이 어떻게 이루어지는지 묻고 우리의 심리적·사회적 웰빙까지도 챙겨주었다. 그들은 우리 곁에서 참고 인내하면서 희망을 전하려 했기에 안정감에 가까운 무언가를 느끼며 이 냉혹하고도 가련한 날들을 헤쳐나갈 수 있었던 것이다. 우리가 앞으로 얼마나 나빠지건 간에, 우리에게 어떤 일이 요구되건 간에 그들이 끝까지 우리와 함께하리라는 걸 알았다. 병의 진행 과정 중 가장 어두운 기간으로 들어갈 때에야 이것이 얼마나 값진 선물인지 확연히 드러났다.

그들의 태도는 다른 의사들과는 크게 대조되었다. 6개월에 한 번씩 병의 진행을 관찰했던 젊은 신경학자도, 증상이 악화되면서 만났던 여러 다른 신경과 전문의들도 가족 간병이나 돌봄에 무엇이 필요한지에 대해선 아무런 흥미를 보이지 않았다. 그 의사들에게 집에서 어떤 일이 일어났는지를 말해도 내가 그들과 같은 의사라는 사실은 잊어버리고 보다 의학적인 대화를 해야 하는데 잡담이나 시킨다는 듯이 나를 쳐다보곤 했다.

아무도 가정 요양 보호사의 가치에 대해서 조언하지 않았다. 누구도 조앤을 위해서 집을 개조해야 할지도 모른다는 이야기를 하지 않았다. 어느 누구도 물리치료사나 방문 간호사가 우리를 어떻게 도와줄 수 있을지 언급하지 않았다. 우리에게 사회복지사나 상담사를 소개해 주는 것이 도움이 될 거라 여기는 이도 없었다. 내가 정신과 의사다 보니 조앤의 심리적, 정신약리학적, 관계적인 문제를 남편인 내가 다룰 수 있을 거라 믿었던 것도 같다. 물론 아무 일도 안 한 건 아니고, 그들은 나에게 다소 오만한 태도였긴 했지만 우울 증세가 있냐고 묻기도 했다. 하지만 사회복지 서비스나 돌봄 지원에 대해서는 침묵했다. 그들에게 중요한 것은 병이 진행되고 있는 두뇌였고 우리가 지금 견디고 있는 실질적인 문제는 언제나 차후였다. 돌아보면 이것이 병원 진료의 가장 심각한 문제였다고 생각한다. 우리는 적어도 환자와 가족들에게 팀 기반의 접근 방식을 해줄 것이라 기대했던 것 같다. 신경학자들에게 전문적인 조언을 구하면 우리에게 다른 건강, 복지 전문가를 추천해 줄 것이라 기대했다.

우리가 상담했던 고도로 전문적인 신경과 의사들이 알츠하이머란 병의 실체를 알긴 하는 건가 하는 의심마저 들었다. 이 병의 원인과 병리생리학에 대해서 밝혀진 바가 적기도 하고 아직까지 효과적인 치료 방법도 나와 있지 않다. 그나마 우리가 잘 다룰 수 있는 것, 완전히 달라지게 할 수 있는 것이 바로 가족과 사회의 돌봄 네트워크 아닌가. 이 무시무시한 질병을 전문적으로 연구하는 의료인들은 그들 자신이 보다 직접적으로 간병에 가담할 필요가 있다고는 인식하지 못하는 듯했다. 그들의 다른 환자들에게도 마찬가지겠지만 우리가 알츠하이머의 고통과 일상생활 속의 파문을 제대로 다루기 위해서는 전문가들의 경험, 조언, 통찰이 절실히 필요했다.

조앤을 몇 년 간 돌본 후에 나는 일단 진단을 내린 후에는 신경과 의사들이 1차 진료 의사들과는 달리 전혀 도움이 안 되고 치료에 아무런 역할을 하지 않았다는 생각에 불쑥불쑥 화가 나곤 했다. 신경퇴행성 질환과 심각한 만성질환과 싸우고 있는 많은 환자와 가족들이 결국 나와 같은 결론에 도달하게 될까 봐 두렵다. 의료 전문가들은 간병과 돌봄에 너무나 무심하다.

~

    평생 동안 돌봄을 연구하고 가르치고 임상 진료를 해왔기에 왜 이런 실패가 일어나는지 더 명확하게 보인다. 우리 신경과 전문의는 오직 병의 경과만 보았을 뿐 병의 경험은 보지 않았다. 그들에게 진료는 기술적인 치료에 국한되어 있었는데 사실 알츠하이머 환자들을 연속적으로 보다 보면 지치기도 하고 환자의 고통에 무감각해지기도 한다. 의사들은 관계, 옆에 있는 사람들, 기억 등 돌봄의 기본 요소에 대해서는 인정하거나 동의하지도 않는다. 나는 의대에서의 가정 방문 경험, 환자와 가족의 세계로 들어간 현장 연구를 통해 병과 치료의 경험은 가정이라는 공간을 중심으로 돌아간다는 사실을 배웠다. 이 세계를 고려하지 못하면 병원 치료가 제공해야 하고 할 수 있는 일에 큰 제약이 생긴다는 걸 나는 너무나 잘 안다. 그리고 조앤과 나의 삶에서도 그 일이 일어나는 걸 보았다. 내가 공부하고 사랑한 의학이 바로 내가 사랑하는 사람인 조앤을 부차적 사안으로 취급했다는 것을 말이다.

    다행히 모든 전문의들이 우리가 만났던 의사들처럼 돌봄에 대해 항상 무지한 건 아니다. 훌륭한 예외들은 있다. 먼저 우리의 1차 진료 의사도 그러했고 관료주의와 무관심을 경멸하는 레지던트와 학생도 많다. 한 간호사가 말한 것처럼 환자를 "안타까움이 가득 담긴 눈길"로 보는 인턴과 레지던트 들도 있다. 그러나 그 간호사가 조심스럽게 지적하기를, 간간이 찾아볼 수 있는 이런 종류의 진심 어린 관심은 계속 보강되지 않는 한 1년이 채 되지 않아 사라진다고 한다. 아직 의사도 되기 전의 학생들이 제도 속으로 들어가자마자 돌봄에 대한 관심이 약해지거나 사라진다는 사실은 의료계의 관료주의가 너무 강력한 나머지 수습생과 의사의 인간성까지 변하게 한다는 사실을 증명한다.

조앤이 만났던 몇 안 되는 수습의들은 내 밑에서 공부한 학생들이었다. 나는 이들이 병원에서 일상이 되어버린 무관심의 습관을 깨고 나와 조앤에게 돌봄에 대해 나에게 배운 것을 잊지 않았음을 보여주려 노력했음을 알고 있다. 그들뿐만이 아니다. 많은 의료 분야의 노동자들이 진심 어린 열정과 희생정신을 발휘해 옳은 일을 하고자 한다. 최대한 비용을 줄이고 가능한 짧은 시간에 많은 환자들을 보아야 한다는 압박을 주는 탐욕적인 기업형 병원 안에서도 환자를 진심으로 돌보려고 노력한다.

우리는 왜 어떤 의사들은 환자나 가족과 공감하는 데 실패하고 어떤 의사들은 성공하는지 모른다. 또한 왜 (우리 분야였던) 신경과 의사 같은 전문의들의 돌봄 기술이 부족한 반면 완화 치료를 적용하는 의사나 1차 진료 의사가 더 공감 능력이 뛰어난지도 완전히 이해하지 못한다. 그들이 한 분야에서만 전문가라서 그럴까? 스스로의 선택일까? 병원의 운영 방식 때문일까? 혹은 다른 사람의 입장이 되어보는 능력이 부족해서일까? 우리가 확실히 아는 건 의사들이 간

호사나 물리치료사 들처럼 돌봄과 간병의 가치를 인정하면, 환자와
가족 들은 물론 전체 병원 의료진들도 더 나은 결과를 얻게 된다는
것이다.

2

조앤의 질병 초기는 나를 위기관리 상태에 놓이게 했지만 적지 않은 충격과 불확실성을 견디면서도 조앤이 요구하는 돌봄과 관심을 주는 것이 불가능하진 않았다. 조앤의 치매 증세와 기능 상실은 가슴 아플 정도로 빨리 진행되었고 3년째가 되자 장기 간병 계획을 세워야 했다.

처음부터 조앤은 내가 그녀와 가족들을 위해 할 수 있는 일을 보며 놀랐다. 그녀가 내 사랑이나 헌신을 의심한 적은 없었지만 내가 우리 가정을 돌볼 능력이 있다는 증거는 한 번도 보지 못했기 때문이다. 처음에는 나에게 가사와 요리에 소질이 있다는 걸 알았더라면 진즉에 함께할 수도 있었을 거란 의미로 어깨를 으쓱하며 고마워했다. 그런 식으로 나에게 고마움을 표하면 나에 대한 죄책감이 약간은 사라지는 것 같았다. 자신이 더 큰 불편함을 감수하고 살고 있으면서도 나에게 자주 사과하기도 했는데 그러면 내가 또 미안해졌다.

하지만 시간이 흐르면서 이러한 역학 관계도 변했다.

　나는 내가 맡아야 할 치매 환자가 내 인생과 내 세계의 중심인 사람이 아니었다면 치매라는 병이 요구하는 끝도 없는 의무들을 절대 해내지 못했을 것이다. 한때 망가진 나를 일으켰던 아내의 돌봄을 이제 갚아야 한다는 도덕적·감정적 책임을 느꼈다. 조앤은 너무나 오랜 세월 동안 나를 위해 수많은 일을 해주지 않았던가. 물론 내가 계속 이 일을 할 수 있었던 원동력은 의무감이 아니었다. 아내가 행복하고 편안해하는 걸 보고 싶다는 본능적인 욕구 때문이었다. 아니 적어도 불행해하고 불편해하는 건 보고 싶지 않았다. 조앤이란 사람이 이 일을 가능하게 했다. 조앤의 상태는 10년 동안 서서히 악화되었지만 나를 향한 애정과 우리 사이의 결속은 어떻게든 유지되었다. 자신을 둘러싼 세계와는 불화했어도 나와의 유대 관계는 이어지곤 했다. 이 안에서 받는 정신적 만족 때문에 우리의 돌봄이 활기 있게 이어질 수 있었다. 나는 조앤에게 생기와 활력을 계속 공급받았고 치매라는 병이 허락하는 한계 내에서 우리 사이의 결속감은 유지되었다. 이제까지 몰랐던 우리 부부의 모습들을 새로이 발견하면서 개인적인 구원의 순간도 찾아왔다. 돌봄의 경험이 양쪽 모두에게 주는 기쁨은 인간의 삶의 경험을 값지게 한다. 개인적인 차원에서도 공동의 차원에서도 그렇다.

　병이 진행되는 와중에도 조앤은 할 수 있는 한 집안일을 도우려 노력했다. 나를 지켜보면서 무엇을 어떻게 하라고 일러주기도 했다. 인지 기능을 상실하고 내면으로 숨어 들면서 더 이상 그렇게 하지는 못했다. 조앤의 사교 생활이 가능했던 기간 동안 조앤은 사람과 세상과의 끈을 놓지 말자고 이야기하곤 했다. 몇 년 동안은 같이 저녁 식사 모임을 다니고, 파티와 학회 행사에도 참석했다. 그러나 사람들이 조앤을 불편해하면서 초대는 점점 띄엄띄엄해지다 사라졌다. 나는 조앤을 레스토랑, 영화관, 극장에 데려갔다. 반응이 적어져도 데려갔다. 조앤은 보스턴 심포니 오케스트라의 금요일 낮 공연을 특히 좋아했는데 그 공연장에는 몸이 불편하고 허약한 노인들이 많아 자신의 상태를 덜 의식할 수 있었다. 우리만의 이러한 외출 의식을, 소위 알츠하이머 중기까지는 유지했다. 자녀, 손주와 시간을 보냈고 메인의 별장에도 되도록 자주 갔다. 병이 깊어지면서 우리의 영혼을 회복시켜 주었던 외부 활동은 점점 더 불가능해졌다.

조앤은 자신이 할 수 있는 한 우리 생활에 또 이 돌봄에 오랫동안 참여해 주었다. 어쩌면 가장 감동적이고도 중요한 건 그녀가 자기 자신과 우리 둘이 함께하는 삶을 긍정적으로 받아들이려 끝까지 노력했다는 점이다. 조앤은, 그렇게 되지 않을 때까지는 그렇게 했다.

초반 몇 년간 우리만의 루틴을 만들어갔다. 나는 6시와 6시 30분 사이에 조앤을 깨운다. 화장실에 데려가고 휴지를 건네주고 손을 닦아주고 운동용 브라와 운동복을 입혀서 지하로 내려가 아침 운동을 한다. 운동이 끝나면 욕조나 샤워기 앞으로 데려가(욕조를 더 선호했는데 우리 둘에게 더 편했다), 옷을 벗긴 다음 욕조에 들어갔다 나올 수 있게 도와준다. 처음에는 조앤 혼자 몸을 닦고 머리를 감을 수 있었다. 나중에는 내가 해주었다. 내가 수건으로 닦아주고 머리를 말려주고 빗어주었다. 그다음 침실로 데려갔다. 그녀의 상태가 악화되면서 내가 옷을 입혀주어야 했다. 옷을 고른 다음에 조앤이 마음에 들어 하는지 확인한다. 어떤 시점이 되자 조앤은 더 이상 어떤 옷을 입고 싶은지 말할 수 없게 되었다. 인지력은 점점 떨어져서 물어도 대답을 안 하거나 아주 간단한 질문도 이해하지 못했다. 그래서 나는 그전에 한 번도 해보지 않았고 할 거라 생각도 못 한 일을 할 수밖에 없었다. 아내를 위해 드레스, 스커트, 바지, 블라우스, 스웨터, 재킷을 골라주었다. 더 나중에는 어머니와 딸과 여성복 매장에 가서 새 옷을 사기도 했다. 조앤은 언제나 옷을 맵시 있게 입는 사람이었고, 나는 조앤이 심각한 증세를 보이는 알츠하이머 환자라 해도 여전히 옷매무새가 단정하길 바랐다.

옷을 입힌 후에는 부엌으로 데려가고, 식탁에 앉혀놓고 건강식 아침을 준비한다. 처음에는 혼자 먹을 수 있었지만 나중에는 내가 먹여주어야 했다. 아주 천천히 떠먹여야 음식이나 음료가 목에 막히지 않았다. 냅킨으로 입을 닦아주고 손을 닦아준 다음에 잠시 쉬면서 그날 하루 일정이 어떻게 되는지, 저녁으로는 무엇을 먹고 밤은 어떻게 보낼지 사야 할 것들은 무엇인지 생각하고 내 바쁜 스케줄의 어디에 쇼핑을 끼워 넣을지 결정한다. 보살핌을 주고받는 또 다른 하루를 시작한 것이다.

조앤이 내 도움 없이는 기본적인 생활도 못 하는 걸 보면서 처음에는 기운이 빠지기도 했다. 하지만 좌절과 슬픔 가운데서도, 나쁜 날들과 그보다는 나은 날들 가운데서도, 가슴이 무너지는 날과 괜 찾아지는 날들 속에서도 나는 조앤을 돌보기 위해 해야 할 일을 최대한 착실하게 해나갔다. 그건 이제 우리 관계의 습관이 되어 조앤도 나에게 그 일을 원하고 나도 당연히 그 일을 했다. 너무 가혹하다 싶고 가슴 철렁한 시간들도 분명 많았지만, 꽤 오랜 기간 동안 일종의 조화와 균형이 이루어졌던 시기도 있었다. 가능한 일들의 범위가 점점 좁아지기 시작했으므로 가끔씩 찾아오는 조화와 균형의 날들은 우리에겐 최고의 날이라 할 수 있었다. 특별히 좋은 일이 일어나지는 않았다. 조앤이 나아지지도 않았다. 퇴행은 꾸준히 진행되었다. 하지만 주기적으로 이따금, 어떤 아름다운 순간, 돌봄을 주는 것과 받는 것이 평형 상태에 도달한 듯한 순간들이 찾아왔다. 그저 그랬을 뿐이었다. 아픔이 사라진 건 아니었다. 해야 할 일들이 줄어들지도 않았다. 그럼에도 세상에서 가장 힘겨운 질병이 준비해 놓은 혹독한 현실과 심각한 한계 안에서도 우리는 행복했다. 그런 순간엔 우리가 함께이기만 하다면 이 병쯤은 충분히 다룰 수 있을 것만 같았다.

조앤은 내게 말하곤 했다. "거봐, 그렇게 나쁘지 않잖아!" 그녀는 씩 웃다가 얼굴 가득 미소를 지었다. 그리고 따뜻함과 포용의 제스처로 두 팔을 활짝 벌리기도 했다. 그런 순간에 자신의 무거운 장애를 기꺼이 부정하고자 하는 마음을 드러냈다. 아니 알츠하이머 따위와는 상관없는 사람이라고 말하고 있는 듯했다. 적지 않은 가사 노동과 돌봄 노동을 하는 나를 보며 죄책감을 느끼거나 나를 응원하고 용기를 북돋아 주고 싶을 때, 특히 내가 어떤 일을 시작하기 전에 외쳤다. "당신 할 수 있어. 어서! 할 수 있다고!"

그렇게 스스로에게 용기를 불어넣기도 하는 것 같았다. "그래도 그렇게까지 나쁘진 않아. 아직 많은 일을 할 수 있잖아. 대부분 할 수 있어. 너무 걱정하지 마. 나 괜찮으니까!" 그녀가 그 말을 믿었을까? 아니었을 수도 있다. 하지만 말에는 힘이 있고 그 힘이 우리를 버티게 할 수도 있다. 실제로 그 말들은 우리를 계속 앞으로 나가게 했다. 그러나 조앤이 그와 같은 일종의 주문을 중얼거릴 때마다 내 가슴은 찢어지는 것만 같았다.

이 신경퇴행성 질환이 시력과 판단력과 언어능력을 앗아가기 전에 우리가 서로에게 진실로 솔직해지던 순간 조앤은 짧게 말했다. "고마워, 아서. 우리 할 수 있을 거야!" 아니면 그저 말없이 나를 보고 옅은 미소만 짓기도 했다. 그 시기만 해도 우리는 프레시 폰드 공원을 다녀오며 주변을 산책하고 집에서 하버드 경영대학원 캠퍼스를 걸어갔다 올 수 있었다. 메인의 별장에 가면 긴 산책로를 걸어 절벽 해안가인 실 코브Seal Cove에 다녀오기도 했다. 조앤은 그런 산책들을 사랑했고, 주변 공기를 느끼며 내가 설명하는 풍경을 마음의 눈으로 보려고 노력했다. 침묵이 길어질 때도 얼굴만은 행복으로 빛이 났다. 우리는 여전히 노을이 물드는 저녁이면 친구나 가족과 함께 와인을 기울이며 저녁 식사를 했다. 그러나 조앤이 대화에서 한 발 물러나 홀로 미소만 짓고 있는 시간 또한 늘어났다.

비교적 안정적이었던 이 시기에 우리는 레스토랑에 갈 수도 있었고 쇼핑도 했고 드라이브를 하며 가을의 청명함과 봄의 온화함을 피부로 느꼈다. 이 모든 것이 그녀에게 즐거움이자 기쁨이었다. 집이 더 편안하고 안정적이었기에 우리가 실내에 머무는 시간이 점차 늘어났고, 조앤이 변화를 겪고 있다는 사실도 알 수 있었다. 그래도 대부분의 시간에 우리는 그 어느 때보다 자주 키스했고, 춤을 추었고, 끌어안고 있었고, 뜨거운 사랑도 나누었다. 조앤은 여전히 애정이 넘치는 사람이었다. 점차 내 키스와 손길에 보일 듯 말 듯한 미소로만 반응하기도 했다. 그러나 나에겐 그것만으로도 충분했다. 우리 집에 찾아오는 피터와 앤이나 어머니에게도 그 정도면 충분했다. 그러나 지금 돌아보면 그건 촛불이 아주 천천히 꺼져가는 장면과도 같다. 빛은 결국엔 희미해지다 사라진다. 가끔은 눈치 못 챌 정도로 미세하게, 그러나 냉정할 정도로 어김없이 언어능력은 감퇴하고 반응도 희미해진다.

나는 지금 조앤을 장기간 돌보면서 알게 된 병과 돌봄의 경험을 쓰려고 노력하지만, 그 경험이 말로는 얼마나 설명하고 묘사하기 어려운지 매번 실감하고 있다. 산발적이고 무작위하다. 후퇴와 중단이 있다. 서브 플롯은 계속 변하고 메인 플롯도 동시다발적으로 일어난다. 시간순으로 진행된다면 독자들에게 연대기적으로 설명해 줄 수도 있을 것이다. 몇 주 동안, 몇 달 동안, 몇 년 동안 어떤 일이 일어났다고 말해줄 수 있을 것이다. 내가 매 순간을 감당하기도 벅차서 현재에만 집중해서이기도 했지만 내게 시간은 점점 더 추상적이고 상대적인 것이 되었다. 나의 모든 기억은 조앤의 증세라는 기준에 따라 저장된다. 가벼운 편일 때, 보통이었을 때, 중증이었을 때, 치명적이었을 때가 어떠했는지는 기억나지만 그 시기가 각각 얼마나 오래 지속되었는지 짚어낼 수가 없다. 그 길고 캄캄했던 10년 동안 나는 미래를 꿈꾸기는커녕 볼 수조차 없었다. 우리의 과거는 너무나 머나멀게 느껴졌고 현재와 어떤 연관성도 없었다. 시간은 그저 흘러가다가 위기의 순간에 일시 정지되는 식이었다. 조앤과 내가 춤을 출 때 우리는 같이 움직이지만 정해진 방향으로 가는 건 아니다. 그저 앞뒤로 왔다 갔다 할 뿐이다. 순간에 머물 뿐이다. 우리 부부는 언제나 진취적이었고 미래를 꿈꿨고 현재보다 더 나은 날들을 준비해 왔다. 이제 우리는 그저 함께 같은 자리를 맴돌 뿐이었고 가끔은 그것만으로 충분해야만 했다. 그리고 충분하기도 했다.

그러나 시간을 새로운 방식으로 경험하며 전혀 기대하지 못한 해방감을 느끼기도 했다. 조앤은 언제나 느긋하고 침착한 편이었다. 하지만 과거의 나는 걸을 때나 먹을 때나 때로 말을 할 때도 마치 시계를 앞서가려는 사람처럼 분초를 다투며 살았다. 조앤은 느리지만 꾸준했고, 신중하고 숙고하는 편이었다. 나는 환자를 진료할 때나 환자의 말을 집중해서 들을 때만 시계를 보지 않았다. 처음 조앤의 병을 진단받았을 때 내가 더 미친 듯이 바쁘게 살고 끝까지 밀어붙여 많은 일을 해내야 한다는 압박을 느꼈다. 말기에는 실제로 그렇게 되긴 했지만 병이 악화되던 10년 동안 나는 조앤을 돌보고 우리 둘을 돌보면서, 실제로 삶의 속도를 늦췄고 그제야 조앤의 속도에 나를 맞추게 되었다.

시간이 흐르면서 나는 더 유연하고 온화한 방식으로 삶에 접근했다. 시간을 더 느리게 경험하는 일을 진심으로 즐기게 되었고, 이는 나에게도 치유가 되었으며 급한 성격을 누그러뜨리면서 나의 전반적인 웰빙도 나아졌다. 조앤은 이제 내 보살핌 안에 있기에 조앤이 잠시 멈춰 꽃향기를 맡아야 한다면 나도 맡아야 했다. 나는 그녀처럼 주변에 있는 모든 것을 더 가까이에서 보고 느꼈다. 그래야 점점 세상을 느끼고 경험하지 못하는 그녀에게 설명하고 묘사해 줄 수 있기 때문이다. 이런 방식으로 그녀의 곁에서 존재하고픈 나의 욕구와 필요 덕분에 그녀의 고통과 이 세계를 대하는 나의 감각, 나의 지각, 나의 감수성까지도 바뀌었다.

　이 병의 잔인한 면은 우리 부부가 함께 만들어간 돌봄의 서사 중 가장 중요한 요소가 지워진다는 것이다. 조앤의 관점과 경험이다. 이 병은 당연히 당사자인 환자가 경험하지만 시간이 흐르면서 간병인은 옆에 서 있던 사람에서 고통을 공유하는 사람이 되어 환자가 이 모든 과정을 이해하도록 도와야 한다. 돌봄이 보람 있고 풍요로운 인간의 경험이 되는 이유는 상호적이기 때문이다. 알츠하이머 같은 신경퇴행성 질환은 환자의 인지력과 지각력을 앗아 가기에 인간관계에 대한 느낌도 잊어버리게 된다. 조앤이 꽤 오랜 기간 낙관성을 유지하고 할 수 있는 한 돌봄에 참여하려고 한 건 우리에게 다행스러운 일이었지만, 그렇다 해도 인지 능력 상실은 곧 자아의 상실을 의미했다. 조앤은 평생 동안 무언가를 하는 사람이었다. 타고난 운동광이었고 야외 활동을 사랑하는 사람이었고 움직이고 있을 때 빛이 났다. 하이킹하고 스포츠를 즐기고 등산을 했고 때로 그저 걷기만 해도 활력이 되살아났고 무언가를 하고 있어야 정신적으로 안정이 되는 사람이었다. 몸이 아팠을 때도 아침에 일어나고 움직이는 일은 그녀와 나에게 일정량의 평화를 가져다주었다. 조앤의 활동적인 정신은 그녀의 활력적인 육체와 일치되었다. 그러나 그녀의 페르소나에서 중요한 두 부분이 모두 쇠퇴했고 나로서는 아내의 기분을 나아지게 할 방도가 없어진 느낌이었다. 그녀는 점차 자기 안으로만 숨었고 내면에서 바쁘게 움직이는 생각들을 나누거나 표현할 수 없게 되었다.

환상에 불과했을지라도 비교적 차분하고 조화롭다고 느낀 시기가 물러나면서 보다 강력한 불안과 노골적인 공포가 지배하는, 그녀도 나도 다루기 힘들어진 시기가 찾아왔다. 조앤은 점점 불쑥불쑥 화를 내는 예측 불가능한 성격으로 변해갔다. 조앤 자신은 나를 향한 감정의 변화를 해석할 수 없었지만 나는 바로 알아챘다. 어쩌면 본인도 알았을지 모른다. 차분해 보이다가도 그 상태가 거짓말처럼 사라지고 한순간에 갑자기 공포를 느끼며 내적 고통으로 괴로워하는 사람으로 변해버렸다. 그녀는 자신에게서 무슨 일이 일어나고 있는지 나에게 설명할 수 없었고 그저 어지럽다거나 기분이 나쁘다고 이야기했다. 치매가 악화되면서 자신의 기분을 구체적으로 설명할 수 없게 된 것이다.

조화의 시기가 지나가고 돌연 문제가 심각해지면서 내가 효율적으로 잘해내고 있다는 생각을 버려야 했다. 우리는 진정 나쁜 시기로 돌입하고 있었다. 끔찍한 며칠과 몇 주를 보내고 난 뒤 조앤 두뇌의 신경망이 더 흐트러져 앞으로 이보다 더 고통스러운 시기로 달려가게 될 거라 상상했다. 조앤의 주 간병인으로서 내가 스스로 세운 기준은 높은 편이었지만 조앤의 행동, 정신, 인식 문제가 워낙에 심각하다 보니 나는 언제나 불충분했고 능력과 자신감이 떨어졌다. 그런 기분이 찾아오면 우리가 버틸 수 있는 근거였던 사랑이라는 땅이 쩍쩍 갈라지며 우리의 관계마저 흔들렸다. 그러다가도 다르거나 더 낮은 단계이긴 해도 어느 정도 상황이 안정을 되찾기도 했다.

내가 가계부를 관리하고 집안일을 담당하게 된 것처럼 읽기와 관련된 모든 것도 내가 맡았다. 나는 아내에게 신문과 잡지와 책을 읽어주었고 그 일은 아내에게 기쁨을 주었다. 그녀의 단기 기억력이 너무 악화되어서 내가 읽은 내용을 따라올 수 없게 될 때까지는 그랬다. 그때가 되자 내가 글을 읽어주면 짜증을 냈고 대신 TV 앞에 앉거나 라디오를 들으면서 나의 설명을 듣곤 했다. 결국에는 그런 활동도 버거운 일이 되었고 나도 불편해져서 더 이상 TV를 보거나 라디오를 듣지 않고 오직 조앤을 달래주는 음악만 들었다. 가끔은 내가 조앤 옆에 앉아서 혼자서 조용히 책을 읽고 있을 때 조앤은 더 안심하는 듯했다. 그러나 지적 생활의 가장 낮은 단계도 결국에는 포기해야 했다. 조앤은 나의 침묵에도 화를 터뜨리기 시작했다. 결국 둘이 소파에 앉아 내가 손을 잡고 천천히 조용하게 우리 가족의 옛날 이야기를 해주면서 아내의 불안이 가라앉고 잠들기를 기다리는 일밖에 할 수 없었다.

　　조앤의 인지 능력이 심각하게 쇠퇴하면서 혼자서는 절대 돌아다닐 수 없게 되었고 집에서만 머물러야 했다. 이때 나의 어머니가 큰 도움이 되었다. 그러나 90대의 노모에게 내가 직장에 갈 때마다 조앤 곁을 지켜달라고 부탁할 수는 없는 노릇이었다. 나는 경제적인 이유뿐만 아니라 보호자이며 간병인으로 살기 위해서라도 일을 해야만 했다. 이제 조앤과 함께 집에 있으면서 조앤이 집에서 길을 잃거나 다치지 않게 해줄 사람을 구해야만 할 때가 왔다. 다른 알츠하이머 환자 간병인들과는 달리 나는 조앤이 바깥을 돌아다니다 길을 잃을 염려는 하지 않아도 되었는데 조앤의 시각 장애 때문에 외출이 아예 불가능했기 때문이었다. 나는 보스턴에서 정신과 의사로 일하는 남동생에게 연락했고 동생은 가정 요양 보호사를 소개해 주는 사회복지사의 연락처를 주었다. 그 사회복지사를 통해 실라를 찾았다. 30대의 활발한 아일랜드계 미국인으로, 엄마와 할머니가 반半전문적인 요양 보호사로 일한 적이 있어 자연스럽게 이 일을 하게 되었다고 했다. 치매 노인을 돌본 경험도 있었다.

이 시기 조앤의 알츠하이머 증세는 위중했지만 내가 무슨 일을 하려는지는 인지하는 수준이었고 집에 실라를 들이는 걸 끈질기게 거부했다. 나는 우리에게는 다른 선택이 없다고 설득했다. 우리 가족을 돌보려면 내가 직장에 나가야만 한다고, 더 이상 당신이 집에 혼자 있을 수 없다고 설명했다. 그래도 내 말을 듣지 않으려 했다. 그리고 실라, 아니 누구든 낯선 사람이 집에 있으면 싫은 이유를 하나하나 들면서 거부했다.

나는 거부와 부정이 알츠하이머 환자들에게서 공통적으로 나타나는 증세임을 알았다. 부분적으로는 심리적인 이유인데 생활력을 상실했다는 걸 인정하고 싶지 않아서다. 그러나 신경망 기능 장애라는 재앙에 대한 두뇌 자체의 생리적 반응으로 보이기도 한다. 환자는 기억력 감퇴, 집중력 상실, 해석 체계 붕괴, 조앤의 경우 시각 장애에 어떻게든 적응하기 위해 애쓰게 된다. 이 기능 장애 때문에 조앤의 일상생활의 효율성은 극도로 낮아지고 자립성은 약화되고 판단력은 둔화되며 남에게 의지할 수밖에 없게 되고 정체성까지 위협받는다. 조앤 또한 정체성의 위협을 받았던 것이다. 언제나 유능하고 독립적인 여성이며 고도의 지성을 자랑하던 지식인이고 자신의 교양과 취향과 감각에 자부심을 가졌던 화가이자 서예가였던 그녀에게 그 모든 것이 사라진다는 것은 목숨을 잃는 것 같은 충격이다.

조앤의 지속적인 반대에도 실라가 우리 집에 출근하게 되었지만 얼마 동안은 실라를 강하게 거부했다. 옆에 있는 그녀를 철저히 무시하고 말도 붙이지 않았다. 살면서 그 어느 누구에게도 거칠거나 험한 말을 입에 담지 않았던 조앤 클라인먼은 욕설을 퍼붓고 모욕적인 언사를 내뱉으면서 실라가 집에 있는 걸 받아들일 수 없다고 주장했다. 하지만 우리에겐 다른 선택지가 없었기에 나는 계속해서 실라의 편을 들었고 실라는 엄청난 인내와 침착성을 보며주면서, 그전에도 거부당한 경험이 많았지만 친절한 태도와 진심으로 극복할 수 있었다고 말해주었다. 진 빠지는 몇 달을 보낸 후에야 감정적인 합의에 도달했다. 그리고 그다음 몇 개월 동안 두 사람은 떨어질 수 없는 사이가 되었다. 실라는 아침 9시에 출근해서 저녁 5시에 퇴근했고 나는 주중에는 오후 5시부터 다음 날 오전 9시까지, 주말에는 24시간 조앤과 함께 있었다. 월요일 아침에 아침으로 오트밀이나 오믈렛을 먹고 있다가 조앤은 실라가 도착할 때까지 몇 번이나 묻곤 했다. "실라는 언제 와?" 그리고 실라와 하루를 같이 보내고 오후 5시가 넘으면 몇 분에 한 번씩 물었다고 한다. "아서는 언제 와?"

실라가 우리에게 얼마나 중요한 사람이었는지는 수백수천 번을 말해도 부족하다. 실라, 혹은 실라 같은 사람이 없었더라면 나는 강의와 글쓰기를 지속할 수 없었을 것이고 조앤도 계속 돌볼 수 없었을 것이다. 간병이라는 고된 일을 덜어줄 사람이 없었다면 나는 우울해졌거나 무력해졌거나 아예 포기해 버리고 말았을 것이다. 어떻게 되건 재앙이었을 것이다. 실라는 평일에 나의 부담을 덜어주었을 뿐 아니라 조앤과 친밀한 관계를 맺으면서 조앤의 생활을 훨씬 수월하고 매끄럽게 해주었다. 실라와 조앤은 실로 동고동락했다 할 수 있다. 같이 쇼핑했고 드라이브를 하고 산책을 했으며 같이 영화를 보았으며 외식을 하러 나갔고, 공원에 갔고 친구를 만났고 미술관에 갔고 그 밖에 수많은 일을 함께했다. 조앤은 실라가 옆에서 자신을 돌보게 하고 함께 동행했을 뿐 아니라 실라와의 외출과 실라와 보내는 시간을 진정 즐겼다. 실라가 조앤의 일상생활에 가져다준 이 변화와 활력은 나를 향한 조앤의 죄책감을 덜어주었고 조앤이 패배감과 회환으로 종종 눈물을 흘리는 일도 줄어들었다. 실라는 나와 조앤의 관계까지도 튼튼하게 해주었는데 주 보호자와 피보호자 사이의 압박과 부담이 줄어들면서 보다 평등한 관계가 만들어졌고, 우리 어머니와 아들과 딸을 조앤을 돌보는 일에 참여시킬 수도 있었다. 실리와 우리 가족은 내가 할 수 있었던 방식 이상으로 조앤의 상태를 변화시키진 못했다. 이 병은 인정사정없이 진행되었다. 알츠하이머 치매Alzheimer's dementia 간병은 더 나은 쪽으로는 절대 전환되지 않는다. 이 길은 끝없는 내리막길이다. 하지만 올바른 간병과 돌봄은 치매 환자를 다룰 수 있게 하고 (주 간병인을 포함해) 관련된 모든 사람이 장기적으로 그 시기를 버티게 한다. 내가 지금 묘사하는 이런 작은 변화만으로 간병인과 피간병인 사이의 관계가 유지되고 번아웃도 예방되며 양쪽의 실패를 줄여주고 가정 간병이 실현 가능하게 해준다.

실라와 조앤 사이의 이 강력한 유대감 덕분에 병의 진행 속도가 조금이라도 늦춰졌을 수 있고 적어도 그렇다는 느낌이라도 받을 수 있었다. 내가 앞서 말한, 차분하게 현재 상태를 받아들이는 순간이

다시 가능해졌다. 패배라는 전체 그림 속에서는 한없이 미미해 보이는 이 작은 승리가 나를 일으켜 앞으로 나가게 했다. 가장 중요한 것은 작은 승리가 우리의 관점을 변하게 한다는 것이다. 가족 안에서 우리의 한계는 그렇게 대단한 것이 아니며 우리가 실수했거나 아니면 미성숙해서 그럴 수도 있었다고 해석하게 되었다. 조앤과 이룬 작은 성공에서 용기를 끌어내고 스스로에게 씌운 답답한 껍데기를 부수고 나올 방법들을 찾았다. 나는 외출이나 이벤트, 파티, 아니면 동네의 작은 상점에 가는 것이라도 과연 조앤이 혹은 내가 해낼 수 있을지 머릿속으로 고민하다가 갑자기 퍼뜩 정신을 차리기도 했다. 제길, 뭐 어때? 잃을 게 없잖아. 나쁜 일이 일어난다면 일어나라고 해. 나도 이만하면 충분히 겪었으니 처리할 수 있어. 어쩌면 이 외출이 따스하고 애정 넘치는 경험이 될 수도 있잖아. 조앤의 얼굴에, 순식간에 사라지더라도, 기쁨과 만족의 빛이 떠오를 수도 있잖아.

이 비교적 안정적인 시기, 조앤이 우리 삶에 실라를 받아들인 후의 초반에 나는 일기를 쓰며 나의 생각과 감정을 정리하곤 했다. 그 시기엔 고독한 성찰과 휴식의 시간까지 허락됐다. 어느 날 저녁에는 조앤과 내가 공유했던 돌봄의 긍정적인 경험을 다음처럼 자세히 적어두었다.

퇴근해서 집에 왔다. 피곤했다. 오늘 하루 일어난 일을 되돌아보고 앞으로 뭘 더 해야 할지 생각하니 불안했다. 다섯 시였고 2006년의 아름답게 피어나는 캠브리지의 늦봄이었다. 바람은 상쾌하게 불고 햇살은 아직 뜨겁지는 않았다. 집에 들어오자 실라가 나갈 준비를 하고 있었다. 실라는 웃으면서 조그맣게 말했다. "오늘 나쁘지 않았어요. 조앤이 '아서 어딨어?'라고 스무 번 묻지는 않더라고요."

조앤은 나를 보자 얼굴이 환해지면서 두 팔을 내밀었다. 조앤의 눈은 내가 아닌 내 뒤를 향했다. 나는 조앤의 볼에 키스하고 손을 잡았다. 결혼반지가 껴 있던 왼손이었다. 조앤이 자꾸 빼내서 엉뚱한 곳에 두는 바람에 이제 빼놓긴 했지만. (그 반지는 이제 동네 은행의 금고에 보관 중이다.) 조앤의 손에 키스하고 선룸으로 데려가서 우리 정원이 어떤지 묘사해 주었다. 나무 울타리로 둘러쳐진 뒤뜰엔 가문비나무가 있고 키 큰 소나무와 사과나무가 있고, 여러 종류의 꽃들이 피어 있다. 조앤은 언제나 충실한 정원사였지. 씨를 뿌리고 잡초를 다듬었지. 조앤은 땅을 경작하는 사람, 사람을 키우는 사람이었지. 우리 가족을 꽃으로 피웠지….

조앤은 자주 짜증을 내기도 하지만 지금 당장은 행복해 보인다. 아내가 행복하니 나도 행복하다. 이제부터 내가 할 일이 있다. 저녁을 차리고 먹는 걸 도와주고 서재로 데려가서 같이 TV 뉴스를 보거나 그날의 세상 이야기들을 해줄 수도 있다. 밤 산책을 나가 집 주변을 걸을 수도 있을 것이다. 집으로 돌아와 조앤을 씻기고 화장실에 데려가고 잠옷으로 갈아입히고 잠자리를 준비해 주어야지. 질문에 답해주고 오늘 나한테 일어난 일을 이야기해 줄 수도 있을 것이다. 어쩌면 조앤이 자신의 하루가 어땠는지 기억하고 이야기해 줄 수도 있지만 그렇지 않을 가능성이 높다. 이를 닦아주고 이불을 덮어줄 것이다. 같이 침대에 든 다음 꼭 안아줄 것이다. 최근 며칠 밤이 그랬던 것처럼 잘된다면 조앤은 먼저 잠에 들고 나는 침대를 빠져나와 문을 잠그고 고지서를 정리하고 설거지를 하고 이메일을 확인하고 어쩌면 오늘자 신문을 읽거나 내일 수업을 확인할 시간이 있을지도 모른다. 오늘은 이런 날이었다.

나는 다시 침대로 돌아가 따스한 침묵 속에서 아내를 바라본다. 우리는 오랜 결혼 생활을 했고 나는 수년 동안 조앤을 돌보고 있다. 조앤의 얼굴을 렉시오 디비나(Lectio Divina, 하느님의 말씀인 성경을 읽고 묵상하는 수행)처럼 읽어본다. 나의 눈은 천천히 그녀의 높은 광대뼈와 아치형의 눈썹을, 조각 같은 코와 길고 우아한 목을 마치 성경 말씀을 읽으며 부드러운 숨결 속의 신성을 알아보는 것처럼 바라본다. 그녀는 여전히 아름답고 존재감을 뽐내지만 머리카락은 희끗희끗해졌고 얼굴에는 검버섯도 있으니 나이 들어 보이긴 한다. 물론 나는 그보다 더 나이 들었다는 걸 기억한다. 조앤의 자는 모습에는 내 영혼을 위로하는 뭔가가 있다. 마치 운명이 우리를 위해 해주는 일을 느낄 수 있을 것만 같다. 그런데 어떤 일을 해주는 것일까?

악화되는 증세가 조앤을 좌지우지하고 나 또한 그렇다. 하지만 나는 앞날을 그리 깊게 생각하지 않으려 한다. 지금 여기에 머무르려고 한다. 나쁜 날들은 나를 경계하게 하고 조심하게 한다. 언제나 다음번 하락을 준비하고 있다. 적어도 한 번에 하나씩 집중하면서 우리 삶을 통제하는 법을 배워가고 있는 듯하다. 물론 이것이 나의 소박한 소망에 불과하다는 것을 알지만.

앞으로 열두 시간 동안 내가 해야 할 일을 가늠한다. 한밤중에 언제 아내를 깨워 화장실에 데려가야 옷을 적시지 않을까? 아침 몇 시에 일어나야 운동을 시키고 씻긴 후 옷을 입힐 수 있을까? 내일 아침에는 어떤 약을 먹어야 하지? 어떤 옷을 입힐까? 아침으로는 뭘 먹을까? 그런 다음 새로운 날이 주는 도전으로 걸어가야 한다. 조앤이 내일 짜증 내거나 불안해하면서 깨지는 않을까?

　나는 우리 집의 주 간병인이다. 성인이 된 자녀, 손주, 94세의 어머니와 가까운 친척과 친한 친구들에게도 아내의 상태를 주기적으로 알려주어야 한다. 주 간병인인 나의 상태도 살펴야 한다. 모두가 우리 둘을 걱정한다. 나는 일상생활에 적응하고 있지만 종종 상황이 악화될 때면 다시 한 번 내가 과연 이 일을 해낼 수 있을까 걱정한다. 어떤 시점까지 가면 내가 이 일을 계속할 수 없다는 건 알고 있다. 그다음엔 어떻게 해야 할까? 나는 다시금 마음을 다잡고 지금 이 순간의 두려움은 잊으려 한다. 우리의 상실과 상처를 잊으려 한다. 사랑과 신의가 무엇을 요구하는지 잊으려 한다. 다행히 이 외에도 생각해야 할 것은 무수히 많다. 그리고 내가 지금 아무리 피곤해도 나는 이 단기적인 안정을, 이 애정을 마음껏 누리려 한다. 다가오는 또 다른 하루가 길고 힘든 여정이 될지라도 그렇게 하루를 마감한다. 오늘은 좋은 하루였다고 생각하며 오늘을 마감한다. 오늘만큼은, 돌보는 사람으로서의 내 삶은 좋았다.

　경제적 자원은 같은 문제를 하늘과 땅 차이로 만들기도 한다. 나는 가정 요양 보호사를 구할 자원이 있었다. 일본과 스칸디나비아반도의 국가에서는 서민층도 가정 간병에 결정적인 역할을 하는 가정 요양 보호사의 도움을 받을 수 있다. 하지만 미국의 빈곤층이나 넉넉하지 못한 사람들은 이런 지원에 접근하는 게 거의 불가능하다.[**]

　조앤의 신경퇴행은 지속적으로 이루어졌고, 하락과 쇠약의 연속이었다. 이것은 **만성화**chronicity의 전형적인 특성이다. 만성화란 의료계에서 장기적인 질환을 말할 때 쓰는 용어다. 조앤의 장애가 새로운 국면에 진입하면, 이 새로운 상실과 분투 안에서 내가 적응하면서 다시 편안해지기까지 시간이 걸린다. 실라, 앤, 피터, 나의 어머니, 친척과 친구들에게도 마찬가지다. 우리가 조앤의 인지적, 시각적, 감정적, 행동적 기능의 한계에 겨우 적응했다고 생각했을 때 더 심한 하락이 찾아오고 우리는 또 다른 적응 방식을 찾는다. 이 사이클은 절대로 일정하지 않다. 조앤의 상태는 그녀와 우리에게 다른 결과를 보여주며 악화되곤 했다. 때로는 서서히 악화되고 때로는 무서울 정도의 속도로 나빠지다가 다시 늦춰졌다가 일정 기간 동안은 정체기가 온다. 내가 이제야 해야 할 일에 대해 파악했고 할 수 있다는 느낌이 드는 순간 또다시 모든 것이 산산조각 나는 느낌이 찾아온다. 조앤의 생애 마지막 몇 년 동안의 사이클은 지옥과도 같았다. 갑자기 감정이 격해지고 예측은 불가능해진다. 슬퍼했다가 짜증 냈다가 깜짝 놀라기를 반복한다. 그러다 피해망상에 빠진 듯 사람들을 의심하고 미워한다. 이 시기는 몇 년간 지속되었고 순식간에 더 악화되기도 했다. 조앤은 주기적으로 환각과 환영에 시달렸다. 옆에 없는 옛 친구나 가족에게

●● 내가 사는 매사추세츠주는 빈곤한 가정에도 대안이 있는 몇 안 되는 주에 속한다. 메리맥 밸리의 엘더 서비스라는 사이트에 게시된 내용을 일부 소개한다. "커뮤니티 초이스 프로그램에서는 매스헬스에 가입한 회원들에게 가정 요양 보호사를 파견받을 수 있는 자격을 준다. 가정 요양 보호사는 장기 요양원 입소를 늦추거나 막을 수도 있다. 커뮤니티 초이스 프로그램은 일일 출장 개인 요양 보호사를 지원하기도 한다. 매스헬스 수혜자는 60세 이상이어야 한다." 출처: "Alternatives to Nursing Home Care"
https://www.esmv.org/programs-services/alternatives-to-nursing-home-care

큰 소리로 말을 붙인다. 가끔이지만 이 집과 집에 있는 사람들이 진짜가 아니라는 듯이 행동하기도 했다. 누가 음식에 독을 탔다고도 하도 누군가 자기를 엿보고 도청하고 있다고도 했다.

통제할 수 없는 이런 사나운 상태에선 간병이 너무나 어려웠고 조앤과 쇼핑하거나 외식을 하는 건 이전보다 더 두려운 일이 된다. 달리는 자동차 안에서 차문을 열어버리려 하고 카페나 식당에서 난동을 부리기도 한다. 상점에 가면 억지를 부리다가 나간다고 하거나 영수증 색깔이 마음에 안 든다면서 점원과 싸우기도 한다. 우리를 잘 아는 동네 단골 상점이나 식당의 주인이나 직원들은 이러한 행동을 눈감아 주기도 한다. 별일 아닌 것처럼 웃으면서 따스한 제스처를 해주거나 말을 돌리기도 한다. 실제적인 의미에서 그들 또한 우리 돌봄 시스템의 일부였다.

모든 사람들이 이런 관용을 보여주지는 않았다. 피하고 나가버리기도 하고 상처가 되는 말을 하기도 하고 조앤을 사회적으로 죽은 사람, 사람이 아닌 물건처럼 취급하기도 했다. 그러나 대부분은 굉장히 실질적이고 진실하고 인간적인 방식으로 도와주었다. 중국어에 있는 표현대로 조앤에게 얼굴을 주었다(畀面, 존중을 표한다는 뜻). 그들은 그녀가 여전히 이 세상의 일부라 자각할 수 있도록 해주었고, 자아감을 지켜주었고, 최악의 상황에서도 품위를 지킬 수 있게 해주었다.

매우 슬프지만 한 번쯤 생각해 볼 아이러니는 이렇게 세심한 배려와 관심은 지역사회에서, 그러니까 은행, 동네 식료품점의 계산대 때로는 대형 마트에서는 쉽게 받았지만 조앤이 6개월에 한 번씩 검진을 받던 알츠하이머 전문 병원에서는 못 받았다는 사실이다. 접수 담당자, 간호사, 수련 중인 젊은 의사 들은 매우 기계적이고 무감했으며, 다른 곳에서는 얼마든지 따뜻한 배려를 보여주는 사람들이 알츠하이머 환자들에게는 예의 없이 냉랭하게 대했다.

내가 장기 돌봄과 간병이라는 무거운 부담에 힘들게 적응해 나갈 때, 나 또한 이런 실패를 맛보기도 했다. 아픈 사람을 배려하고 한결같이 긍정적인 태도를 보이는 게 힘들 때가 있었다. 조앤의 인지적·감정적 상태가 너무 심각하게 악화될 때는 가끔은 나 또한 좌절하고 화를 내기도 했던 것이다. 그렇기에 장기적인 하락을 보이는 알츠하이머 환자 한 명이 아니라 수십 명을 보는 전문 의료인들이 치매 환자와 간병인이 간절히 필요로 하는 예의, 배려, 인간적인 따스함을 유지하기 힘들 수 있다는 걸 짐작할 수 있다. 그러나 그러한 친절과 따스함 없이는 고통과 압박이 참을 수 없을 정도로 커진다. 인간적인 관심을 어떻게든 유지하려고 노력했을 때, 가족이든 의사든 돌보는 사람에게도 이익이 된다는 증거가 있다. 더 큰 목적의식이 생기고 번아웃도 줄여주고 감정적으로 소진되는 일도 의미 있게, 어떤 때는 즐겁게 만들어주는 것이다. 이는 나의 경험이기도 하다. 시간적 여유와 경제적 자원이 큰 도움이 되기도 했지만, 궁극적으로는 한 인간에게 희생하고 헌신하겠다는 태도가 돌봄에서 가장 중요하다. 그렇게 되면 장애가 있는 피간병인도 돌봄의 관계를 유지하기 위해 노력하게 된다.

정반대로 무관심, 분노, 탈진처럼 우리를 갉아먹는 일들이 점점 많아지면 돌봄의 관계는 제대로 기능하지 못하고 자칫하면 언어 학대와 심리적 학대로 이어지며, 때로는 신체적 폭력에 이르게 된다. 굉장히 어렵긴 하지만 돌보는 사람, 진료하는 사람은 자기 자신을 위해서도 혹은 가족이나 환자를 위해서도 자기 기분의 변화나 위기 신호에 반응할 수 있어야 한다. 다행히 나는 조앤을 학대하는 상황까지 가진 않았지만 가끔씩 조앤에게 미칠 듯이 화가 나기도 했다. 대체로 내가 피곤하거나 좌절했을 때였다. 그럴 때면 내가 지금 무슨 행동을 하고 있는지 알아차리려 했고 아무리 내가 힘들어도 아내의 고통이 내 고통보다 크다는 것을 확인하면서 분노를 폭발하거나 험한 말을 하지 않을 수 있었다. 당연히 정신과 의사로서 받은 훈련이 도움이 되었고 수십 년 간 곁에 있었던 조앤이 나를 온유하고 자아 성찰을 하는 사람으로 만들기도 했다. 대부분의 간병인들은 나처럼 준비되어 있지 않지만 그래도 해나가야 한다.

돌봄을 주제로 한 문학에선 돌봄을 받는 사람의 역할이 얼마나 중요한지 간과되기 쉽다. 돌봄의 관계는 둘 모두의 노력을 필요로 한다. 조앤은 마지막 몇 년을 제외하고는 적극적인 참여자였다. 그녀의 참여가 간병과 돌봄을 가능하게 했다. (때로는 가능하지 않게도 했지만.) 조앤은 언제나 나와 함께했다. 처음에는 그녀도 나도 그녀가 스스로를 돌볼 수 있다는 점을 강조했다. 그녀의 정체성은 언제나 자신의 능력과 자립에 뿌리 내려 있었기 때문이다. 점점 더 상태가 나빠지면서 정도는 약해졌지만 어떻게든 자신을 붙들기 위해 끝까지 싸웠다. 모든 돌봄의 상호 관계에서는 감정적·도덕적 호혜성이 존재한다. 그것 없이는 신뢰가 거의 없거나 없을 수밖에 없다. 조앤은 나에게 항상 따뜻하게 반응하고 고마워했고, 감정적으로 육체적으로 나와 멀어지지 않으려 했기에 나도 그렇게 행동할 수 있었다. 그녀가 끝으로 갈수록 그랬듯이 나에게 저항하고 나를 신뢰하지 않을 때면 돌봄은 거의 불가능했다.

　내가 조앤의 주 간병인으로 살았던 그 10년의 세월이 나라는 인간을 완전히 개조했다고 할 수 있다. 나는 진한 고통과 실망, 아픈 패배와 계속된 피로를 경험했고 난제를 해결하고 나면 또 다른 난국이 찾아왔다. 그사이 나는 이전과는 완전히 다른 사람, 더 나은 인간이 되었다. 나는 삶이란 무엇이고 어떻게 사는 것이 좋은 삶인지 배웠다. 물론 최악의 날들에는 절망 쪽으로 떠밀려 가기도 했지만 그래도 신세를 한탄하거나 허무와 무력에 빠지는 사람이 되지는 않았다. 희망을 잃지도 않았다. 물론 내 희망의 주체가 우리 부부보다는 우리 자녀와 손주에게 옮겨지긴 했지만 말이다. 암흑 같은 시기에 비탄에 빠지거나 가망이 없다고 느낀 적이 없다고 말한다면 거짓말이지만 그 순간들은 바람처럼 왔다 사라졌다. 돌봄은 나를 더 강한 사람으로 느끼게 했고, 다른 이들과 관계를 더 잘 맺는 사람으로 느끼게 해 주었다. 언제나 야망을 좇으며 오직 내 일에서만 보람을 찾으려 하던 이전의 나에서 벗어났다. 삶을 어떻게 살아야 하고 가족들과 어떻게 지내야 하고 하루하루의 소소한 일상을 어떻게 돌봐야 하는지를 배웠다. 결국 인생이란 이것에 관한 문제가 아닌가. 나는 생각보다 막중한 돌봄의 짐을 지게 되었고, 그것은 인생에서 가장 중요한 게 무엇인지에 대한 생각을 뿌리째 바꾸었다. 대부분의 여성들은 아기를 키우고 어린아이들을 돌보면서 이 가치를 배운다. 나는 조앤을 돌보면서 배웠다. 돌봄은 인간을 생 앞에서 겸손하게 한다. 당신이 어떤 분야에서 아무리 능력 있고 성공하고 노력하더라도 삶에서 나쁜 일들은 일어나게 되어 있고, 그 어떤 통제력도 발휘할 수 없을 때가 오기 마련이다. 나는 이 세계가 나의 뜻대로 움직이지 않으며 내가 적응해야 한다는 사실을 배웠다. 그 적응이 의미 있기도 하고 한없이 불편할 수도 있지만 어쨌든 해야 한다. 아니 나는 이보다 훨씬 더 많은 것을 배웠다. 궁극적으로 나라는 존재가 통제할 수 있는 건 오직 내가 이 세상에 어떻게 반응하고 어떻게 응답하는가밖에 없다는 것을. 바로 이런 마음이 그 모든 세월을 구원의 경험으로 만들어주었다. 어머니는 앤과 피터에게 나의 변화를 이렇게 간단하게 정리하곤 했다. "우리 아서가 인간이 되었지!"

중국 속담에 과일자过日子라는 말이 있다. 한 가족의 행운을 지키기 위해서 책임 있는 삶을 살아야 한다는 뜻이다. 이는 인간이 스스로 성숙하고 자아를 발견하는 길이 되기도 한다. 나는 초년에는 이 기술을 익히지 못했다. 그러다가 조앤이 사는 방식과 조앤이 나와 우리 가족을 돌보는 모습을 보면서 조금씩 배워나갔다. 조앤에게서 배운 교훈은 내가 아내를 돌볼 때 유용하게 쓰였다. 나는 실제로 돌봄을 실천하면서 돌보고 살피는 법을 배웠다. 이 시기에 이루어진 전환을 가장 간단하고 진실하게 설명하는 방법은, 내가 조앤을 닮은 사람이 되었다는 사실일지도 모른다. 알츠하이머란 병에 잠식되기 전의 조앤을 이루고 있는 많은 특징들을 내가 그대로 물려받게 되었으니 말이다. 나는 조앤의 페르소나에서 좋은 부분만을 흡수해 내 것으로 만들었다. 남을 돌보는 마음, 달래는 마음, 세심한 관심 등을. 그녀처럼 타고난 우아함을 갖진 못했지만 그녀와 목적의식은 공유하며

66

나의 일부로 만들었다.

아내를 돌보던 몇 년 동안 나는 그 어느 때보다 규칙적으로 운동했고, 더 오래 깊이 잤고, 진정한 자아 성찰의 순간들을 맞이했다. 서로 상충하는 수많은 의무들을 처리하면서도 그렇게 할 수 있었다. 초반에는 스트레스 때문에 건강이 악화되었지만 의식적으로 공들여서 스트레스를 관리했고, 이 힘겨웠던 10년의 후반에 이르러 나는 정신적으로 더 강건해지고 육체적으로도 건강해졌다. 나는 순간 안에서 기쁨을 찾는 법을 배웠고 일 때문에 생기는 압박감 속에서도 여유를 찾아낼 수 있게 되었다. 가족과의 유대와 친구와의 우정이 가장 강해진 시기였는데 내가 그만큼 관계를 위해 노력했기 때문이다. 이것들이 조앤의 지속적인 병의 악화와 그 병이 우리에게 가져온 수많은 고난을 막아주진 못했다. 우리가 두려워하던 결과는 결국 우리가 예상했던 대로 우리를 공격했다. 그럼에도 불구하고 설명할 수 없는 방식으로 나는 다시 일어나 그 현실을 맞았다.

더 온전한 인간이 되는 과정을 겪고 과거의 나보다 성숙해지면서 나는 버틸 수 있었고, 조앤을 보조할 수 있었고, 함께한 가장 고되고도 힘들었던 시기를 견딜 수 있었다. 역경을 이야기할 때 우리는 종종 '회복탄력성'이란 용어를 꺼내지만 나에게는 이 단어가 지나치게 낙관적이며 때로는 승리의 의미만 갖고 있다고 느껴진다. 어느 누구도 심각한 질병과 간병의 경험과 상실 안에서 무너지지 않고, 중요한 무언가를 잃지 않으며 지낼 수는 없다. 내 경험으로는 '인내력endurance'이란 단어가 가장 가깝다고 할 수 있다. 돌봄은 인내에 관한 일이다.

의사이자 철학자인 윌리엄 제임스가 100년 전에 이해한 것처럼 우리는 "복수의 우주plural universe"를 물려받았다. 이 사회와 지역과 가족과 개인은 다채롭고 계속 변화하며 모순적인 경험들을 한다. 최종적인 결말이란 인생의 모든 문제에 대한 각각 다른 반응들뿐이다. 돌봄과 간병 또한 복수의 경험, 다양한 경험으로 이해되어야 한다. 돌봄을 주는 사람과 받는 사람의 수만큼 다른 경험이 있다. 나의 경험은 오직 나만의 경험을 드러낼 뿐이다. 나의 이야기는 돌봄과 간병의 여러 다른 면을 보여주는 다양한 돌봄의 이야기 중 하나다. 각각의 상황은 그것만의 특수한 세상에서, 특수한 재정적 압박 속에서, 그 가족의 관계 역학과 사회적 관습 속에서 각각 다르게 펼쳐지는데 그것들이 의사 결정, 역할 분담 등 돌봄의 핵심 요소와 과정에 영향을 미치기 때문이다. 예를 들어 내가 경험한 실라는 어떨까. 나는 가정 요양 보호사가 큰 도움이 된다는 사실을 우리의 돌봄 생활 초반부터 이해할 수도 있었다. 내가 가정 요양 보호사를 고용하기로 한 것은 조앤의 장애가 심해지고 돌봄이 막막해진 상황에서 어쩔 수 없이 내린 결정이다. 준비할 시간도, 다른 대안을 고려할 시간도 없었다. 천만다행으로 바로 실라 같은 사람을 찾을 수 있었다. 그러나 나와 비슷한 조건에 처한 이들에게 이런 행운이 늘 찾아오지는 않는다. 따라서 알츠하이머를 진단받은 바로 그때부터 의사는 환자와 가족에게 예후를 이야기하면서 요양 보호사 같은 돌봄 시스템의 중요성을 명시하는 것이 좋다. 아니면 이 가족과 환자에게 이런 도움을 전문적으로 제공하는 동료를 소개시켜 주어도 좋다. 우리를 진단한 전문의들은 앞으로 어떤 날들이 예정되어 있는지 말해주지 않았고, 우리의 생활과 기대를 완전히 재구성하는 방식으로 변화에 대응해야 할 것이라고 조언해 주지도 않았다.

너무나 많은 간병인들이 매우 벅찬 선택 앞에 직면한다. 어느 누구에게도 똑같은 상황이란 없다. 그러나 우리는 다른 사람의 경험 속에서 지혜와 안식을 찾을 수 있다. 50세의 매력적인 중국계 미국인 여성 사업가 앨리스 차이는 가족 간병인이 겪는 우울증을 치료하는 자신의 의사가 나를 추천했다며 찾아왔다. 그녀는 30세 연상의 중국인 부동산 업자와 결혼 생활을 하며 덫에 빠진 기분을 느꼈다고 했다. 남편은 여러 차례의 심장 발작 후에 오른쪽 팔다리가 마비되면서 거동은 물론 말하기도 힘들어했다. 아내는 남편 옷 입히기부터 씻기기까지 일상의 모든 일을 도와야 했다. 앨리스는 남편을 간병하는 데 일생을 바치며 남편의 반대로 아기도 갖지 못했고 아내로서 존중받지도 못했고 억울함은 커져만 갔다. 당연히 남편과 감정적으로 멀어졌고 남편을 미워하게 되었다. 고립된 삶 속에서 외로움만 커졌다.

우울증을 치료하면서 마음의 짐을 상당히 덜었고 감정적인 문제를 해결했다고 했는데 그것은 누가 보아도 도덕적 판단의 문제였다. 그녀는 자신의 삶을 해석하기 위해 인간의 삶은 고통과 실패와 실망으로 끝날 수도 있다는 사실을 받아들이는 중국의 전통을 떠올렸다. 그럼에도 불구하고 선한 인간은 인내하고 견디며 나쁜 결과 앞에서도 인간의 품격을 상실하지 않는다. (나는 그녀에게 부부 상담을 받거나 이혼을 고려해 보라고도 말했지만 그녀는 이 둘은 선택지가 아니라고 했다.) 그녀는 자신의 상황 안에서도 순응할 수 있는 방법, 견딜 수 있는 방법을 찾았다며 감사해했다. 중국계 미국인 단체에서 요양 보호사를 추천받아 돌봄이 수월해지기도 했다. 사랑이 부재한 가운데서도 돌봄에 헌신하겠다는 그 실존적 고민과 헌신 앞에서 존경심을 품을 수밖에 없었다. 나라면 절대 못 했을 일이다.

중서부의 대학에서 의대 교수로 있는 한 친구가 내가 아내를 간병한다는 이야기를 듣고 자신의 사연을 들려주었다. 40년 동안 결혼 생활을 한 아내가 파킨슨병에 걸리면서 그가 간병을 책임졌다. 30대 후반인 딸과 아들은 결혼해서 어린 아이들을 키우고 있고 도움이 되지 못했다. 그는 아이들에게 도와달라는 뜻을 내비쳤지만 아이들의 무심한 반응에 상처 받고 실망했다. 가정 요양 보호사와 방문 간호사도 있었지만 더 이상 혼자 아내를 돌볼 수는 없었다. 나는 그 친구에게 왜 자녀들이 도움을 주려 하지 않거나 줄 수 없다고 생각하냐고 물었다. 그가 깊은 한숨을 쉬며 말하길, 아이들을 그렇게 키웠기 때문이란다. 부족함 없이 모든 것을 다 해주며 키운 바람에 아이들은 받는 것만 당연히 여기고 부모에게 효도하는 데는 관심이 없는 사람들로 자랐다는 것이다. 나는 자녀들과 이 문제에 대해 보다 솔직하게 터놓고 말해보라고 조언했다. 진심으로 도움이 필요하다고 말해보라고 했으나 그는 불가능할 것 같다고 했다. 그런 식으로 말해본 적이 없었기에 도와달라고 부탁할 자신이 없다는 것이었다. 자존심 세고 지나치게 독자적이고 통제적인 이 아버지에게도 통제할 수 없는 상황이 닥쳤다. 내가 우리 아이들에게 솔직히 도움이 필요하다고 고백했을 때 우리 아이들이 어떻게 반응했는지를 다시금 떠올렸다. 나는 친구에게 한계를 인정하고 자녀들의 도움이 필요하다고 직접 요청해보라고 말했다. 나중에 들은 바로는 그 자녀들은 내가 기대한 대로 반응하지 않았다고 했다. 나는 더 이상 할 말이 없었다.

내가 이 이야기를 하는 이유는 우리 모두는 각각 매우 복잡한 별개의 삶을 살아가고 있다는 것을 말하고 싶어서다. 조언을 해줄 때도 정직한 연민과 공감을 가져야 한다. 돌봄은 관계에 관한 일이며 문제가 있거나 실패한 관계는 성공적인 돌봄의 자원이 되기도 힘들고 어떤 다른 방식으로도 지원을 받기 어렵기 때문이다.

　　한 친구가 90대 후반에 심부전과 뇌 기능 상실로 고생하다 돌아가신 자신의 어머니 이야기를 들려주었다. 사망 전 2년 동안은 심각한 치매 증세 때문에 요양원에서 지냈다. 그전에는 신혼 때부터 70년간 살았던 케이프곶의 단독주택에서 몇 년 동안이나 홀로 생활했다고 한다. 세 자녀 중 유일하게 어머니 집 근처에서 살았던 내 친구는 어머니 대신 계속 집안일을 보살폈다. 어머니는 남편이 죽은 후에도 20년 동안 독립적으로 잘 살아왔기에 더 이상 홀로 살아갈 수 없다는 사실을 받아들이길 거부했다. 환자의 거부는 아주 큰 문제가 될 수 있다. 그녀는 수년 동안 온갖 고초와 고독을 겪은 후에야 혼자 생활할 수 없다는 사실을 받아들였다. 자신의 현실을 직시했을 무렵엔 너무 몸이 약해져 있어 요양원에서도 받아주려 하지 않았다. 요양원에 들어갔을 때는 요실금도 심했고 지팡이를 이용해 걸을 수도 없었으며 단기 기억력도 많이 상실한 상태였다. 그럼에도 요양원으로 옮기자 감정 기복이 줄었고 고집도 피우지 않았다. 요양원에서의 마지막 18개월은 엄마와 딸이 보낸 가장 따스하고 안정된 기간이었다고 한다. 그래서 그녀는 요즘 사람들이 노인 의료 복지의 궁극적인 목표라고 하는 '살던 곳에서 노후 맞기'에 대해서 의문을 갖는다고 했다. 만약 어머니를 집에서 더 빨리 데리고 나와 요양원에서 살게 했더라면 행복의 기간이 더 길었을 것이다. 이러한 경험은 그들 모녀만의 특수한 상황일 수 있다. 모든 질병 경험은 독자적이며 같은 결정을 했다고 해서 모두에게 같은 결과로 돌아오지 않는다. 앞서 소개한 윌리엄 제임스의 관점에 따르면 노후 또한 모든 가족 관계처럼 복수의 현실이다. 모두에게 적용되는 한 가지 정답이란 없다. 통제할 수 없는 현실의 통제 가능한 대안을 제공해 주지 않는다. 간병 정책 또한 간병 수행처럼 다양한 가족 관계만큼이나 다양한 돌봄의 양상이 발생하는 현실을 이해하는 데서 시작해야 한다. 또한 현재 미국 노인의 4분의 1이 독거노인이라는 현실, 즉 가족 간병이 적거나 아예 없는 조건도 고려한 정책이 만들어져야 한다.

내 친구의 경험을 들으며 나의 경험이 떠올랐는데 조앤이 아니라 나의 어머니 때문이다. 어머니 마샤는 조앤이 떠나고 몇 년 후 102세로 사망했다. 4년 전인 98세에 어머니는 하버드 스퀘어 근처의 아파트에서 30여 년째 별다른 도움 혼자 없이 살고 있었다. 하지만 그 생활을 유지하기 힘들다는 건 누가 봐도 명백했다. 처음에는 우리 집에 모시기로 했다. 익숙한 아들 집에서 더 행복해하시리라 생각했다. 조앤을 보낸 지 얼마 안 되었기에 어머니와 함께 살고 싶기도 했다. 그러나 막상 그렇게 해보니 그다지 이상적이지 않았다. 어머니는 친구들과 떨어져 우리 집에 혼자 지내며 매일 저녁 내가 퇴근하기만을 기다렸다. 이 실험을 몇 달 해본 후에 동생이 집 근처 요양원에 자리를 마련하면 어떻겠냐고 제안했다. 자신만의 개인 생활 공간도 가지면서 다른 사람들과 둘러싸여 지낼 수 있으니 누구보다 외향적인 우리 어머니가 사람들과 어울리면서도 소중히 여기는 독립도 지킬 수 있을 것이라 했다. 그곳에선 식사도 제공되고 운동이나 취미 활동, 목욕할 때도 도움을 받을 수 있을 터였다.

요양원 생활 첫 4개월 간 어머니는 우울해하셨다. 무엇보다 왜 자신이 이렇게까지 징그러울 정도로 오래 살아야 하는지 모르겠다고 했다. "내가 죽으면 모두가 더 편해지지 않겠니?" 어머니는 이렇게 말하며 훌쩍였다. 하느님이 자신의 존재를 잊어버리신 것 같다고도 했다. 그 불편한 전환기 동안 우리는 어머니가 오래 사실 것이라고 기대하지 못했다. 넘어져서 대퇴골(넙다리뼈)이 부러졌으나 수술이든 뭐든 전혀 받고 싶지 않다고 했다. 실력 있는 정형외과 의사가 어머니에게 다시 걸을 수 없다 해도 다리에 심을 박아야 간병이 더 쉬워질 거라 간곡히 설득해서 어쩔 수 없이 동의했다. 남동생과 나와 내 자녀들은 몸이 약한 98세의 노인이 수술을 견뎌야 한다는 사실에 걱정하고 놀라워했으나 그 결과는 믿을 수 없을 만큼 큰 행복을 가져다주었다.

몇 달의 회복 기간을 거친 후에 어머니는 보행보조기를 이용해 걷게 되었다. 새로운 환경에 적응하면서 안정을 찾았고 새 친구들도 사귀었다. 100세가 되었을 때는 우리 중 그 누가 상상했던 것보다 훨씬 더 잘 지내고 계셨다. 어머니는 여전히 세상 돌아가는 일에 관심이 많았으며 내가 가져다준 책을 읽고 정치와 사회에 대해 균형 잡힌 의견을 내놓곤 했다. 정신적으로 더 강해지고 감정은 지난 몇 년에 비해 훨씬 더 안정되었다. 가끔씩 힘겨워한 나날도 있었지만 아주 즐겁고 행복한 날들도 경험했다. 산다는 것에 대한 관심이 다시 되살아났고 남아 있는 나날을 풍요롭게 보냈다. 102세가 되었을 때 마지막 시간이 찾아왔다. 어머니 간병에 훨씬 많은 도움이 필요해 병원으로 옮겼고 그곳에서 돌아가셨다. 우리 어머니의 이야기는 노화와 노인 돌봄의 다양성과 가변성의 이야기기도 하다. 가정 돌봄도 중요하지만 다양한 노년의 인생 경험에 대해서도 문을 열어두어야 한다. 우리 인생이 그렇듯이 모든 것은 개개인의 삶에 따라 달라지기 때문이다.

나는 중증 장애아를 키우면서 직업적으로도 성취를 이룬 훌륭한 여성들을 여러 명 만났다. 한 이는 자기와 비슷하게 훌륭한 남편이 있었고 다른 이는 아이가 어릴 때 남편과 이혼했다. 이 여인은 전남편이 장애가 있는 아이를 평생 돌볼 준비가 되어 있지 않은 사람이었다고 말했다. 두 여성은 지난 세월을 돌아보며 장애아에게 필요한 치료와 돌봄을 제공하면서 직업적으로도 성공한다는 것이 얼마나 극단적으로 고단한 일이었는지 인정한다. 이 두 여성은 서로를 모르지만 돌봄의 경험을 서술하면서 정확히 똑같은 단어를 사용했다. "내가 해야 된다는 걸 알았으니까요. 그래서 완전히 그 생활에 나를 바쳤어요. 물론 어려운 일이죠. 하지만 나는 견뎠죠. 버텼어요. 그럴 수 있었던 내가 이제 자랑스러워요. 아들을 보면 (두 여성의 아들 모두 이제 성년이다) 아직도 아이의 상태가 여전하고 같이 산다는 사실이 버겁기도 해요. 그래도 우리 두 사람이 지금까지 버티면서 그 모든 일을 함께했다는 사실이 뿌듯합니다. 아니 성취감을 느낀다는 말은 아니에요. 아직도 그저 하루하루 살아가기 위해 수많은 일을 감내해야 하는데 성공했다는 기분이 들 수 있겠어요? 하지만 난 지금 더 강해요. 좋을 때나 나쁠 때나 이 아이와 생활을 돌보는 일은 내가 할 일이에요." 내 머릿속에서 나는 이 말을 이렇게 이해했다. "내가 할 일이 있었고 했을 뿐입니다."

이러한 정서와 사고는 《뉴요커》 기자였던 고 E.S. 골드먼이 10년 동안 알츠하이머에 걸린 아내를 돌보면서 내렸던 결론과도 거의 흡사하다. 그는 에런 알테라는 필명으로 자신의 경험을 훌륭하게 서술한 책 《돌보는 사람The Caregiver》을 펴냈다. 2007년 캠브리지의 포터 스퀘어 서점에서 이 책의 낭독회를 했는데 나도 그때 가서 그의 낭독을 들었다.

그가 마지막 말을 마치자 관객 중 한 젊은 여성이 질문했다. 아내의 병이 점차 악화되던 시기에 무엇이 그를 버티게 했냐는 질문이었다. 당시 94세로, 허리가 굽고 서 있을 때 휘청거리고 지팡이를 짚은 쇠약한 노인이었지만 여전히 맑은 정신과 예리한 유머 감각을 갖고 있던 골드먼은 단호하게 말했다. "그야 하니까 하는 거죠!"

"그게 무슨 뜻인가요? 자세히 설명 부탁드려요." 젊은 여성은 끈질기게 물었다.

"그냥 하는 겁니다." 그가 건조하게 덧붙였다. "내가 할 일이었어요. 계약의 일부 아닙니까. 결혼 서약에도 나와 있고 우리 부부가 지난 몇십 년간 살아온 방식입니다. 그냥 합니다!"

내가 할 일이었기 때문에 한다. 많은 여성과 남성 들이 누군가를 돌보면서 얼마나 많은 돈이 들었고 어떤 꿈을 미루었고 커리어가 어떻게 달라졌고 에너지와 감정이 얼마나 소모되었는지를 설명하면서도 이렇게 이야기를 했다. 나 또한 그렇게 말한다. 조앤을 어떻게 돌볼 수 있었냐는 질문을 받으면 이렇게 답하고 있는 나를 본다. 이것은 무슨 뜻일까? 가족 보호자는 별다른 선택의 여지 없이 현실을 있는 그대로 받아들인다. 세상에서 가장 중요한 관계에서, 나에게 너무나 중요한 의미를 가진 사람이 지금 도움을 청하면 나는 그 자리에서 도움을 준다. 한 발 더 나아가 그 사람이 돌봄을 필요로 하는 한, 그리고 내가 할 수 있는 한 이 일을 할 것이라 결심한다. 할 일이 내 앞에 있기에 한다.

장애아를 키우는 여성들이나 E.S. 골드먼이 한 대답은 마치 쑤시는 어깨를 주물러주거나 더러운 손을 씻는 것처럼 돌봄이 인간의 기초적인 반응이라는 인식을 강조해 주었다. 그에 대해 많은 생각을 하지 않는다. 그저 한다. 밥을 먹이고, 씻기고, 옷을 입히고, 외출한다. 물론 감정적인 노력도 한다. 그렇게 계속하고 또 할 뿐이다. 노력한다. 걱정한다. 나에겐 언제나 할 일이 있고 그렇기에 그 일을 한다.

이런 관점으로 볼 때, 또 내가 조앤을 돌보면서 알게 된 것은 돌봄은 윤리적 헌신을 하겠다고 단언하는 실존적 행동이라는 점이다. 너무나 많은 것이 걸린 중요하고 가치 있는 일이기에 생각은 적게 해야 하고 행동은 많이 해야 한다. 할 일이 있기에 당신은 한다.

물론 실제 삶에서는 이처럼 무 자르듯 쉽고 명확하지 않다. 언젠가는 그 순간이 온다. 당신 영혼 깊은 곳에서 더 이상 할 수 없다고 느끼는 날이. 도망가고 싶어진다. 아예 처음부터 자신은 할 수 없다고 생각해 시작조차 하지 않고, 발조차 담그지 않는 가족 구성원이 있다. 가족 돌봄은 돌봄의 부재에 관련된 이야기기도 하다. 내 친구의 손녀가 메인주 해안가의 노인 요양원에서 간호조무사로 일하고 있는데 어느 날 손녀가 울먹거리며 말하길 자신이 돌보는 많은 노인들에게 방문자가 한 명도 없다고 한다. 이 환자들은 처음에는 슬퍼하고 부끄러워하면서 아들딸이나 손주가 못 오는 이유를 설명하다 어느 순간에는 너무 멀리 살거나 각자 살기 바쁘다는 핑계로 한 번도 찾아오지 않는 자식들을 원망한다. 더 슬픈 이야기는 자녀가 가까이에 살고 있고 부모님을 돌볼 여건이 충분히 되면서도 사이가 좋지 않아 부모를 찾지 않는 경우일 것이다. 때로 노인들은 그에 대해 입을 꾹 다물거나 비탄에 빠진다. 가족 돌봄의 실패 사례라 할 수 있다.

어떤 가족들은 아픈 가족을 돌보면서 무너지기도 한다. 재정적으로, 관계적으로, 감정적으로, 도덕적으로 무너진다. 가까스로 버티긴 하지만 하루하루 위태롭다. 죄책감과 체념 사이를 수시로 오가기도 하고 괴롭지만 감수하기도 한다. 불안정하고 어려운 관계의 이야기, 말하지 못한 역사, 반은 묻고 사는 아픔은 이런 이야기의 숨겨진 스토리 라인이다. 부족한 자원(1차적으로는 재정적 자원이고, 궁극적으로는 인지적, 감정적, 사회적 자원)은 질병과 간호라는 폭풍우를 헤쳐나가기 어렵게 한다. 어디에도 간단한 결론은 없고 보편적인 정답도 없다. 우리가 할 수 있는 건 그저 각각의 질병 경험을 깊이 파고들어서 개인에게, 관계에 가장 중요한 것이 무엇인지 알아내고 소중히 여기는 것뿐이다.

　

재정적인 부담은 장기 간병에 어두운 그림자를 드리운다. 헨리 라이트는 상냥한 중년 남자로 부동산 회사에서 말단 직원으로 일한다. 그는 경찰로 일했던 93세의 부친을 아내와 함께 모시고 있다. 그 부부는 아버지를 요양원으로 보내는 문제 때문에 고민 중인데 아버지가 뇌졸중을 겪은 후로 샤워, 면도, 배변 등을 혼자 할 수 없기 때문이다. 헨리 부부는 아버지에게 필요한 도움을 줄 형편이 되지 못한다. 그나마 감당할 수 있는 곳은 열악한 양로원뿐이다. 그들의 적은 수입과 메디케이드Medicaid*의 지원이 감당할 수 있는 곳은, 적합하다기보다는 헨리의 눈에 '이 정도면 참을 수 있는' 시설이다. 마음에 차는 건 절대 아니었지만 그저 안전하고 그럭저럭 깨끗하기만 하면 충분하다. 재정적인 자원이 넉넉하지 않은 수많은 미국인들에게 요양원의 수준은 첫 번째 고려 사항이 되지 못한다. 메디케이드의 지원을 받는다고 해도 감당할 수 있는 곳과 원하는 곳 사이의 간극은 크다.

상위 중산층에 속하는 사람들도 아픈 부모를 모시는 걸 벅차하며 특수 노인 병동 입원은 감당하기 어렵다. 간병의 수준이 떨어지고 불친절한, (간호사와 간호조무사 숫자가 적은) 메디케어Medicare*가 받아주는 시설에 부모를 맡겨야만 한다. 이런 선택을 할 수밖에 없는 현실, 부모님이 받게 되는 형편없는 간병 때문에 속상해한다. 하지만 현실적 여건 때문에 자식으로서의 아픔은 접어둘 수밖에 없다.

가족들이 그저 숫자 계산만으로 진료의 수준과 질을 결정하는 건 아니다. 같은 경제적 상황이라도 가족의 감정, 가족의 관계에 따

- 65세 미만의 저소득층과 장애인을 위한 국민 의료 보조 제도.
- 미국 정부의 사회보장제도로 65세 이상 혹은 소정의 자격 요건을 갖춘 사람에게 의료보험을 제공한다.

라 양상이 달라질 수 있다.

질 코널리는 뉴욕 법률 사무소에서 일하는 중년의 변호사다. 90세의 노모는 질이 자랐던 웨스트 코스트의 작은 마을에서 아직도 살고 있다. 질이 내게 설명하기로 그녀의 가족은 문제가 많았다. (로스앤젤레스에서 사는 교수로 비혼인) 여동생도, 질도(세 번째 결혼을 했고두 아이를 키우고 있다) 어머니와 사이가 좋지 않고 좋은 적도 없었다. 그러나 둘 다 어머니를 돌보아야 한다는 책임감은 느낀다. 두 사람은돈을 모아서 은퇴 노인 아파트의 일부인 인지 치료 병동에 어머니를입주시켰다. 더 가까이 사는 질의 여동생이 어머니를 몇 개월에 한번씩 찾아가고 질은 많아야 일 년에 두 번 찾아간다. 그녀는 그조차버겁다고 말했다.

어머니와 만나도 진지하거나 의미 있는 대화를 나눌 수 없어서다. 어머니가 질을 동생과 헷갈려 하기도 하고 솔직히 의무감 외에는계속 가야 할 이유가 없다고 했다. 자매는 어머니가 이듬해에도 살아계신다면, 이제 여윳돈도 남아 있지 않기 때문에 메디케이드에 의지해 저렴하고 질 낮은 공공 요양 시설로 옮겨야 할 것 같다고 한다. 질은 지금도 계속 어머니를 찾아가야 할지 모르겠다고, 울면서 말했다. 이 대화를 마무리하면서 질이 이렇게 스트레스를 받는 이유가 어머니를 돌보아야 한다는 감정을 느끼지 못하기 때문이라는 인상을받았다. 돌봄을 지속하게 하는 감정을 모든 사람이 느끼는 건 아니다. 그러나 많은 사회에서 환자의 가족은 환자를 돌봐야 한다는 기대를 받는다. 때로는 그 기대가 죄책감과 분노와 억울함을 일으키며그 지독한 죄책감이 생의 마지막 시간에 심각한 문제를 초래하기도 한다. 환자 가족은 숨겨진 감정을 눌러오다가 모두 소용없다는 걸 알고 죽음을 앞둔 환자의 삶의 질을 낮출 수 있는 의료적 개입을 고집하기도 한다.

만성적으로 악화되는 장애나 말기 상태인 환자를 돌보는 개인들이 공유하는 공통의 정서는 점점 종착지에 가까워온다는 느낌이다. 간병은 장기적인 싸움일지 모르지만 언젠가는 끝이 난다. 끝이 오고 있다는 건 알지만 언제가 될지는 모르고 그 끝이 어떤 모습이 될지도 모른다. 간병인은 그 사실을 인식하면서 과연 자신이 그 끝까지 옆을 지킬 수 있을까라는 생각에 걱정하고 두려워한다. 나 또한 조앤이 나보다 오래 살면 어쩌나 걱정했던 기억이 있다. 피터와 앤은 아직 어린 아이들을 키워야 하고 먼 지역에서 바쁘게 살고 있으니 어머니를 돌볼 여건이 되지 않는다. 혹여 조앤이 요양원에 들어가도 자주 찾아가지 못할 것이다. 앞서 말한 장애아를 키우는 두 여성 모두 그들이 죽거나 늙어 아프게 되면 가족 없이 살아갈 자녀가 가장 걱정된다고 했다. 나 또한 개인석으로 그 생각만 하면 오싹해져서 진지하게 생각하지도 못할 정도였고 그런 생각이 떠오르면 고개를 흔들며 떨쳐버리곤 했다.

돌보는 사람은 지금 당장 해야 할 사소한 일들이 너무 많기 때문에 이러한 큰 질문은 쉽게 옆으로 밀쳐놓는다. 그러나 결국에는 이 문제에 직면해야 할 때가 온다. 그 질문 자체가 간병의 마지막 단계에 포함된다. 병원 입원, 요양원 입소, 호스피스 같은 어려운 주제를 이야기해야만 한다. 나는 이 문제가 눈앞에 닥치기 전에 미리 신중히 생각해 두는 것이 좋다는 걸 잘 알았다. 하지만 나 또한 죽음에 대한

문제를 아주 가까이 직면해서야 다루게 되었고, 그 일은 예상했던 것
보다 더 힘들었다.

3

내가 주 간병인이었던 조앤의 투병 말기를 나는 대체로 어두운 시절로 기억하고 있다. 최악의 시기엔 나는 견딜 수 없는 시간을 견디고 있었다. 치매 특히 조발성 알츠하이머를 앓고 있는 가족을 돌보는 가족 간병인 여러 명과 이야기해 보았는데 거의 대부분이 나와 비슷한 경험을 했다. 처음에는 비교적 지루하고 일상적인 일들에 도전한다. 보답이나 보람이 없다고 느껴지는 나날이 있고 좌절감이 커지는 날들까지 지나면 완전히 지쳐서 더 이상 못 할 것 같은 시기가 오는데 이때 우리 앞에 놓인 산더미 같은 일들을 보면서 무력감과 무능감이 가중된다. 모든 질병의 경험에는 개인마다 가슴이 무너지는 크고 작은 일이 있지만 가족 간병인 모두가 피할 수 없는 전제 조건이 있다. 최악의 시기는 치매가 심해지는 속도만큼 빠르고 과중하게 다가오는데 결국에는 전문적인 훈련을 받지 않은 가족 간병인이 더 이상 감당할 수 없는 수준까지 도달한다는 점이다.

조앤은 알츠하이머를 안고 살던 10년 동안 일시적으로 불안해하거나 감정을 제어하지 못하곤 했다. 차분하고 평온한 상태는 거의 없었다. 그녀 안에서 항상 도사리고 있는 높은 수준의 불안감은 주기적으로 격렬한 발작으로 나타나곤 했다. 지난 몇 년간은 그 광분이 몇 분 만에 끝나곤 했는데 어느 순간부터 억제할 수 없는 과잉 행동 증상은 몇 시간 동안 지속되거나 때로는 하루 이상 가기도 했다. 그때는 옆에서 말로 아무리 달래고 위로해도 소용이 없었다. 안정제도 별반 효과가 없었다. 어떻게 해도 가라앉지 않았기에 우리가 할 수 있는 일은 그저 조앤 스스로 지쳐 나가떨어져 바닥에 쓰러질 때까지 기다리는 것뿐이었다.

최악의 상태는 가족들에게 무조건 부정적인 반응을 보인 시기 전후에 찾아왔다. 저항과 거부를 확실히 드러내기 시작한 시기다. 이전에는 우리의 말을 순순히 들었다면 이제는 손길조차 거부한다. 침대에서 나오지도, 씻지도, 옷도 입으려 하지 않는다. 주변 사람들에게 절대 입에 올리지 않았던 적대적인 말을 하기도 한다. 조앤이 맥린 병원** 노인 신경정신의학 병동에서 일주일을 보낼 때 일부 환자들과 잘 지내지 못했는데 특히 목소리가 크고 자기중심적인 사람들을 미워했다. 그들에게 "막돼먹은 인간"이라든가 "역겹다"고 소리를 지르곤 했다. 간호사와 요양 보호사, 의사에게도 그랬다. 조앤은 그들을 비난하고 도움을 거부하고 고약한 말을 했다. 그런 모습은 조앤의 원

** 맥린 병원은 하버드 의대 부속의 정신의학 병원으로 매사추세츠 벨몬트에 위치하며 전원 속 캠퍼스 같은 풍광을 자랑한다. 조앤은 노인 신경정신의학 병동에 단기 입원했다.

래 성품과는 너무나 동떨어져 있어서 나는 매번 충격을 받았다. 실라나 나, 우리 가족 어느 누구도 조앤의 잦은 짜증과 음울한 정서와 적대적인 행동을 조절할 수 없었다.

격한 분노를 터뜨리는 일이 점점 잦아졌다. 주기적으로 현실과의 연결을 잃는 듯했다. 이성이 전혀 통하지 않기 때문에 차분하게 달랠 방도가 없었다. 최악의 순간에는 섬망 증상을 보이고 갑자기 공격하기도 하고 비명을 지르면서 누구의 말이나 행동에도 꿈쩍도 하지 않았다. 이는 치매 환자들을 돌볼 때 가장 어렵지만 피할 수 없는 단계로, 정신질환자를 돌보는 사람이 겪어야 하는 일과 비슷하다.

이 시기의 기억은 마음속에서 복잡하게 얽혀 그저 감당하기 어려운 절망과 스트레스가 충돌하던 순간들로 남아 있다. 어느 날 우리는 변호사와 별로 유쾌하지 않은 상담을 마치고 보스턴 증권가 빌딩의 복잡한 엘리베이터에 탔다. 치매 간병 관련해 복잡한 법적 문제가 생겼기 때문이다. 변호사와 후원자의 의료보험 대리인에게 더 강하게 밀고 나가며 협상해야 했나. 소앤은 매우 혼란스러워하고 불안해했다. 엘리베이터 문이 열리자마자 조앤은 나에게서 멀어졌고 점심 식사를 하기 위해 우르르 몰려 나가려는 젊은 여성들에게 떠밀려 거의 넘어질 뻔했다. 그들은 멈춰서 조앤이 괜찮은지 보지 않았고 사과조차 없었다. 조앤은 너무 놀라서 자리에 꼼짝 앉고 서서 움직이지 않았고 나는 나대로 그런 조앤을 안전한 장소로 옮겨줄 수 없었다. 머리끝까지 화가 났다. 조앤에게 화난 것이 아니라 누가 봐도 확연히 장애가 있는 사람을 무시하는 인정머리 없는 젊은 회사원들 때문에 화가 났다.

다른 일들도 있었다. 보스턴의 고급 레스토랑에 어머니와 남동생 부부가 조앤의 생일을 축하해 주러 모였다. 오랜만에 저녁 외식을 하니 기분이 전환되었다. 자리에 앉자 조앤은 갑자기 의자에서 튀어 오르듯 일어나더니 나에게 불같이 성을 내면서 자신은 애가 아니고 아무 문제가 없는데 의자를 왜 꺼내주냐고 따졌다. 몇 분 후 다시 의자에서 일어나서 자신에게는 와인을 시켜주지 않았다며 고래고래 소리 질렀다. 약 복용 중엔 술을 삼가라는 의사의 조언 때문이었다. 내가 바로 알았다고 달래며 칵테일을 시켜주었지만 계속 소리를 질렀다. 결국 난동을 부리면서 다른 손님들을 방해했다. 이런 행동은 전에도 본 적 있었고 점점 더 심해질 뿐이라는 걸 알았다. 조앤은 거칠어지고 공격적으로 변하고 통제 불능으로 치달을 수 있었다. 나는 그녀를 데리고 집으로 갈까 말까 고민했다. 레스토랑에 있어야 한다는 부담이 조앤에게 너무 크다는 걸 느꼈다. 그래도 나는 그대로 있기로 했다. 정말 이 가족 모임을 끝까지 즐기고 싶었기 때문이었다.

물론 그 저녁 시간은 내내 좌불안석이었다. 축하해야 할 자리는 재앙이 닥치기 전의 불안한 전주곡처럼 느껴졌다. 조앤은 몇 분에 한 번씩 발작적으로 신경질을 냈다. 케이크의 촛불을 끄고 후식으로 먹은 다음 이제 일어나려는데 조앤은 코트를 입혀주지 못하게 하며 식당에서 나갈 때도 나에게 계속 화를 냈다. 문 앞에서는 나를 힐난했다. 차를 찾으러 가는 길에 내 손을 계속 뿌리쳤고, 나는 나대로 아내가 지나가는 차에 치일까 봐 도로에 나가서 막아야 했다. 집까지 운전하는 도중 자동차 문을 열고 밖으로 뛰어들겠다고, 다 끝내버리겠다고 협박했다. 집에 도착할 즈음에는 거의 미친 사람처럼 발광을 했다. 테이블을 넘어뜨리고 액자와 물건을 바닥에 던졌다. 완전히 이성을 상실한 상태였다. 이러다 자해까지 할까 봐 걱정이었다. 화를 참기 위해 죽을힘을 다했고 처음으로 내가 이 일을 해내지 못할 수도 있다는 생각이 들었다. 조앤은 침대로 가지 않겠다고 버티다 옷도 갈아입지 않은 채 소파에 쓰러져서 잠이 들었다. 나는 담요를 덮어주고 난 다음 몇 시간 동안 의자에서 꼼짝 못 하고 앞날을 고민했다. 아침이 오자 조앤은 다시 유순해졌고 지난밤의 일을 전혀 기억하지 못했다. "내가 왜 거실에서 자고 있어?" 그녀가 물었다.

또 하나의 사건은 뉴욕에서 일어났다. 뉴욕에 도착한 것만으로도 작은 승리였다. 비행기를 타고 가는 건 너무 불안해서 내가 운전을 했다. 조앤과 메트로폴리탄 오페라 극장에서 베르디의 돈 카를로 공연을 보려 하다니 아무래도 내 야심이 너무 큰 것 같았지만 사촌이 구해준 비싼 티켓이었고 이 베르디의 오페라는 조앤과 내가 특별히 아끼던 작품으로 병이 들기 전에 몇 번이나 같이 감상한 적이 있었다. 뉴욕까지 네 시간에 걸쳐 운전하는 동안 조앤은 짜증을 내기 시작했다. 주유소에 들렀을 때 조앤은 화장실에 가고 싶다고 했다. 혼자 보낼 수는 없어서 고민하는 중에 다행히 한 노부인이 동행해주겠다고 말했다. 다시 자동차 안으로 들어온 조앤은 안절부절못하고 공격적으로 변했지만 그래도 달랠 수는 있었기에 여행을 계속하기로 했다. 딸인 앤의 집에서 머물기로 했기에 마음이 놓였다. 공연장에서 조앤은 점점 더 초조해하고 몸을 들썩였다. 1막이 시작되고 얼마 후 그녀는 평소 목소리로 나에게 말을 걸었고 주변 사람들의 "쉬" 하는 소리를 무시했다. 나는 조앤을 안정시키려 그녀의 손에 내 손을 얹고 귓속말로 조용히 하자고, 인터미션까지만 기다리자고 말했다. 밖으로 데리고 나가야 하나 고민했지만 아리아와 코러스가 한창인 지금 무대와 객석을 방해하지 않고 빠져나갈 자신이 없었다. 아내가 이 음악을 얼마나 사랑하는지도 알았고 얼마나 특별한 이벤트였는지도 생각했다. 하지만 앞줄 사람들이 우리를 힐끔거리며 중얼거리기 시작했다. 한 남자가 돌아보더니 내 팔을 잡고 씩씩대며 말했다. "거 조용히 좀 시켜요!"

　다행히 더 큰 사고 없이 인터미션까지 버틸 수 있었다. 나는 진땀을 흘리며 당황하고 있었지만 조앤의 얼굴은 베르디의 아름다운 음악을 들으며 감동으로 빛났다. 나는 불평하던 사람들에게 아내가 치매가 있어 그러는데 최선을 다해보겠다고 말했다. "치매라고요!" 그들은 소리쳤고 기가 차다는 듯 웃었다. "빨리 내보내요. 치매 환자를 이런 데 왜 데려옵니까?" 그들의 무례함과 냉정함에 화를 내고 싶었지만 사실 나 또한 갈등했다. 그들이 잔인할 수는 있지만 어쩌면 맞는 말을 하는지도 몰랐다. 그녀를 이런 일에 노출시키면 안 되는 거였다. 그러나 아내의 얼굴은 생기로 가득했고 이제 막 시작되는 아름다운 아리아를 듣고 싶어 했다. 이렇게 아프고 끔찍한 병을 앓고 있는데 잠깐의 행복이라도 허락하면 안 될까? 우리는 어찌어찌 자리를 지켜 다행히 오페라를 끝까지 감상했고, 공연은 무척 훌륭했다. 하지만 나는 그 시간 내내 아내 손을 잡으며 달랬고, 그녀가 언제 폭발할지 몰라 안절부절못했다. 박수 소리가 공연장에 울려 퍼지자 조앤은 입가에는 웃음이, 눈에는 눈물이 고인 채로 나를 돌아보며 말했다. "정말 감동적이지 않아?" 행복감과 함께 무사히 이 일을 마쳤다는 안도감이 찾아왔다. 하지만 '만약 그렇지 못했다면?'이라는 생각이 떠나질 않았다. 나는 아내에게 웃어 보이고 볼에 키스한 다음 팔짱을 단단히 끼고 다른 관중들이 몰려나오기 전에 빠르게 공연장을 빠져나왔다.

조앤은 행복해 보이다가도 갑자기 실라와 나에게 불같이 화를 냈다. 환영 속 어떤 인물과 대화를 나누다가, 혹은 그녀의 엉킨 마음이 난데없이 떠올린 정체불명의 인물과 만나다가 그리 되는 경우가 많았다. 신경질적 발작이 일어날 때는 실라와 나를 때리려고도 했다. 그러나 10분이나 15분 후엔 다시 웃었고 우리를 때리려던 일도 기억 못했다. 거의 항상 조앤은 우리가 누구인지 알았고 자녀와 손주도 알아보았다. 하지만 병원에 입원하기 전 6개월 동안은 가끔씩 우리를 알아보지 못하거나 헷갈려 하곤 했다. 그녀가 우리를 알아보는지 아닌지 확실히 알지는 못했는데 그녀 또한 헷갈려 하는 것처럼 행동하기도 했다. 당연히 가족들 모두 힘들어했지만 조앤이 공격적이고 불안해하는 것만큼 힘들지는 않았다. 치매의 확장된 서사에서 대부분의 비극은 가장 개인적인 기억, 사랑하는 사람에 대한 기억의 상실로 인해 일어나곤 한다. 나 또한 이것이 가장 괴로운 현실임을 알았다. 그러나 나에게는 조앤의 기억력 상실보다 나를 향해 터뜨리는 분노와 불만이 훨씬 더 힘들고 다루기 어려웠다. 내가 이 끔찍한 두 가지 중에 무엇이 그나마 더 나은지를 고민하는 지경에 이르렀다는 것은 우리 상황이 얼마나 최악으로 치달았는지를 나타낸다. 그럼에도 별사건 없이 평온한 날들도 있었고, 이는 치매 말기라는 현실을 잠시 가려줄 뿐이었다. 그런 날들은 내 마음 편하자고 유지했던 자기 부정의 기간만 늘려줄 뿐이었다. 우리는 급속히 분수령에 다가가고 있었다. 상황을 있는 그대로 볼 준비가 되지 않았을 뿐이었다.

그 시기에 나는 열심히 일한 대가로 안식년을 보내게 되었다. 중국의 친구들은 조앤을 데리고 상하이로 와서 몇 년 간 지지부진하던 연구를 협력해 마치자고 말했다. 그들은 친구와 지인에게 연락하면 요양 보호사를 구할 수 있으니 어쩌면 나나 조앤에게나 미국에서의 생활보다 더 나을지 모른다고 말해주기도 했다. 그 제안을 고민하고 있는데 네덜란드의 친구들이 그해 학기 말에 초빙교수 자리를 만들어주겠다고도 했다. 조앤은 두 소식에 모두 기뻐했지만 나에게는 우리가 과연 그곳까지 무사히 여행할 수 있을지가 관건이었다. 그녀를 안전히 데리고 갔다가 데려올 수 있을까? 알츠하이머 환자와 외국에서 거주하는 게 가능할까? 가족, 친구, 의사의 조언을 들었고 결국 여행을 하기로 결정했다. 우리는 타이페이와 홍콩을 거쳐 상하이까지 가기로 했다. 대만에 잠깐 들러 우리가 1969년에 만났던 조앤의 친구와 동료 들에게 인사를 전하기로 했다. 중국을 주제로 한 40년간의 연구를 기념하는 시간을 갖고 싶었다.

로스앤젤레스 공항의 비즈니스 클래스 라운지에서 비행기를 기다리다 커피를 가지러 혼자 잠시 바에 갔다. 돌아오자 난리가 나 있었다. 내가 눈에 안 보이자 깜짝 놀란 조앤이 유리로 된 커피 테이블 위에 올라가 날카로운 가장자리까지 걸어갔고 결국 발목이 찢어지고 만 것이다. 피가 여기저기 튀어 있었다. 직원이 우리를 도와 상처에 밴드를 붙여주었다. 가까스로 비행기를 탔지만 타이페이와 상하이에서 그 상처를 치료하느라 동분서주해야 했다. 병원에 가서 작은 수술을 했고 하루에 두 번씩 소독하고 붕대를 감아주었다. 나는 할 수 있는 일은 모두 했지만 여기까지가 나의 한계임을 확실히 느끼고 있었다. 말해준 대로 나의 중국 친구들이 돌아가면서 조앤을 돌보아 주었다. 내가 캠브리지에서 한계에 도달했을 때 나를 바닥에서 일으켜 준 내 아이들 앤과 피터처럼 나를 돌보았다. 상하이에서 친구들의 도움이 너무나 충분하고 효과적이며 인간적이고 따스해서 — 다행히 (아직도 중국어 일부를 알아듣기에) 조앤도 잘 받아들였다 — 그곳에서의 체류는, 나의 중국 동료들이 예감했듯 휴식이 되었고 집에서보다 더 편안한 시간이기도 했다. 나에게는 이 모든 것들이 아픈 사람을 기꺼이 돌보려는 중국인들의 사회적 네트워크이자 조앤을 향한 동료들의 사랑 같기도 해 매우 감동했다.

우리 가족 모두 암스테르담에서 모이기로 했다. 우리는 운하 내부에 위치한 매력적인 호텔에 머물렀다. 매주 세 번씩 기차를 타고 내가 강연을 하는 레이던을 오갔다. 한번은 기차에서 내리던 조앤이 기차와 플랫폼 사이에 빠질 뻔했다. 다행히 그즈음에는 소앤을 1초도 놓치지 않고 보는 습관이 들어 있어서 바로 붙잡았다. 나는 덜덜 떨었지만 조앤은 무슨 일이 일어났는지도 인지하지 못했다. 다음 날에는 더 끔찍한 일이 벌어졌다. 아침에 일어난 조앤이, 처음으로, 나를 알아보지 못했다. 이 일이 언젠가 일어날 줄은 알았지만 대처할 준비는 되지 않았었다. 침실 안에 낯선 남자가 들어와 있다고 믿은 그녀는 놀라 소리를 지르고 나를 때리기 시작했다. 한 시간이 넘도록 나는 부드럽고 조용조용하게 하지만 낼 수 있는 가장 설득력 있는 목소리로 내가 아서이고 남편이라고 설명했지만 아내는 내 말을 믿지 않았다. 조앤은 아들은 알아보고 나를 아들 옆에 앉을 수 있게 했지만 절대로 자기 가까이에는 오지 못하게 했다. 나를 믿을 수 없는 침입자라고 확신했다. 그날 하루 동안 조앤의 상태가 좋아져서 오후에는 이 엉뚱한 착각에 웃을 수 있을 정도가 되었다. 하지만 나는 실로 엄청난 충격에 빠졌다. 아내가 기억을 상실한다 해도 아내를 향한 내 사랑이 변치 않는다 말하는 건 쉽지만, 나를 갑자기 낯선 사람으로 대하고 나를 보며 공포에 떨고 피해망상적인 불신을 갖는 건 완전히 다른 이야기다. 나는 의학적으로는 지금 일어나고 있는 일을 이해했지만, 내 존재적으로는, 마치 지난 반세기 동안 함께하며 강철처럼 단단해진 우리 사이의 유대가 몇 초 만에 툭 끊어져 버린 기분이 들었다.

우리는 캠브리지로 돌아왔고 이런 사건을 몇 번 더 겪었다. 가끔은 아주 심각한 피해망상에 빠져 내가 자기를 죽이러 왔다고도 했다. 각각의 비참한 사건마다 그녀의 공포가 얼마나 심각한 수준인지 드러냈지만 끝나고 나면 그에 대해서 어떤 말도 꺼내지 않았고, 기억나지도 않는 듯했다. 나는 아프고 외로웠고 벼랑 끝에 몰린 기분이었다. 조앤이 살고 있는 깊은 심연 한가운데로 굴러떨어진 것만 같았다. 정신과 의사로서 환자의 망상을 인식할 수 있었고, 가까운 사람을 협잡꾼으로 인식하는 카프그라 증후군에 대해서도 알고 있었다. 그러나 환자의 증상이 환자 가족에게 미치는 영향에 대해선 생각해 보지 못했다. 나는 이제 개인적인 차원에서 그 경험을 속속들이 아는 사람이 되었다.

조앤은 계속 흐트러졌다. 소변을 가리지 못해 성인용 기저귀를 차야 했다. 세 번 정도 대변을 참지 못해 바닥에 배변을 하기도 했다. 나는 그 난리 통에서 바닥을 닦으며 엉엉 울었다. 더 이상은 못한다는 걸 알아서였다. 조앤은 초기에 그랬던 것처럼 나를 위로하고 응원했다. "당신 할 수 있어! 어서, 할 수 있어!" 그녀는 애원했다. 그래서 나는 했다. 하고 또 했다.

임상 연구 경험을 통해 각각의 증상과 행동 문제는 보호자들마다 완전히 다른 의미를 지닌다는 것을 알고 있었다. 어떤 가족 간병인은 다른 간호보다는 배변 처리가 차라리 낫다고 생각하기도 한다. 조앤은 언제나 우아하고 자제력 있고 사적인 문제에 있어서는 매우 조심하던 사람이었기에 나에게는 이 모습이 더욱 버거웠다. 어쩌면 창자 조절 문제에 대해서 불편해하는 나를 드러낸다고도 할 수 있었는데 결국 나는 위장 내과의가 아니라 정신과 의사였으니 말이다. 다른 가족 보호자들도 나처럼 사랑하는 사람이 자기 조절 능력과 생활 기능이 최저 수준까지 떨어지는 것을 보면서 심한 무력감을 호소하기도 했다. 많은 이들에게 그것은 오를 수 없는 벽처럼 느껴지다가 조앤이 그랬듯이 환자인 가족이 할 수 있다고, 해달라고 부탁하면 없던 힘을 끌어내서라도 그 벽을 오르게 되기도 한다. 그들도 스스로 놀라면서 어떻게든 해낸다. 계속 스스로를 밀어붙인다. 돌봄을 받는 환자 쪽에서도 적극적인 역할을 해야 한다는 말은 바로 이런 의미다. 가장 지독한 조건의 돌봄에서도 돌봄은 상호적이다. 조앤은 나에게 계속 더 잘하라고 말하며 때로는 돈을 주기도 했다.

2010년 여름, 우리는 매우 험난한 몇 주를 보내고 있었다. 조앤은 여러 종류의 정신활성 약물을 복용하고 있었지만 거의 매 순간 날이서 있었다. 이틀에 한 번씩은 공격적으로 변했다. 떼쓰고, 날 때리고, 망상에 시달렸다. 7월 4일에 우리가 집에서 잠시라도 나와 있어야 한다고 결정했고 조앤도 동의했다. 세 시간 반을 운전해 작년 가을 이후 간 적 없었던 메인의 별장으로 향했다. 우선 조앤을 편안한 암체어에 앉히고 짐을 풀고는 흐르는 강물과 하늘의 색깔과 땅과 키 큰 전나무와 갈라진 바위를 바라보았다. 그리고 그릴에 불을 붙였다. 독립 기념일이었고 핫도그와 햄버거와 옥수수와 토마토를 구웠다. 부엌에서는 베이크드 빈을 한솥 끓였다. 우리는 야외에서 음식을 먹으며 겉으로는 잔잔해 보이는 다마리스코타강을 바라보았다. 사실 이 강은 메인만의 어귀라 예측할 수 없는 바다의 힘을 싣고 있어 수위, 파도가 갑자기 높아진다. 쾌적한 여름날에 갑작스러운 폭풍이 몰려오는 것처럼 조앤의 감정이 어느 순간 나쁜 쪽으로 급변했다.

정신을 차려보니 그녀에게 어느새 공포, 두려움, 혼돈이 찾아왔는지 사시나무처럼 떨고 있었다. 자기가 어디에 있는지, 왜 내가 이곳으로 데리고 왔는지 몰랐다. 조앤이 섬망으로 들어가기 바로 직전 상태라는 걸 직감적으로 알았다. 그 직감은 조앤이 완전히 무너지기 전에 집으로 데려가야 한다고 말하고 있었다. 위가 조여들었고 심장이 쿵쾅거리기 시작했다. 황급히 짐을 싸서 별장을 나왔지만 조앤에게는 아무렇지도 않은 척했다. 실은 아주 끔찍하게 나빴다. 우리는 차를 탔다. 조앤은 자동차 좌석 옆의 문을 계속 만지작거리더니 문을 열었다. 내가 운전하는 동안 조앤이 또다시 차 문을 열까 봐 조앤의 손을 무릎에 놓고 내 오른손으로 꼭 잡고선, 세 시간 반을 왼손으로만 운전하면서 밤늦게 집에 왔다. 캠브리지의 집에 도착했을 때 이미

한계에 도달해 있었다.

집에 온 조앤은 발작을 일으켰다. 몸을 던지고, 액자와 앤티크 접시 들을 던졌다. 피해망상에 빠져서 내가 낯선 사람이고 자신을 해칠 거라고 소리 질렀다. 바닥에 누워 발길질을 했다. 내가 할 수 있는 건 다 했지만 역부족이었다. 더 이상 어찌할 바를 몰라 나도 바닥에 무너져서 정신없이 헛소리를 했다. 눈물조차 나오지 않았다. 완벽한 무력감에 빠졌고 어떤 조치도 취할 수 없었다. 뭘 어떻게 해야 하는 건지 알 수 없었다. 마침내 내가 도저히 넘을 수 없는 벽 앞에 온 것이다. 조앤을 집어삼킨 파괴와 필사적인 발악을 진정시킬 어떤 방법도 떠올릴 수 없었다. 가장 처참한 실패에 도달했다는 생각이 들면서 온몸에서 힘이 빠져나갔다.

내가 이 이야기를 신경퇴행성 질환을 겪는 사람들을 돌보는 이들에게 털어놓으면 하나같이 안쓰럽지만 그 상황을 충분히 안다는, 인정과 연대의 표정을 짓곤 한다. 나는 무너졌거나 포기했던 순간에 대한 이야기를 수많은 버전으로 들었다. 그러나 이 좌절의 이야기들은 같은 방식으로 끝맺는다. 무너지고 지쳐버린 보호자들이 어떻든 또다시 힘을 쥐어짜 스스로 바닥에서 몸을 일으켜 다시 환자를 돌보게 되는 결론 말이다. 인지력 저하를 매일 다루고 있는 전문가들인 신경학자들을 생각해 본다. 어쩌면 그들 중 몇몇은 이런 심각한 수준의 패배와 무력감의 결합이라는 불편한 상황에 직면해야 한다는 두려움 때문에 일시적으로라도 입을 다물거나 겉으로는 환자들의 요구에 무감해지는 것이 아닌가 싶기도 하다.

그날 7월 4일 저녁, 조앤은 바닥에서 발버둥 치다가 결국 잠이 들었고 나는 일어나서 동료에게 전화를 걸어 조언을 구했다. 그녀는 중증 치매 환자들을 치료해 온 항정신성 약물 전문가인 친구에게 연락해 보겠다고 말했다. 그날 밤 두 사람이 우리 집에 들러 잠에서 깬 조앤과 이야기를 해보았다. 조앤은 다행히 섬망 증상은 없었지만 여전히 불안해하고 놀란 상태였다. 그들은 나를 한쪽으로 데리고 가더니 조앤을 바로 맥린 병원의 노인 신경정신의학 병동으로 옮기는 것이 좋겠다고 했다. 그들의 조언대로라면 그곳에는 그녀와 같은 조건의 환자들을 다룰 수 있는 보다 효과적인 항정신성 약물 치료법이 있어 조앤의 불안과 망상을 조절하기 쉬울 터였다.

이제 조앤을 치매 전문 요양원으로 보내는 걸 심각하게 고려할 때가 온 것 같다는 말도 해주었다. 그날 한숨도 잠을 이루지 못했다. 완전히 패배자가 된 기분으로 아내 옆에 누워 있었다. 몇 달 전에 조앤의 상황이 지금보다 더 나빠질 것을 대비해 앤과 피터와 같이 노인 보호 시설이나 요양원을 보러 다녔었고, 우리가 가본 거의 대부분이 받아들일 수 없는 곳이라 절망만 하고 돌아왔었다. 이 상황을 피할 수 없다는 건 알았지만 이 아픈 결정을 내리기까지 아직 몇 달은 더 남았을 거라고 굳게 믿고 있었다.

왜 이토록 결정을 내리기 어려웠을까? 왜 우리는 전문 시설이 유일하고도 효율적인 방법이라는 것을 받아들이기 힘들어할까? 나무가 우거진 보스턴 교외의 한 훌륭한 요양 보호 시설의 원장이 나에게 조앤을 집에 너무 오래 데리고 있었다고 말했을 때의 기분이 생각났다. 그 원장은 조앤이 이런 시설에 있기에는 상태가 너무 악화되었고 양로원 수준의 기관에서만 받아줄 거라 믿었다. 물론 나는 그녀의 비난에 화가 났고, 소위 전문가라 해도 가정 간병 기간의 길고 짧음을 함부로 판단할 수는 없다고 생각했었다. 그러나 지금 다시 그녀의 말을 떠올려보니 요양 보호 시설 같은 대안을 내가 일부러 고려조차 하지 않고 있었다는 걸 깨달았다.

나는 가정 간병을 내가 버틸 수 있는 한 유일한 선택지로만 생각했다. 마지막 해 혹은 18개월은 나에게나 조앤에게나 지옥이었다. 이제 와서 돌아보면 우리가 그 지옥 같은 시기에 죽지 않고 살아남은 것만도 다행이었다. 초기부터 요양원이 대안이 되어야 하는 건지는 모르지만 인지 치료 병동은 내가 더 이상 가정 돌봄을 못 한다고 결정했을 경우에는 대안이 될 수도 있었다.

나는 노새처럼 고집스럽게 버텼다. 무슨 일이 일어나더라도 조앤을 집에서 돌보려 했다. 내가 그렇게 약속했었고 조앤도 내가 그 약속을 지키길 기대하지 않았나. 그렇게나 단순했다. 하지만 현실은 그런 단순함을 허락하지 않았다. 내가 그 약속을 했던 여성은 10년 동안 치매를 앓은 여성과 같은 사람이 아니었다. 나도 그때와 똑같은 간병인이 아니었다. 나는 육체적으로나 정신적으로 피폐해져 있었다. 그렇다면 조앤은 어떤 사람인가? 그것이 문제였다. 나는 내가 사랑했고 그 사랑의 빚을 갚고 싶었던 조앤이 사라졌다는, 더 이상 예전의 그 사람이 아니라는 사실을 받아들이기 어려웠다.

나의 약속과 헌신이 이성적이지 않았기에 어떤 논리적·이성적인 생각도 받아들일 수 없었다. 나의 생각은 상대적이지 않았고 절대적이었다. 나의 행동은 사랑에 기반하고 있었지만 실은 부채감과 죄책감도 컸다. 당시에는 그렇게 말할 수 없었다고 확신하는데 그런 식으로 보지 않았거나, 그런 식으로 이해하도록 날 허락하지 않았다. 부채감은 내 영혼 깊이 박혀 있었다. 조앤은 나를 36년 동안이나 돌보았고 나는 그 덕분에 버텼다. 내가 조앤에게 어마어마한 짐을 안겨줄 때도 그녀는 나를 한순간도 포기하지 않았다. 그런데 내가 겨우 10년 만에 포기한다면 거울 속의 나 자신을 어떻게 본단 말인가? 내 아이들을, 우리 어머니와 남동생을 볼 면목이 있을까?

앤과 피터는 내가 마지못해 조앤을 맥린 병원으로 데려가기 훨씬 전부터 뭔가 달라져야 한다는 사실을 인식하고 있었다. 내가 한계에 처했다는 걸 알았다. 조앤이 요양원으로 들어가야 한다는 걸 이해했고 함께 그 대안을 고민한 적도 있다. 그런데 왜 나는 끝까지 고집을 부렸을까? 돌봄 노동이 습관으로 굳으며 생긴 타성 때문이기도 했다. 더 이상 이대로 할 수는 없다는 걸 알면서도 하던 대로 했다. 내 평생 모든 것을 버티며 살아왔다. 그것은 나의 힘이기도 했고 나의 적이기도 했다. 나는 포기하지 않는 사람이었다. 쉽게 내려놓거나 양보하지 못하는 성격이었다. 어떤 대가를 치르더라도 나를 밀어붙이면, 절대 패배하지 않을 것처럼 행동했다.

물론 조앤을 만나기 전부터 나에게는 깊이 내재된 죄책감이 있었다. 나는 어린 시절로 되돌아가 무의식적으로 아버지의 부재를 마주하곤 했다. 나 때문에 아버지가 떠난 건 아닐까? 아버지의 사랑을 받을 가치가 없었던 걸까? 분명 이성적인 생각은 아니다. 하지만 무의식은 원래 이성적이 아니다. 돌봄은 구원이었다. 이 일은 나를 구원했다. 어머니가 이 일이 나를 인간으로 만들었다고 말하는 건 혹시 그전에는 어떤 면에서 내가 인간으로서 부족했다는 뜻이 아닐까?

내가 스스로를 보호하기 위해 가정 간병을 포기하고 조앤을 요양원으로 데려갈 때 이 모든 내적 갈등과 온갖 두서없는 생각들이 나를 계속 공격했다.

물론 이 그림은 나를 주변 인물로 보고 조앤을 중심으로 둘 때는 다르게 보일 수 있다. 조앤의 상태는 너무 악화되었고 나와 내 가족이 어떤 심경이건 간에 남아 있는 유일한 선택지는 요양원이었다. 끝이 보이는 지점에 도달한 것이다. 나는 계속해서 돌봄에 참여하지만 이제 중심 역할은 아니다. 이 지점부터는 나는 참여자나 관찰자에 가까울지도 모른다. 나뿐 아니라 다른 많은 사람들이 이 비극적인 전환을 설명할 적당한 말을 찾지 못한다. 이제는 요양원과 그 직원들의 돌봄을 멀리서 보고 표현할 수 있을 뿐이다. 우리는 이 최종 단계까지 다다랐다.

그렇게 우리는 마지막 9개월이라는 길고 고통스러운 여정의 입구로 들어가고 있었다. 알츠하이머란 질병과의 작별이었다. 조앤 클라인먼과의 삭별이었다.

4

조앤의 병이 최악의 상태에 이르렀을 때, 앤과 피터가 치매 전문 요양원을 같이 알아봐 주었다. 보스턴 주변에서만 스물네 군데 이상의 요양 시설을 다녀보니 시설과 직원과 여가 활동의 수준에는 엄청난 차이가 났다. 근처의 작은 개인 병원은 말 그대로 구역질 나는 수준이었다. 지저분하고 관리가 전혀 되지 않는 건물의 각 층마다 휠체어를 탄 환자들이 엘리베이터 근처에 모여 당분간 받을 일이 없어 보이는 도움을 바라며 팔을 휘적거리고 있었다. 다른 시설들도 약간씩 더 나았을 뿐이다. 그런 곳을 돌아보고 오면 우울해지기만 했다. 한편 인상적인 기관도 있었다. 시설이 특별히 현대적이지는 않았지만 환자를 성심성의껏 돌보는 직원들과 알찬 프로그램들이 있었다.

다른 가족들과 비교해 우리가 여러 이점을 안고 이 과정에 들어갔다는 건 인정한다. 우리에게는 재정적인 자원이 있었고 시간이 있었고 보험이 있었고 (또 다른 자원인) 의학적인 지식이 있었다. 조앤이 입소할 요양원을 결정하기 위해 필요한 정보들이 있었고 자리가 나면 예약해 둘 수도 있었다. 비슷한 상황에 처한 이들에게 이 일련의 과정이 얼마나 어려운지를 떠올리면 가슴이 아프다. 돌봄은 너무나 많은 불안과 불행을 야기하고 마땅한 기관을 찾는 것은 기운이 엄청나게 빠지며 어려운 일이다.

어떤 요양원은 보자마자 경악했다. 침울한 건물과 비좁은 방, 부족한 직원 때문이기도 했고 가끔은 소변 지린내가 배경처럼 배어서이기도 했다. 겉모습과 첫인상은 기관의 수준에 대해 많은 것을 말해 줄 수도, 중요한 진실을 가려줄 수도 있다. 비가 억수같이 쏟아지던 날 피터와 앤과 나는 별 기대가 없던 요양원에 방문했다. 외관은 암울하기만 했다. 입구와 복도에 깔린 카펫은 낡고 바랬고 벽엔 촌스러운 꽃무늬 벽지가 붙어 있었다. 그러나 우리가 방문했던 다른 요양원들과는 달리 거주자들이 웃으면서 다양한 활동에 참여 중이었다. 노래하고 운동하고 빙고 같은 게임을 즐기고 있었고 그들 곁에는 활기 넘치고 관심을 기울이는 직원들이 대기 중이었다. 웃음소리와 대화 소리가 들렸고 자유롭게 돌아다니는 사람들이 보였다. 경쾌한 음악이 흘렀고 탁자마다 싱싱한 꽃이 담긴 화병이 놓여 있었다. 침대에 누워 있는 환자들도 깨끗한 방에 배정되어 있었고 누가 봐도 숙련된 간호사들의 도움을 받고 있었다. 환자들은 존중과 배려를 받고 있는 듯 보였고 그중 다수가 우리가 지나갈 때 온화한 미소를 보냈다.

복작복작한 공간이었지만 자세히 보니 휠체어를 탄 병약한 노인들의 옷은 모두 깨끗했고 탁자도 식사를 하기 편하게 배치되어 있었다. 우리는 휴게실에 딸린 작은 사무실에서 원장을 만났다. 자신의 경력과 인생을 치매 환자 돌봄에 바친 중년 여성으로 친절하면서도 냉철했다. 그날 만난, 환멸과 불안만 느끼게 했던 이 분야 종사자들과는 달랐다. 이 여성은 자신의 일을 과장하거나 포장하지 않고 훌륭한 평판을 얻어낸 프로그램을 유지하기 위한 열정만을 명료하게 전달했다. 시설은 낡고 좁았지만 원장과 직원들은 고된 일에 필요한 목적의식과 진정한 관심을 자연스럽게 드러냈다. 이 방면에 대한 지식과 정보가 풍부했고 세부적인 스케줄을 알려줄 때도 애정이 묻어났다. 원장은 우리가 휴게실과 복도에서 직관적으로 느낀 이 기관의 철학에 대해서 이야기했다. 다른 사람을 통해 알츠하이머 말기 환자였던 원장의 어머니도 이곳에 거주했었다는 말을 듣고 놀라기도 했다. 원장은 그만큼 이곳이 환자를 가장 중시하는 기관이라 자신한다고 말했다. 그녀는 책임자로서 경영과 관리적 측면보다 윤리 의식을 중시한다고 했다. 치매 간호는 자신의 진정한 소명이었다. 모든 직원들이 그 사실을 알고, 정도는 다르다 해도 같은 목적의식을 공유하고 있다. 실제로 직원을 뽑을 때도 일을 하고자 하는 동기를 가장 중점적으로 본다고 한다.

　이 유능하고 비범한 돌봄 전문가는 10년 넘게 노력하여 이 작고 낡은 시설을 사랑스럽고 따스하고 인간적인 공간으로 만들어냈다. 앤과 피터와 나는 이 원장의 열정에 깊은 감명을 받았지만 열악한 시설과 재정 때문에 조앤이 마지막 나날을 보낼 요양원으로는 적합하지 않다고 판단해 다른 곳을 더 알아보기로 했다. 그러나 그곳을 나오면서 우리 셋은 확실히 기분이 나아졌고 아마 어떤 가족들이라도 그랬을 것이다. 그전에 방문했던, 시설 면에서 월등히 뛰어난 기관보다도 왜 이곳에서 그렇게 긍정적인 느낌을 받고 돌아왔을까? 헌신적인 전문가가 만들어낸 환경은 직원과 입소자 사이의 상호 관계를 가장 중시했고 환자들이 항상 누군가 옆에 있다는 느낌을 받게 했기 때문이다. 원장부터 비서, 우리가 만난 요리사와 직원 모두 일을 즐기는 것처럼 보였고 애정, 친절함, 양질의 간병을 중시했으며 치매를 비롯해 장애를 가진 노인들이 어떤 커뮤니티에서 살아야 하는지에 관한 비전이 있었다.

적절한 치매 요양원을 찾아다니며 이 여성과 비슷한 열정을 공유하는 여러 명의 원장들을 만났다. (모두가 여성이었다.) 더 어렵고 더 부족한 물리적·재정적 환경에서 일하기도 했고 성공적으로 꾸리는 곳도 있었고 그렇지 않은 곳도 있었으나 모두가 우리를 깊이 감동시켰다. 결국 우리가 조앤을 위한 시설로 낙점한 찰스강 뉴브리지 요양원의 직원들도 그러했다. 물론 예외도 많이 만났다. 최악은 2인용 병실에 세 명의 치매 환자들을 마치 정어리 캔처럼 넣어둔 시설이었다. 남자 원장은 말 그대로 손바닥을 비비면서 이 사업이 얼마나 유망한지 이야기했다. 환자들을 기계적으로 대하는 직원들도 있었고 열악한 조건을 정당화하기 위해서인지 방어적으로 나오는 이들도 있었다.

진심을 다하는 요양 시설 전문가들은 자신을 한편으로는 환자와 가족 사이의 중재자, 다른 한편으로는 의료인과 환자 사이의 중재자로 여기고 전문적이면서도 집 같은 느낌을 느낄 수 있는 서비스 제공을 목표로 삼는다. 장기적인 간호를 받는 환자 개개인만큼이나 주변 관계에 신경을 쓴다. 가족, 친구, 전문 컨설턴트, 직원 한 명 한 명과의 관계를 중시한다. 이 관계 덕분에 가족들도 자연스럽게 이 공간에 들어오고 직원들이 환자 가족이나 친구와도 친구가 된다. 흥미롭게도 이 중에서도 특히 훌륭한 원장들은 가정에서 조부모를 돌보는 전통이 있는 집안에서 성장한 경우가 많았고 부모와 조부모가 같은 일에 종사하기도 했다. 그들의 가족 안에서는 이 일을 사업이라기보다 천직으로 여긴다고 했다.

이들은 자신의 일을 가족과 친구의 사회적 네트워크 일부로 보았다. 자신이 돌보는 환자를 더 잘 이해하기 위해서 환자의 가족까지 알아야 한다고 말한다. 친한 친구가 요양 시설에서 빠져나온 것으로 보였던 할머니 이야기를 해주었다. 할머니가 버스 정류장에 멍하니 앉아 있었는데 오래전에 죽은 남편을 가끔 이렇게 버스 정류장까지 나와서 기다렸었다고, 그 가족들이 말했다고 한다. 이 기억이 환자에게 얼마나 소중한지 파악한 직원은 시설의 정원에 이 노인이 안전하게 앉아 기다릴 수 있는 의자를 마련해 주었다. 돌봄을 중시하는 또 다른 시설에서 거주하던 한 환자는 새벽 일찍부터 일어나 안절부절 못했다. 가족 상담을 통해 그가 과거 기차역에서 기차 출발 시간을 확인하던 직원이라는 사실을 알아냈다. 직원들은 그에게 기차가 제 시간에 잘 출발했다고 말해주었고 그는 다시 편안히 잠들었다고 한다. 신문이나 TV에서 소개된 시설을 보면서도 집 같은 분위기의 노인 보호 시설을 만드는 것이 충분히 실현 가능하다는 사실을 알게 되었다. 돌봄의 가치를 소중하게 여긴다면 얼마든지 가능하다.

이러한 요양원의 원장들은 자신의 기관이 이 사회를 결속시키고 이 세상을 더 나은 곳으로 만드는 커다란 네트워크의 일부라고 생각한다고 말했다. 그러면서도 정부의 지원과 사회의 관심이 없으면 인간 중심의 프로그램이나 활동을 운영하기 어렵다고 걱정한다. 간병과 돌봄을 그들의 소명이라고 믿지만 의료보험 제도의 지원이 줄어들면 노력하는 데도 한계가 있을 수밖에 없다고 말이다. "의료보험과 요양원 경영에 대해서 이야기할 때, 어떻게 하면 더 높은 수준의 돌봄을 제공할 수 있을지는 말하지 않아요." 무관심이 만연하고 무력감의 정서가 흔한 시설에서 이런 개인들을 만나는 건 점점 드문 일이 되고 있다.

병원에서 의료 전문가들을 만나고 요양원을 알아보면서 발견한 문제들은 전문적인 치료의 어려움과 다음 세대의 의료인이 될 학생들에게 치료와 돌봄을 가르칠 때의 어려움까지도 그대로 드러낸다. 슬프게도 우리 가족이 특별한 경험을 한 것이 아니다. 수많은 사례들을 보면 볼수록 왜 의료 기관에서 점점 돌봄이 경시되는지, 공공기관과 기업과 정부가 왜 환자의 필요를 충족시키지 못하는지도 알 수 있다. 내 지난 경험을 자세히 들여다보면 볼수록 돌봄과 관련해 간과할 수 없는 문제들을 확인하게 된다.

특별히 오래도록 남은 기억이 있다. 1980년대 후반, 하늘은 낮게 가라앉고 뼈가 시리도록 추운 뉴잉글랜드의 겨울에 나는 제자인 의대생 한 명과 병원의 외부 주차장으로 바삐 걸어가고 있었다. 내가 주머니를 뒤져 자동차 열쇠를 찾는 몇 초 동안에도 학생이 발을 동동거릴 정도로 추운 날이었다. 서민층이 모여 사는 동네에 자리한 환자의 아파트로 가는 차 안에서 우리는 몸을 약간 녹였다. 윌슨 부인은 남편을 떠나 보낸 몸집이 큰 79세의 아이리시계 미국인으로, 성인기 발생 당뇨를 앓고 있었고 의사들은 적절한 치료를 해주었다. 그러나 그녀는 말초 혈관 계통 질환과 심장병 합병증 때문에 지속적으로 고통을 호소했다. 담당 의사가 볼 때는 그 정도로 심한 병증이 아니었는데도 그러했다. 내가 이 환자와 상담하게 된 이유는 의사의 진단서에 적힌 수치와 환자가 실제로 느끼는 통증 사이의 간극이 컸기 때문이다. 혈당도 평균 범위 내였고 심전도, 엑스레이, 다리의 혈액순환 수치도 모두 평균치였다. 그러나 윌슨 부인은 자신의 상태가 "최악이고" 몸을 전혀 움직일 수 없다고 말했다. 의사들은 그녀를 "까다로운 환자"로 불렀다. 진료 예약을 지키지 않았기에 상황은 더 악화되었다.

이런 상황을 보고받고 먼저 윌슨 부인에게 전화를 걸자 부인이 병원에 올 수 없다고 밝혀 내가 담당 질병을 공부하는 학생과 가정 방문을 해보겠다고 나선 것이다. 그녀는 기다렸다는 듯이 방문을 반겼다. 내가 의대생 시절에 경험했던 가정 방문은 너무나 중요했고 진료의 진정한 의미에 눈뜨게 해주었으므로 이 가정 방문이 제자에게도 같은 의미가 될 거라는 걸 알았다. 그전에는 의료인류학 연구를 수행하며 많은 가정을 방문해 보았지만 임상 정신과 의사이자 의대 교수로 가정 방문을 해본 적은 거의 없었다.

낡고 다 쓰러져 가는 3층짜리 아파트에 도착했다. 무시무시한 추위에 위축된 듯 페인트가 벗겨진 그 건물에서 가장 가까운 주차장은 세 블록이나 떨어져 있었다. 학생과 나는 건물까지 뛰어갔고 도착했을 때는 살을 에는 듯한 추위에 피부마저 얼얼해져서 계단을 오르기 전에 일단 몸부터 녹여야만 했다. 안으로 들어가니 윌슨 부인은 두터운 흰색 울 스웨터를 입고 손에 장갑까지 낀 채 커다란 암체어에 앉아 있었다. 의자 바로 밑에 놓여 있던 작은 히터는 우리가 서 있는 곳까지는 온기를 전하지 못했다. 우리는 예의에 어긋난다는 걸 알면서도 계속 코트를 입고 모자를 쓰고 있었는데 벽을 뚫고 들어오는 듯한 한기 때문에 도저히 벗을 수가 없었다.

윌슨 부인은 보일러에 문제가 생겼다고 했는데 아마도 지은 지 100년이 넘은 이 아파트 설계상의 문제 때문인 것 같다고 했다. 보일러가 문제가 있으니 온수도 잘 나오지 않았다. 그럼에도 실내는 적어도 바깥보다는 따뜻했다. 윌슨 부인은 날씨가 너무 추워서 여섯 블록이나 떨어져 있는 식료품 가게에 갈 수 없었다고 했다. 윙윙 소리를 내는 구식 냉장고는 텅텅 비어 있었다. 일주일 전에 안면만 겨우 튼 식료품점 주인에게 전화를 걸어 배달을 해달라고 부탁했지만 1층에 놓고 갔기에 그 짐을 들고 2층까지 올라오는 것만으로도 숨이 차고 힘겨워 다시는 배달도 시키지 못할 것 같다고 했다.

보스턴의 경찰이었던 남편의 가족들은 아일랜드에 살았다. 윌슨 부인의 가족은 중서부에 살고 있었다. 그들 사이에는 자녀가 없었고 친한 친구 두 명은 몇 년 전에 세상을 떠났다. 이 아파트는 1년 전쯤 이사 왔는데 사회 보장 연금과 남편이 남긴 얼마 안 되는 연금으로는 젠트리피케이션이 진행된 이전 동네의 아파트 월세를 감당할 수 없어서다. 하지만 이사는 멍청이 같은 실수였다고 그녀는 울 것 같은 얼굴로 말했다. 이 건물이나 동네에는 아는 사람이 한 명도 없다. 생활의 가장 중요한 두 축이었던 교회와 병원에서 멀어졌다. 그녀가 했던 말이 아직까지 기억난다. "혼자예요. 나 혼자뿐이에요."

학생과 나는 그 집에 30분 정도밖에 머무르지 못했다. 나오면서 우리는 차를 몰고 가까운 마트에 가서 빵, 땅콩버터, 잼 (그녀가 가장 좋아하는 음식이라고 말했다), 수프, 야채, 과일을 사다 주기로 했다. 학생은 계단을 뛰어 올라가 장 본 음식들을 배달해 주었고 그녀가 쥐여주는 돈을 거절하고 내려왔다.

병원으로 와서 그 학생에게 환자 차트에 의사의 관점으로 이 가정 방문에 대해 메모를 남기라고 말했다. 독거 노인의 고독이라는 사회적 문제와 비참한 생활환경도 포함하라고 전했다. 그 환자에게 취해야 할 시급한 조치를 구체적으로 제시해야 했다. 사회복지사와 노인을 위한 식사 배달 서비스Meals on Wheels라든가 병원에 갈 수 있게 도와주는 서비스, 기능 한계에 맞는 대안 주택, 커뮤니티 그룹과의 연계, 교회까지의 교통수단, 부인 가족과의 상담, 윌슨 부인의 미래에 대한 고려도 필요했다.

그러나 그때까지 그녀의 담당 의사는 우리가 보고한 내용에 대해 전혀 몰랐다. 환자의 재정 상태가 어떤지, 고립감과 외로움은 얼마나 심한지, 열악한 생활 조건 특히 오르락내리락하기 힘든 계단 때문에 집에서 나오기 얼마나 어려운지 누구 하나 아는 이가 없었다. 사회복지사에게 이 노인에게 추가 지원이 필요하다고 알리지도 않았다. 그녀를 만난 의사들 중 어느 누구도 이렇게 추운 날씨에 내원하는 일이 거의 불가능하다는 걸 알지 못했다. 객관적인 수치와 주관적인 경험 사이의 간극에 대해서만 이야기했지 실제로 그녀가 얼마나 힘겹게 살아가는지에 대해선 철저히 무지했던 것이다.

나는 진전이라고는 전혀 없는 이 현실을 보며 화가 났고 낙담에 빠졌다. 이미 몇십 년 전 내가 의대생일 때 사회적 맥락을 살피는 진료의 중요성에 대해서 배웠는데 왜 현실은 하나도 나아지지 않았을까. 나는 의학과 실제 사람들의 삶 사이에 있는 간극을 잇기 위해 평생을 바쳤다. 그런데 작금의 상황을 보자. 그렇게 오랜 세월이 흘렀건만 환자에게 단순하고 의미 있는 몇 가지 질문조차 하지 않는 의료진의 무능함과 게으름을 보라. 순간 내가 사기꾼처럼 느껴졌고 사회의학과 진료의 인간적 요소를 연구하면서 받은 모든 포상과 찬사가 나를 조용히 비웃고 조롱하고 있는 것처럼 느껴졌다. 그래도 이 문제를 고민한 많은 스승과 사상가와 연구자, 행동가 들이 이 세계에 진정한 변화를 가져왔다고 믿고 있었는데 어떻게 의료진들은 이렇게 파악하기 쉽고 단순하기까지 한 환자의 문제를 풀지 못하고 있는가? 또 세상에 이런 환자들은 얼마나 많을 것인가?

같이 갔던 의대생도 이 환자를 보고 와서 나만큼이나 답답해했다. 학생이 중요한 교훈을 배우는 순간이기도 했고 내가 한때 그랬던 것처럼 이 학생이 깨달음을 얻는 걸 보면서 겸허해지기도 했다. 하시만 그와 동시에 여기서 배워야 할 사람은 이 학생뿐만이 아니라 나를 비롯한 병원 직원 전체라고 느꼈다. 우리 모두는 연민과 공감, 인간에 대한 이해 부족으로 환자의 위태로운 상황을 드러내줄 수 있는 질문을 건네지 못했다. 자신의 건강 문제를 홀로 책임져야 하는 사람에게 너무 많은 제약과 부담을 안겼다. 전문가들은 그 환자를 진료하는 데 실패했다. 병명과 수치에 대해선 모르는 것이 없었지만 증상과 장애의 경험에 대해서, 그 경험이 어떤 특정 생활 조건에 의해 생성되는지는 전혀 몰랐다. 증세를 과장하는 투덜이 환자쯤으로 치부했지만 그녀는 의연함과 인내심을 지닌 용감한 여성이었다.

담당 의사와 의료 전문가들이 시야를 넓히지 못하고 환자의 경험을 병리학적으로만 해석했기에 의사들도, 병원의 다른 직원들도 그 환자에게 무엇이 가장 필요한지 알아내지 못했다. 이 실패는 윌슨 부인에게만 한정되지도 않는다. 돈, 정보, 가족, 인맥 등이 부족한 채 병원에 가는 수많은 사람들이 해당한다. 이는 고질적인 문제지만 점점 더 심해지는 추세다. 측은지심이 부재해서라고, 돌봄에 대한 관심이 사라졌기 때문이라고도 할 수 있겠지만 상황을 그대로 보자. 이 문제는 의료 전문가들이 어떤 가치를 가장 중시하는지를 묻는 근원적인 질문이며 그들이 현장에서 어떤 태도를 보일 것인지의 문제다. 인간의 문제이고, 인간적인 해결 방법이 필요하다.

2000년대 초반, 보스턴의 한 민간 의료 기관으로부터 지역 병원 직원들의 교육을 위해 사례 기반의 교육 모듈을 만들어달라는 부탁을 받았다. 첫 번째 목표는 환자와 의사 사이의 민족적·문화적 차이가 진료에 어떤 문제를 낳는지를 살펴보는 것이었고, 두 번째는 이 문제를 방지하거나 개선하는 방법을 제안하는 것이었다. 우리는 아프리카계 미국인 소아과 의사이자 인류학자인 동료와 함께 직원들이 주로 문화 차이 때문에 발생했다고 간주하는 문제로 인해 진료에 실패한 환자들을 인터뷰했다. 우리는 아이티 이민자로 HIV 양성 반응을 보인 다섯 살 아이의 엄마를 인터뷰했다. 그녀가 진료 약속을 자꾸 어기는 이유를 파악하기 위해서였다. 직원들은 원인을 아이티의 관습과 문화 때문이라고 가정했고 아이티의 부두교 사제와 위성 통화를 해야 한다는 의견까지 나왔다.

우리는 아이의 엄마 또한 HIV 양성이라는 사실을 알게 되었다. 그녀는 간호조무사로 에이즈 치료에 익숙했고 아들에게 어떤 치료를 해주어야 하는지 충분히 이해하고 있었다. 아들에게 최선의 치료를 제공해 주고 싶어 했고 대체로 잘 실천하고 있었지만 바쁜 일정과 치료비 부족 때문에 병원에서 오라는 횟수만큼 아들을 데리고 갈 수가 없었다.

그녀는 밤 11시부터 오전 7시까지 요양원에서 야간 근무를 한다. 일을 마치자마자 아들을 맡긴 친구의 아파트로 간다. 아들을 집으로 데리고 와서 씻기고 입히고 아침을 먹이고 전날 약을 먹었는지, 오늘은 어떤 약을 먹어야 하는지 꼼꼼히 확인한다. 아들을 사립 어린이집까지 차로 데려다준다. 쇼핑하고 청소하고 빨래하고 요리를 하기엔 시간이 충분하지 않다. 집에 오면 바로 다섯 시간 정도 잔다. 오후 5시에 어린이집에서 아이를 데려와 저녁을 먹이고 놀아주고 잘 준비를 시킨 다음 다시 친구 아파트로 데려간다. 그래도 친구 아파트에는 아들의 방도 있고 친구도 아들을 잘 보살펴 준다. 다시 집으로 돌아와 고지서를 정리하고 친구와 친척 들에게 전화를 거는 등 일상을 굴리기 위해 해야 할 모든 일들을 처리한다. 밤 10시 반이 되면 이 살인적인 스케줄 때문에 항상 수면 부족이거나 긴장 상태지만 어쨌든 출근을 한다. 진료 약속을 어긴 건 이러한 하루를 보내다 보면 아들을 병원까지 데리고 갈 시간과 에너지를 낼 수 없기 때문이었다. 어마어마하게 비싼 병원 주차료 또한 걸림돌이었다.

처음에는 병원 의사와 간호사 들이 우리에게 화를 냈는데 이 환자의 사례를 여러 사회문제가 결합된 문제로만 해석하고 문화적 요소는 고려하지 않았다는 이유에서였다. 병원에서는 우리가 이 환자의 문화적 차이에만 집중해 주길 바랐던 것이다. 우리가 이 가족의 아이티 문화는 이들의 행동과 관련이 없다고 답하자 병원 측에서는 우리가 보고한 이 감동적인 이야기에 시큰둥해하면서 병원의 어느 누구도 집안 사정에 대해선 듣지 못했었다고 했다. 병원의 거만한 직원들은 그저 이국적인 (그러나 현실과는 무관한) 문화적 고정관념에만 치중하면서 환자의 비참한 현실에 무심했던 병원의 실수는 덮어두고 그저 이 엄마가 아이티계이기 때문에 병원의 지시를 따르지 않는다고 생각한 것이다.

어떻게 이런 일이 가능할까? 이 엄마와 아들은 몇 년 동안이나 소아과의 에이즈 클리닉을 다녔는데 왜 병원의 어느 누구도 그들이 처한 삶의 맥락을 이해하지 못했던 걸까? 병 뒤에 놓여 있는 인간적인 이야기에 무관심한 의료 시스템은 우리에게 질문을 던진다. 과연 전문가들이 어떤 진료와 돌봄을 해야 하는가. 의료인들이 현실을 읽는 능력이 부족하고 감수성과 상상력이 결여되었다는 것은 곧 그들에게 윤리적인 문제가 있다는 뜻이기도 하다.

내가 이것을 윤리의 문제라고 부르는 이유는 전문가와 환자 가족들이 극단적으로 상이한 가치를 중시하기 때문이다. 만성질환이라는 경험을 통과하는 가족은 매일매일 희망과 좌절과 피로와 돌봄 노동의 세계에서 산다. 아픈 사람의 상태와 욕구를 가장 근접한 거리에서 가장 구체적으로 경험한다. 반면 의료 전문가들은 짧은 진찰 시간 동안 단편적으로 그 경험 속으로 들어가고 이 병이 환자에게 미치는 의미를 파악하지 못한다. 묻지 않고 듣지 않는 한 계속 그렇다.

이러한 현상을 내가 더 깊이 이해하게 된 건 알츠하이머나 여타 신경퇴행성 질환자의 가족과 접촉하게 되면서부터다. 조앤의 병이 악화되는 10년 동안 우리는 병원 대기실과 카페테리아에서 수많은 환자와 가족 들을 만났다. 조앤과 나의 경험을 글로 쓰고 발표하자 여러 중증 신경 장애 환자 가족과 친구 들이 자신들도 우리와 똑같은 경험을 했다는 메일을 보내주었다. 그들의 목소리는 거의 동일했다. 그들과 그들이 사랑하는 사람들이 받은 진료에 문제가 있다는 내용이었다. 의지한 의사들에게 실망했고 도움이 되지 않았으며 중증 환자를 돌보는 가족 보호자들의 힘겨움에 대해서 잘 모르거나 무관심했다고 말이다.

사회복지사와 지역단체, 민간단체가 이 환자들에게 손을 뻗어주지만 그 단체들의 자원과 범위에도 한계가 있다. 많은 의료인들은 환자의 삶에 관여하고 싶어 하지 않고 관심도 없어 보인다. 진정한 관심과 염려를 보여주는 훌륭한 이들이 여전히 있긴 하지만 너무 적어서 마치 희귀종들처럼 느껴질 정도다. 환자 가족들에게 이런 불평을 들을 때마다 나도 의사이기에 가끔 방어적이 되기도 한다. 하지만 그때 가족 보호자로서의 나의 정체성이 치고 들어와서 그들의 말에 고개를 끄덕일 수밖에 없다. 들을수록 슬픈 이야기지만 동의해야 한다는 점이 더 아프다. 나의 분노까지 더해봤자 헛된 불평불만이란 느낌만 들고 앞으로 의료계가 보호자들의 말 못 할 답답한 사정을 이해하고 방향을 제시하고 지원해 주려면 얼마나 더 먼 길을 가야 하는지를 생각하면 막막해진다.

그러나 희망이 없진 않다. 최근에 나는 환자들을 적극적으로 지원하려고 노력하는 많은 의사들을 만났다. 상담실에서, 경영진 회의에서, 보험 회사와의 통화에서, 컴퓨터 앞에서, 복도에서, 보건 기관에서 그들은 노력하고 있었다. 그 모든 압박, 과로, 규정, 재정, 정책, 관습이라는 허들 앞에서도 끈질기게 버텼다. 무엇보다도 그들이 제공하는 진료를 제한하려는 의료계의 풍토 안에서 일해야 했다. 의사뿐 아니라 간호사, 물리치료사, 작업치료사 등 전통적으로 의료 시스템에서 가장 직접적인 돌봄을 책임지고 있었던 전문 돌봄 종사자들도 마찬가지로 애쓰고 있다.

～

우리 대부분은 한두 번 혹은 여러 번 내적 분열을 느껴본 적이 있을 것이다. 물질적 욕망과 윤리적 열망 사이의 갈등이기도 하고, 기억과 망각, 동요와 확신, 직업적 이상과 실제 현실, 가치와 실행 사이의 갈등일 수도 있다. 돌봄에서는 두 가지 감정의 줄다리기가 항상일어난다. 돌봄이 무거운 짐이라는 생각과 그것이 아무리 무거운 짐이라 해도 궁극적으로는 보람 있는 일이라는 생각 사이를 오간다. 돌보는 이들은 이러한 양가적 감정을 따로 혹은 동시에 경험한다. 돌봄은 무겁고 어려운 일인 동시에 분명 인간의 내면을 살찌우고 정신적으로 성숙하게 한다. 하지만 이미 막중한 책임을 지고 있는 돌보는사람이 자신의 내면을 깊이 들여다보면서 내적 갈등을 해결하고 다시 한번 힘을 내 그들을 좀먹고 있는 피로와 좌절과 분노와 체념을스스로 이겨내라고만 할 수는 없다. 그들에게는 무엇보다 돌봄과 돌봄의 환경을 우선적으로 생각해 주는 의료 시스템의 지원이 필요하다. 그래야 돌보는 사람의 자아가 더 잘 성장할 수 있다. 다르게 말하면, 전문적인 진료를 보다 인간적으로 만들고, 개개인이 달성하려고 하는 가치를 전문적인 일로 확인시켜 주면서 가정 간병의 세계를 인정해야 한다.

아델 조지는 작은 체구에 명랑하고 친화력 좋은 남부 여성으로 학부생과 의대생일 때 내 밑에서 공부한 학생이다. 그녀는 보스턴 병원 레지던트 1년 차에 전화를 걸어서 꼭 하고 싶은 말이 있다고 했다. 목소리만 들어도 불안이 느껴졌다. 둘이 겨우 시간을 맞춰 만났을 때 그 학생은 평소와는 다르게 머뭇거리는 목소리로 어떤 사건이 그녀의 삶을 너무 크게 흔들어놓아서 의사라는 직업과 자신의 삶의 가치에 대해서까지 의문을 갖게 되었다고 말했다. 그녀는 초등학생 때부터 의사가 되고 싶었고, 환자를 진심으로 아끼고 환자의 아픔에 귀 기울이는 의사가 되고 싶었다고 했다. 굳이 상기시켜 주지 않아도 나는 아델을 익히 알고 있었기 때문에 그녀가 환자를 최우선으로 하기 위해 모든 노력을 할 거라고 생각했다.

덥고 습한 여름밤, 내과 레지던트 1년 차에 있었던 일이었다. 스케줄이 꼬이는 바람에 정신없이 바쁜 하루를 보냈는데 그날 밤 당번이기도 했다. 응급실 환자와 입원 환자를 보느라 새벽 2시까지 깨 있었다. 당직실에서 잠든 지 30분 만에 끈질기게 울려대는 전화벨 소리 때문에 다시 깼다. 아델은 당연히 말도 못 할 만큼 피곤했다. 호출을 한 간호사는 당장 만나야 할 환자 여럿이 대기 중이라고 말했다. 겨우 몸을 추스르고 일어나서 첫 번째 환자를 보기 위해 병실로 향했다. 그날 오전에 큰 수술을 받은 중년 여성으로, 수액이 들어가고 있지 않았다. 간호사는 주사를 다시 연결하지도, 새로 꽂지도 못하고 있었다. 아델은 정맥주사로 수액을 연결한 뒤 다음 환자를 보러 갔고 쪽잠을 잔 다음에 선배 레지던트와 담당 의사와의 새벽 회진을 위해 일어났다.

아델이 한 병실로 들어가니 어떤 환자가 떨리는 목소리로 곧 수술을 받아야 하는데 너무 무서워서 아무 이야기나 하고 싶다고 말했다. 아델은 거의 기계적으로 답했다. "미안합니다! 지금 환자분과 대화 나눌 시간이 없습니다. 다른 환자를 보러 가야 돼요." 그러고 나서 바로 복도로 뛰어갔다. 그렇게 20미터 정도 뛰어가다 멈추고 생각했다. '방금 내가 무슨 짓을 한 거지? 내가 의대에 온 이유는 이런 환자들의 말을 듣고 대화하고 싶어서였어. 그런데 나는 환자한테 도망치고 있잖아.' 그녀는 되돌아가 급히 사라져서 미안하다 말하고 30분 동안 침대 옆에 앉아 환자의 손을 잡고 닥친 수술에 대해 불안하게 묻는 환자에게 최선을 다해 답해주며 위로했다.

또 다른 환자를 보고 난 다음에는 자러 갈 시간이 없었다. 진한 커피 몇 잔을 연달아 마시고 회진을 준비했다. 몇 차례의 회진이 끝나고 드디어 병원에서 빠져나와 아파트로 갔다. 그리고 아델은 무너졌다. 이 삭막한 현실 앞에서 엉엉 울기 시작했다. 친절한 의사가 되겠다는 꿈을 놓지 않으면서 이 살인적인 레지던트 기간에서 살아남을 수 있을까? 자신이 받은 교육과 독서 덕분에 지금 자신에게 지금 무슨 일이 일어나는지 알고 있었으나 수습 기간을 무사히 마치기 위해 의사로서 가장 중요한 가치를 밀어내야 할지도 모르는 상황은 차마 직면하고 싶지 않았다. "의사가 되려면 이렇게 할 수밖에 없는 걸까요?" 그녀가 말했다. "이 수습 기간이 끝난 뒤에 제가 다른 사람이 되어 있으면 어쩌죠? 열정과 현실 사이의 갈등을 해결하는 유일한 방법은 아무리 환자에게 비인간적이고 부적절한 처사라 해도 절차를 무시하고 일을 일단 끝내야 한다는 걸 받아들인 의사가 되는 걸까요?"

한 시간 넘게 그 학생과 대화하면서 아마 같은 문제에 닥친 대부분의 의사들은 복도에서 멈추지 않고 다음 환자를 보러 갔을 것이라 이야기했다. 두 번 생각하지 않았을 것이다. 그녀에게 특별한 무언가가 있기 때문에 다르게 행동할 수 있었을 것이다. 상상하기조차 힘든 상황에서도 원래 자신의 모습을 잃지 않았으니 참으로 대견하다고 말했다. 그럼에도 불구하고 우리 두 사람 모두 나의 대답에 만족할 수 없었다. 병원에서 인류애를 잃게 하거나 낙담시키는, 복잡한 감정과 삶의 조건에 관심을 기울이지 못하게 하는 강력한 힘을 너무나 자주 만난다. 이번에는 한 가시 문제였지만 앞으로 더 큰 문제에 봉착하게 될 것이다. 아델도 나도 적절한 대답을 떠올릴 수 없었다.

이 문제를 깊이 고민한 의사와 의대생을 적지 않게 만났다. 그중 나를 심란하게 했던 한 학생은 예과 시절 환자들을 인터뷰하는 능력이 뛰어난 학생이었다. 그녀는 만성질환자가 겪는 사회적 맥락의 영향력에 따른 환자의 변화를 주제로 논문을 쓰기도 했다.

의대의 임상 실습(clinical years, 이때를 냉소적인 시기cynical years라고 하기도 한다) 전공 로테이션 첫 주에 주니어 레지던트가 그녀에게 환자 몇 명의 병력을 조사해 차트에 기록한 다음 또 다른 환자들 관련 업

116

무(랩 보고서 검색, 컨설턴트에게 전화, 각종 정보 기입, 서류 작성 등등)를 처리하라고 했다. 그녀는 첫 환자의 개인사가 너무 흥미로워 그 환자의 병실에서 45분을 보냈다. 병실에서 나오자 레지던트가 '고작' 환자와 이야기를 하는 데 너무 많은 시간을 잡아먹었다며 불같이 화를 냈다. 임상 실습 점수를 깎겠다고도 했다. 얼른 다른 환자의 병력을 조사하라고, 일을 가능한 빨리 끝내고, 절대 시간을 낭비하지 말라며 소리를 질렀다.

너무 황당해서 다른 팀원들의 지지를 받길 원했지만 어느 누구도 그녀에게 잘했다고 하지 않았다. 그녀는 쓰디쓴 교훈을 얻고 다음 환자의 병실에 들어가 재빨리 용건만 말한 뒤에 건성으로 듣고 병력을 가능한 간단하게 적었다. 그녀는 자신이 정말 배워야 할 것을 배우지 못하고 있다고 느꼈다. 환자와 병에 대해 이야기하는 일을 환자와 라포rapport를 쌓거나 효과적인 치료자가 되는 데 이용하지 못한다는 사실도 알게 되었다. 이 통찰력 있는 젊은 여성이 말하길, 가끔은 간호사들처럼 질문지에 따라 질문하고 환자의 통증과 우울감과 피로감과 증상들을 숫자로 기록했다고 한다. 그래도 설문지를 채운 후에는 환자의 대답을 이해하기 위해 환자와 이야기를 했고 환자의 주관적인 상태가 어떤지, 그들의 불평에 어떤 의미가 있는지를 느꼈지만 모두가 그녀에게 원하는 것은 차트에 '팩트'라고 기록될 만한 숫자와 통계 자료였다. 그 숫자의 중요성을 발견하거나 숙고하는 일은 그 다음 문제였다. 일단 기록만 남았다. 그저 요식적인 절차만 만족시키는 영혼 없는 숫자들이었다. 너무나 많은 실습생들이 그들을 잠식하는 낙담과 실망으로부터 스스로를 보호하기 위해 냉소와 무관심이라는 벽을 치는 것도 놀라운 일은 아니다. 그들에게 우울증과 불안증은 흔한 일이고, 의사로서의 열망과 신념은 살인적인 업무량과 의료진에게 요구되는 비인간적인 기대에 의해 지속적으로 도전을 받는다. 병원에서 살아남고, 사생활도 유지하려면 무조건 지름길을 찾아 시스템에 적응해야 한다. 시간을 최대한 아껴야 하니 감정적으로나 윤리적으로나 에너지가 드는 인간적인 상호 관계에서 빠져나와 버린다.

병원 진료에 대한 불만은 환자뿐만 아니라 의사들에게서도 자주 나온다. 이 문제를 밝히기 위해 지난 10년 이상 수행해 온 리서치와 병원에서 만난 여러 사람들의 목소리를 예로 들어볼까 한다.

65세의 당뇨 환자로 신장 질환과 시력 문제, 신진대사 관련 질병을 앓고 있는 65세 남성은 이렇게 설명했다. "진찰실로 들어가면 의사들은 항상 급해 보여요. 내 몸이 어떤지 이야기할 시간이 없어요. 아무도 내 기분을 묻지 않아요. 그리고 빨리 내보내죠. 나에게 일어난 일을 밀할 기회조차 없습니다. 앞으로는 어떨지 물어볼 수도 없어요. 병원에 갈 때마다 화가 나고 실망합니다. 대체 이런 진료를 받아서 뭘 하죠?"

"내가 치료받는 방식을 보면 나는 내 병과는 별개의 존재처럼 느껴집니다." 만성 대장 질환을 앓고 있는 39세의 한 교사가 말했다. "아무도 내 생각을 묻지 않아요. 내 제안은 제대로 된 의견으로 치지도 않아요. 화가 나죠. 어떤 식으로든 나도 병의 일부라는 걸 보여주고 싶어요. 가끔은 일부러 병원 예약 시간에 가지 않고 의사의 말을 따르지도 않아요. 멍청하고 헛짓 같지만 내 의견을 존중하지 않고 고려조차 하지 않으니 내 나름대로 의사 표시를 하는 거죠."

"그 사람들이 너무 미워요. 내 말을 듣지를 않으니까. 의사 옷깃을 붙잡고 흔들면서 외치고 싶어요. 왜 내 말 무시합니까?" 만성 간질환을 앓고 있는 64세의 기계공은 곧 포기할 태세였다. "뭘 어쩌겠어요? 너무 화가 나서 병원에 가고 싶지 않아요. 가끔은 안 가버리죠. 그렇게 하면 결국 나만 손해지만."

한 중년 여성은 이런 이야기를 들려주었다. "우리 어머니는 아흔셋이에요. 귀가 잘 안 들리죠. 내가 옆에 앉아서 어머니의 어지럼증이 어느 정도고 왜 다루기 힘든지를 천천히 설명해 줘야 해요. 그런데 의사와 간호사들은 나에게 말을 안 해주니까 어머니한테 병에 대해 설명을 해줄 수가 없어요. 짜증만 나네요. 이렇게 하면서 어떻게 어머니가 받는 진료의 '질'을 거론할 수가 있나요? 하지만 다른 대안도 없어요."

"병원에서 아버지의 요구 사항을 들어주지 않을까 봐 두렵습니다." 뇌졸중을 겪은 심장병 환자인 81세의 아버지를 의대 부속병원에 입원시킨 남자가 말했다. "그쪽에서 아버지를 지워버리는 느낌이에요. 그들의 태도에서 무언의 메시지가 느껴져요. 80대 환자가 또 왔네. 이제 생명 유지 장치를 떼어낼 때도 됐지. 신문 기사를 읽으니까 나도 알죠. 의사들이 계속 비용을 낮추려고 진료를 최소화한다는 걸요. 계속 조르거나 압박하지 않으면 얻어낼 수가 없어요. 아버지를 위해서 내가 나서야 합니다. 그 사람들을 믿을 수가 없어요. 그들이 어떻게 하는지 보이기 때문에 나설 수밖에요."

의사들의 입장을 들어보아도 상황이 심각하다. 관리 의료managed

care 기관*에서 일하는 경력 많은 1차 진료 의사는 상황을 이렇게 묘사한다. "굉장히 심각하고 나쁜 일이 의료계에 일어났고 일어나고 있습니다. 시간이 너무 없어요. 환자와의 시간, 환자와 대화하는 시간, 환자에게 문제가 뭔지 물어보는 시간, 어떻게 해야 한다고 설명하는 시간, 뭐가 두렵고 뭘 원하는지 묻고 대답하는 시간은 항상 뒤로 밀려요. 이제 새로운 언어가 생겨버렸어요. 비용, 효율성, 경영 관리. 이건 내가 공부했던 의사의 언어가 아닙니다. 답답하고 굉장히 소외감을 느낍니다. 이 일이 나에 맞지 않는다는 생각까지 하고 있어요. 이만 빠져나와야 할 것 같습니다."

"우리 모두는 의료 분야가 혁명적인 변화를 겪고 있다는 걸 압니다." 민간 의료보험 조직인 건강관리기구(HMO, Health maintenance organization)에서 일하는 1차 진료 의사는 말했다. "하지만 이 변화가 비임상적 진료만 생략한다고 믿고 싶고, 믿어야 하죠. 하지만 그건 터무니없습니다. 이제 스스로에게도 거짓말을 할 수 없습니다. 내가 일하는 기관은 내가 훌륭한 진료라고 믿으며 훈련받은 일들을 더 이상 가치 있게 보지 않습니다. 환자와의 신뢰, 환자와 친밀한 관계, 환자가 힘들 때 어떻게 해야 하는지 이야기하고 환자가 가장 고통스러워하는 것에 관심을 갖는 일 말이죠. 이것은 진료의 '소프트한' 부분이 아닙니다. 근본이기 때문에 해야 하는 일입니다. 하기 싫다면 하지 말아야죠. 그러면 당신은 어떤 의사인가요? 어떤 진료를 하고 있는 겁니까? 의료윤리의 문제 아닌가요? 그럴싸한 의료 기구를 갖춘

---

* 의료보험 기관, 의료 기관과 협력해 최대한 낮은 비용으로 기본적인 진료를 하는 기관.

건강 관리 기관이 환자보다 더 중요해졌습니다. 이 관계를 '환자-의사-건강 관리 진료 제공자'라고 불러야 하는데 대부분의 시간을 경영 관리 문제에만 신경 쓰니까요. 의료계에 닥친 아주 위험한 신호라고 생각합니다."

마지막으로 어쩌면 가장 걱정스러운 인터뷰를 소개한다. 미국 명문 의대 교수가 내게 한 말이다. "가끔은 내가 위선자처럼 느껴집니다. 의대생들이 가득한 강의실에서 의사로서 환자와의 소통과 환자 심리를 읽는 기술이 중요하다고 가르치고, 마치 이들이 실전에 들어가면 그렇게 할 시간이 있는 것처럼 말하거든요. 현실은 그렇지 않아요. 못 합니다! 절대로 시간을 못 내요. 학생이나 실습생 들은 어떻게 하는지도 알고 해야 한다는 것도 알지만 현장에선 경영자들에게 아무 도움도 받지 못합니다. 그것이 우리가 처한 상황이에요. 우리 의학 교육의 현실입니다. 교육의 위기라고도 할 수 있지 않을까요? 의대 교수의 입장에서도 도덕적 위기가 아닙니까? 어떻게 해야 할까요?"

다행히도 아직 많은 환자와 의사 들이 의료에 대해 긍정적인 시각을 갖고 있기도 하다. 그럼에도 불구하고 내가 지금까지 나열한 이 불편한 사례들이 대다수 환자와 환자 가족 들이 공유하는 경험이며, 전문가들도 실망에서 냉소로 돌아서는 중이다.

나와 비슷한 나이의 친구는 아직도 1차 진료 의사로 일하는데 그의 심경과 경험이 거울을 비추듯 내 마음과 일치했다. "의사로서 내 인생을 요약하면 다음과 같네. 이 직업은 사람들에게 진정으로 중요한 문제를 굉장히 실질적인 방식으로 도울 수 있는 엄청난 기회를 가지고 있어. 또한 인생에 대해서, 또 하루가 다르게 변하는 이 사회에 대해서도 배우게 되지. 그런데 이렇게 진료 시스템이 잘못되어 가고 있다 보니 자꾸 패배감이 드네. 보험부터 모든 병원과 진료 규정들이 그렇지. 정말 큰 문제란 말이야! 우리 같은 진료 제공자들에게도 그렇고 환자들에게도 큰 문제야. 나는 진료의 질이 과거와 같지 않다고 생각해. 그리고 미래가 걱정돼. 진심으로 심각하게 걱정돼. 의학은 사람들을 도울 수 있는 훌륭한 잠재력이 있어. 하지만 지금 우리 의료계와 의료보험은 엉망이야. 우리 중 누구도 미래가 어떻게 변할지 몰라. 난 은퇴를 앞두고 있지만 가슴이 아프네. 문제는 이거야. 다음 세대의 의사들은 어떨까? 그들에게는 어떤 일이 일어날까? 그들이 나나 자네처럼 환자들 옆에 있어줄 수 있을까? 아니면 의학은 의사에게나 환자에게나 지금과는 완전히 다른 무언가가 되는 걸까? 내 말은 실망스러운 방식으로 말이지."

의료계가 돌봄을 경시하는 문제를 이해하기 위해서 내가 논문 작업을 하며 정리했던 네 가지 중요한 모순도 고려해 보자. 첫 번째 모순은 전통적으로 의학은 돌봄을 진료 행위의 핵심으로 정의해 왔다는 사실이다. 그러나 시간이 흐르면서 돌봄은 의사들이 실제로 하는 일 중에서 가장 지엽적인 일이 되어갔다. 의사가 하는 일은 환자를 직접 대면하는 진료에서 첨단 기술을 이용한 진단과 치료로 점점 넘어가고 있다. 전자 자료를 중심으로 하는 진료는 환자를 대상화하고 비인간화하며 환자와 의사와의 거리를 더욱 멀어지게 한다. 의사와 병원은 여전히 의료 행위의 중심이 돌봄이라고 주장할 것이다. 그렇기 때문에 이것을 모순이라고 부를 수밖에 없다.

두 번째 모순은 이 책에서 묘사하고 있는 종류의 돌봄에 의술이

기여한 부분은 간호사와 보건 전문가, 특히 가족의 기여에 비해서는 그다지 대단하지 않다는 점이다. 그러나 의료계의 전문가들은 이런 중요한 협력자들을 일상적으로 무시한다. 의사와 보건 정책 입안자들은 병원에서 돌봄이 줄어들고 있으며 실제로 돌봄이 행해지는 다른 영역이 중요해지고 있다는 사실을 인식하고 인정해야 한다. 다각적 팀과 가족 중심의 상담을 통한 판단이 일반적 기준이 된다면 모두에게 눈에 보이는 이점과 이득이 있을 것이다. 하지만 이 일이 실현되기 위해서는 환자 진료에 대한 상이한 관점과 자원을 가져다줄 수 있는 시간과 허가, 적절한 지원 제도가 필요하다.

세 번째 모순은 의학 교육의 문제다. 의대는 현재 돌봄의 원칙과 실천을 학생들에게 가르치기 위한 충분한 자원(돈, 교수, 시간, 강의실)을 제공할 수 없다는 사실을 기꺼이 인정하고 있다. 또한 논문에서도 의대 1학년 학생이 졸업생들보다 돌봄의 현실과 환자의 사회심리적 맥락에 더 관심 있고 때로는 돌봄에 더 능하다는 사실을 인정한다. 이러한 발견을 통해 알 수 있는 건 현 의료 교육이 학생들에게 돌봄을 가르치지 못하고, 과학적이고 기술적인 지식으로만 무장하게 만든다는 것이다. 이것은 스위프트식의 "겸손한 제안modest proposal"**을 떠올리게 한다. 이 슬픈 현실을 생각하면서 질문한다. 그렇다면 돌봄을 의대 커리큘럼에서 아예 빼버리면 어떨까? 의대 교수들에게 이 생각을 꺼내면 단 한 명도 거기까지 고려하고 있지는 않다고 말한다. 그

** 조너선 스위프트의 《겸손한 제안》은 19세기 아일랜드의 기근 중 빈민들에 대한 무관심을 풍자적으로 쓴 책이다. 아일랜드를 돕지 않는 영국의 식민지 지도자들을 향한 분노를 일으키려고 집필했다.

들은 돌봄에 대한 교육이 마치 신성불가침인 것처럼 거부했다. 그러나 미국의 어느 의대도 돌봄을 의학 교육의 중심으로 만들 계획은 세우지 않는다. 사람들이 사랑하는 의사의 이미지와 의사의 신성한 소명을 소중히 간직하고 의대에 입학했던 이들도 공공연한 모순을 맞닥뜨릴 수밖에 없다.

마지막 모순은 의료 기술 분야에서의 의료 시스템 개혁과 혁명 ― 부분적으로는 진단과 치료에서 발생할 수 있는 실수를 줄이고 더 나은 결과를 얻게 되면서 돌봄을 강화시켰던 것 ― 이 역설적으로 돌봄을 약하게 했다는 점이다. 전자 의료 기록의 발전은 최근까지만 해도 유용했으나 이제 그 기록 속에는 간호사의 메모나 환자의 그날 그날 감정과 주변의 조건을 기록할 공간은 남아 있지 않게 되었다. 왜 이렇게 되어야 했는지에 대한 논리적인 이유는 없다. 의사들이 컴퓨터 앞에서 보내는 시간이 환자의 말을 듣고 이야기하는 시간보다 길어졌고, 이것은 의사와 환자 모두에게 축복이자 저주가 되었다. 의사이자 작가인 아툴 가완디는 말한다.

"기술의 발전은 피할 수 없지만 우리 중 많은 이들을 덫에 가두어버렸다. (…) 우리 의사들은 컴퓨터 앞에서 웅크리고 앉아 일을 어떻게 해야 하는지를 고민하는 데 더 많은 시간을 보내고 실제로 일은 전보다 덜한다. 우리가 지금 할 수 있는 유일한 선택은 이 현실을 받아들이고 이 현실 아래 서서히 뭉개지는 것뿐인 듯하다."••

•• 아툴 가완디, "업그레이드The Upgrade: 왜 의사들이 컴퓨터를 싫어하는가", 《뉴요커》, 2018년 11월 12일.

내 논문을 포함하여 여러 연구 논문은 우리의 직감을 확인시켜 준다. 의사와 환자 사이의 소통을 방해하는 것이 그 무엇이건 돌봄과 진료의 질을 낮추고 잠재적으로는 결과도 나쁘게 한다. 약리학의 발전은 '기적의 약'이라는 개념을 만들어 환자들을 제품의 소비자로 바꾸어버렸다. 환자는 이제 인간적인 접촉을 필요로 하는 외롭고 아픈 사람이라기보다 이윤을 낼 수 있는 소비자에 가깝다. 다른 국가에서는 금지된 유혹적인 약품 광고가 미국에서는 마법의 약으로 소개되며 끝도 없이 이어진다. (부작용은 재빨리 조용히 지나가 버린다.) 이는 건강 관리 시장, 판매와 이윤을 위한 시장에 대한 이 사회의 집착을 보여준다. 건강 관리는 점점 관계라기보다는 거래가 되었다. 정신과에서도 이제 이상적이고 전형적인 모델은 처방전을 들고 있는 의사이지 심리치료사가 아니다. 이와 같은 현상이 거의 모든 전문 병원에서 나타난다.

확실히 의사에게는 환자에게 돌봄을 제공하면서 환자를 보살필 수 있는 기회가 무수히 많다. 청진기를 대 숨소리를 듣고, 배를 눌러보고, 맥박을 재고, 환자들을 안심시켜 주는 미소를 짓고, 응원하고 있다며 어깨를 도닥이기도 하고, 희망적인 말을 해줄 수도 있다. 의사가 환자에게 병명을 이야기해야 할 때 환자의 말을 주의 깊게 듣고 (컴퓨터 모니터에서 눈을 떼고) 시간을 내 절차와 처방전을 친절하게 설명하고 환자와 환자 가족들이 걱정하는 부분에 대해 쉽게 설명해줄 수도 있다. 병의 진행 과정에서 가족과 친구들이 무엇을 기대해야 하는지 준비시켜 줄 수도 있다. 그래야 가족과 친구들이 환자를 사회복지사, 물리치료사나 다른 직원에게 맡기기 전에 실질적인 지원

네트워크를 만들어가기 위한 방법을 알아볼 수 있다. 의사는 가장 중요한 건 환자의 회복임을 강조하며 가족의 적극적인 참여를 끌어낼 수 있다. 의사들은 이와 같은 방법을 사용하여 환자와 가족의 유용하고 진정성 있는 협력을 끌어내고 그들이 스스로를 치유자로 여길 수 있도록 만들어야 한다. 이것만으로도 플라세보 효과에서 일어나는 병세의 호전을 경험할 수 있는 것이다.

내가 이러한 모순을 교수들에게나 학계 회의에서 발표하면 몇 명은 안다는 듯 미소 짓고 몇 명은 체념의 한숨을 쉬면서 빠져나가려고만 한다. 이제는 한물간 낭만적인 의사, 어떻게든 위기를 딛고 일어서는 영웅적인 의사라는 비전에 매달린다며 방어적으로 반응하기도 한다. 학회 참가자들은 정치가 좌우하는 경제와 관료주의와 나날이 변모하는 기술의 부정적 영향에도 불구하고 내가 잘 싸우길 응원하며 박수를 보내주기도 한다. 그들의 애원 또한 수없이 들어 익숙하다. 그들은 큰 목소리로 이유를 든다.

"돌봄은 점점 줄어들고 앞으로도 더 제한되는 건 피할 수가 없습니다. 현장에서 일하는 의료진들의 실질적인 가치가 왜곡되어 환자의 돌봄이 직분이었던 시대와는 멀어졌습니다. 이제 의사는 장점보다는 이윤을, 효율성을 위한 효율성을, 모든 사람에게 적용되는 정형화된 가이드를 중시해야 하는, 거대한 시장에서 경쟁하는 사업체의 직원으로 보입니다. 이것들은 의료보험 회사의 관리자들이 중시하는 기준이죠." 이쯤 되면 굉장히 성이 난 참가자를 상대해야 한다. "점점 임상적 경험에 무심해지게 되죠. 의사가 처리하는 업무량만 중시하고 의사란 어떤 사람이어야 하는가 같은 질문과는 점점 멀어짐니다."

하지만 인상적이게도 이런 학회 발표들은 그저 모두가 풀 수 없는 문제를 한탄하며 끝나지는 않고, 어떻게든 돌봄의 수준을 높이고 의사들을 돌보는 사람으로 훈련시키는 성공적인 지역 병원의 사례를 드는 것으로 마무리되곤 한다. 내가 가는 거의 모든 곳마다 어떻게든 돌봄의 수준과 가치를 높이려 노력하는 의료진들이 있었다. 그들은 솔선수범하면서 젊은 의사와 간호사에게 영감과 모범이 된다. 작은 시도들이 의대, 대형 병원, 개인 병원에서 파도처럼 퍼지기도 한다. 이런 병원들은 인턴이나 의사를 뽑을 때 그들이 가족 안에서, 지역사회에서 돌봄에 얼마나 관심이 있는지를 기준으로 삼고 학생의 인터뷰 기술을 평가하기도 한다. 학생들을 장애인 가정에 방문하게 하여 가정 돌봄이 어떤 형태로 이루어지는지 배우게 한다. 환자의 사망과 죽음을 앞둔 환자를 다루고 번아웃 같은 감정적으로 어려운 문제를 겪는 1차 진료 의사들을 지원하는 단체도 생긴다.

병원 차원에서 직원들이 환자와 환자 가족의 요구를 존중하도록 교육시키기도 한다. 실습생들이 경험하는 스트레스에 관심을 갖고 병원에서 일어날 수 있는 불편한 사건에 대처할 수 있도록 직원들을 교육시키기도 한다. 의사의 행동이 병원 전체 분위기와 간호사들에게 얼마나 큰 영향을 미칠 수 있는지도 교육한다. 이들은 동기 부여를 할 수도 있지만 실습생이나 간호사 들에게 타격을 줄 수도 있다. 괴롭힘이나 모욕 같은 행동이 의도적이지는 않더라도 병원처럼 압박이 심한 직장에서는 일어날 수 있기 때문이다. 혹은 치유의 핵심에 친절, 멘토링, 경청, 연민이 있음을 인식하도록 이끈다. 때로는 환자와 환자 가족을 중시하는 병원의 문화만으로 충분하다.

　환자의 교육과 가족의 지지를 강조하는, 협력적인 환자 돌봄을 모델로 하는 새로운 프로그램들도 생기고 있다. 암 치료 팀, 말기 환자 간병 그룹, 다양한 서사 의료narrative medicine●와 의료인문학 프로그램은 질 높은 돌봄이 실질적인 목표임을 보여주기도 한다. 또한 '현장 경영'을 중시하는 경영자와 의사 들도 있다. 병원을 계속 돌아다니며 환자와 환자 가족과 모든 직급의 직원들과 이야기하고, 그 일을 하는 사람들과 돌봄을 받는 사람들의 강점과 약점을 파악하고, 그들이 품은 돌봄과 신념을 알게 되기도 한다. 이런 병원은 대체로, 종교적이든 그렇지 않든 자신들의 미션과 목표를 글이나 말로 명확히 표현해 모든 조직 안에서 대외적으로 공표하고 따르려고 한다. 그렇게 하려면 이 가치를 체화하는 리더들이 필요하다. 병원이나 요양원 안에서 돌봄을 실천하는 이들의 기여를 인정하고 훌륭한 직원들을 칭찬하고 동료와 환자에 대한 그들의 관심을 존중하는 리더 말이다.

　의사들이 작지만 중요한 이런 일을 하기 어려운 이유는 내 생각에는 임상 경험에서의 고충 때문이다. 돌봄을 제대로 실현한다는 것은 무엇일까? 일단 심각한 문제에 처해 지금 당장 확신과 실질적인 도움을 필요로 하는 사람과 함께 있는 것이며 병원 관계자의 지원도 살펴야 한다. 이렇게 수많은 가치가 중첩되는 만남이 어떤 방식으로 실현이 될지는 의사마다, 학생마다 다르다. 하지만 직접 내 손으로 하

●　기존의 치료 방법과 함께 환자의 질병에 대한 이야기 치료를 병행하여 질병에 대한 이해, 진단, 치료를 돕는 의료 방법.

는 돌봄이 직업의 가장 핵심적인 목표여야 한다는 생각이 부활하는 곳이라면 진정 아름다운 돌봄이 존재할 가능성이 있다.

5

길고도 험난했던 이 여정의 마지막 9개월이며 조앤의 고통이 끝나게 될 날로 향하고 있었다.

나는 이 마지막 시기가 세 폭 제단화처럼 보인다. 사람이 모여 있는 그림, 완전한 암흑이 찾아오는 그림, 약간의 빛이 들어오는 마지막 그림. 첫 번째 그림에는 우리가 요양원이라는 거대한 리바이어던으로 들어가는 그림이 있다. 병원에 인맥이 있던 터라 조앤의 입원이 준비되어 있는 줄 알았는데 맥린 병원으로 가기 전 잠깐 거치기로 했던 캠브리지 병원에 입원하는 데도 꼬박 하루가 걸렸다. 우리는 이른 아침부터 응급실에서 대기하고 대기하고 또 대기했고 처음 조앤의 감정은 조절 가능한 상태였다가 점점 불안이 심해지더니 짜증을 폭발하기 시작했다. 끝나지 않을 것만 같은 입원 과정을 거치며 점점 무너져 갔다. 사람을 지치게 하는 온갖 복잡한 절차와 관리 직원들의 무심함은 참을 수 없는 수준이었다. 빨리 처리하겠다고 약속하는 사람들이 가끔씩 나타나기도 했지만 또 새로운 직원이 나타나서 이전 사람과 똑같이 놀란 표정으로, 이전 사람과 똑같은 단어와 똑같은 몸짓으로 우리가 아직 대기 중이고 아무런 진전이 이루어지지 않았다는 사실에 놀라곤 했다. 그들은 마치 마법사의 제자가 망가뜨려 놓은 세트장처럼, 이해와 통제에서 완전히 벗어나 망가져 버린 시스템을 비웃으면 우리의 불안이 줄어들 거라 생각하는 것 같았다.

맥린 병원에 아침 일찍 도착했을 때 모든 테스트와 주의 사항은 한 번이 아니라 네 번씩 반복되었다. 담당의, 레지던트, 전임의, 의대생이 같은 인지 테스트를 똑같은 질문, 똑같은 방식으로 또 하고 또 하고 또 했다. 조앤의 인지 기능 수준에 따라 답변은 동일하게 나왔지만 조앤의 감정이 달라지면서 테스트할 때마다 조금씩 나쁘게 나오기도 했다. 노인병 정신과 전임의가 조앤에게 세 가지 물건을 기억해 보라고 했는데 다른 사람들이 물어본 물건(갈색 코트, 파란 넥타이, 빨간 사과)과 똑같았다. 그때 정신이 맑았던 조앤은 이런 "지겹고" "하나 마나 한" 테스트는 다시 받고 싶지 않다고 말해서 그를 충격에 빠뜨리기도 했다. 그는 바로 사과했는데 그녀의 명료하고 또렷한 분노 표출에 놀란 듯했고, 조앤의 말이 옳고 자신이 조앤의 입장이었으면 그랬을 거라고 진심으로 미안해하는 표정을 짓기도 했다. 그 사소하고 예상치 못했던 대화만이 이 검사 과정 중 유일하게 인간적이고 진실한 순간이었다.

마침내 맥린 병원 현관 앞에서 세 시간에 걸친 고문이 끝나고 조앤은 노인 신경정신의학 병동에 입소할 수 있었다. 실라와 나는 병실까지 같이 들어갔다. 밤 11시가 되자 간호사는 우리에게 병동을 떠나달라고 말했다. 그 순간 나는 정신 나간 상상을 하기 시작했다. 조앤을 데리고 탈출해 버리자. 조앤의 상태에 상관없이 그냥 집으로 데려가자. 아내를 이 정신과 병동에 홀로 남겨놓는다는 생각만 해도 내 존재 전체가 움츠러드는 것 같았다. 실라는 나의 이 무모한 계획에서 빠져나오게 해주었고 간호사들에게 조앤이 잠들 때까지 만이라도 자기가 옆에 있게 해달라고 부탁했다. 그제야 안심한 나는 조앤에게 키스하고 차를 몰고 집으로 왔다. 집에 도착하니 자정이 넘었다. 피터와 앤에게 연락해 그 끔찍한 하루를 이야기했다. 내가 조앤을 실라에게 맡기고 혼자 집으로 왔다는 부분을 이야기하다가 눈물이 터졌고 그때부터 주체하지 못하고 오열했다. 나는 모든 의미에서 실패자였다. 조앤에게 언제까지나 집에서 돌보겠다고 약속해 놓고 그렇게 하지 못했다. 결국 그 약속을 지킬 방법을 찾지 못한 것이다. 피터와 앤은 어떤 말로도 나를 달래지 못했다. 의학적으로는 필요했지만 감정적으로나 도덕적으로는 받아들여지지 않는 결정 앞에서 내가 느낀 죄책감은 쉽게 가라앉지 않았다. 그즈음 새벽마다 꿈에서 우리가 함께한 나날 중 가장 잊을 수 없는 사건들이 생생하게 등장했는데 길고 긴 하룻밤 동안 우리 부부의 황금기와 암흑기를 동시에 겪고 있는 것만 같았다.

조앤은 맥린 병원에 일주일 동안 머물렀다. 병원에서 상태가 안정되고 새로운 정신과 약물 치료 요법에 적응했기에 찰스 강변의 뉴브리지 장기 인지 치료 병동으로 전원할 수 있었다. 우리 집에서 12마일 떨어진 매사추세츠 데덤에 위치한 요양원으로 앤과 피터와 함께 결정한 곳이었다. 먼저 시설을 보고 한눈에 반했다. 현대적인 건물 주변에는 나무가 우거진 수백 에이커의 굽이진 언덕과 너른 들판이 펼쳐져 있었고 무엇보다 경험 많고 헌신적인 원장과 직원들은 친절하고 다정하고 인간적인 태도로 환자를 돌보고 있었다. 조앤이 처음이자 마지막으로 머물 숙소는 전망이 좋은 원룸으로, 병원이라기보다 호텔 같았다. 부엌 공간이 있고 방 안에는 종일 해가 들었다. 다른 사람들의 생활 소음이 이따금 들렸지만 자기 방에서 사생활을 지킬 수 있었다.

조앤이 입소하고 일주일 후 심한 발작 증세를 보였다. 몸부림치고 발악하고 공격했는데 내가 이전에도 보지 못한 수준의 증세였다. 이렇게 어두운 그림이 바로 세 폭 그림의 첫 패널에 담긴 그림이라 할 수 있다. 이 병동의 원장은 전에도 이런 행동을 한 환자들이 있었다는 말로 나를 위로했다. 아수라장에 된 조앤의 방 안에서 차분히, 치매의 마지막 단계에 들어간 환자들이 끝이 얼마 남지 않았음을 인식하기 때문에 이렇게 행동하는 것 같다고 설명했다. 죽음으로 가는 길에 들른 마지막 정거장이고 그들은 남아 있는 모든 힘을 쥐어짜 죽음과 싸우고 있는 중이라는 것이다.

그 시점엔 실라의 친구도 고용했고 두 사람은 간호사와 함께 조앤을 24시간 돌보기로 했다. 그러나 얼마 가지 않아 조앤은 새로운 약물 치료 때문인지 지쳤기 때문인지 조용해지고 다루기 쉬워졌다. 그 후 몇 달 동안 너무나 빠른 속도로 팔다리를 사용할 수 없게 되었고 점점 더 많이 잤다. 나는 매일 찾아갔다. 당시 하버드에서 강의를 계속했던 건 제정신을 유지하기 위해서였다. 나는 조앤 옆에 앉아 손을 잡고 볼에 키스하며 속삭였다. "당신 남편 아서야. 난 당신 옆에 있어. 당신의 아서야." 가끔은 나를 알아보고 웃기도 하고 내 이름을 큰 소리로 불러주기도 했지만 대부분은 죽어가는 여정 중의 깊은 잠에 빠져 있었다. 나는 담담한 인정과 격렬한 부정 사이를 오갔다. 그렇지만 빨라도 너무 빠르지 않은가. 앤과 피터와 가족들도 나와 함께 조앤을 자주 찾았지만 나는 대체로 깊이 상심하며 세상과 차단되었다. 같은 병동에 있는, 죽음을 앞둔 환자 가족들 또한 나와 같은 심정이라고 말해주었다.

그 몇 달 간 나는 간호사와 간호조무사의 헌신적이고 다정한 보살핌에 수없이 감동받았다. 그 요양원의 간호조무사들은 대부분 아이티에서 온 이민자였다. 간호사도 있었고 사회복지사도 있었고 아이티에서 보건 담당자로 일한 이들도 있었다. 이 요양원은 그들이 장기적으로 일할 수 있는 보스턴의 유일한 일터였고 낮은 임금에도 불구하고 자신의 모든 것을 바쳤다. 끝에서 두 번째 기간이었던 6개월 동안 단 한순간도 예외 없이 조앤에게 친절했으며 조앤을 이해했고 세심하게 내했나. 그때 HIV 양성 아이를 키우며 요양원에서 일한다던 아이티 엄마를 떠올렸고 혹시 이곳에서 일하는 건 아닌지 둘러보기도 했다. 그녀는 없었다. 아이티 여성들이 조앤을 보살펴 주는 모습을 보면서 그 엄마가 아들을 돌볼 때도 이와 같을 거라 생각하기도 했다. 간호사들은 하루에 몇 번씩이나 조앤에게 와 바이탈 사인을 확인하고 약을 챙겨주었다.

이 요양원이 보스턴 히브루 재활 센터 소속이었기 때문에 유대인인 병원 원목이 정기적으로 우리 가족을 방문했다. 조앤은 그즈음 거의 대화를 나누지 못했기에 그녀는 조앤의 사정을 우리에게 들었다. 우리 자신에 대한 이야기도 들었다. 따스하고 신중하고 우리의 뜻을 전적으로 지지해 주었던 그 원목은, 이 병동은 의학적 개입 없는 존엄사를 원하는 조앤의 의사를 존중할 것이라고 말했다. 이 병동의 사회복지사, 심리학자, 정신과 의사, 호스피스 의사, 간호사, 당연히 원장도 조앤이 뉴브리지에 있는 동안 항상 조앤 옆을 지키고 우리 가족을 지지할 것이라고 말했다.

나와 피터, 앤, 그리고 우리 어머니는 조앤과 다른 환자들이 뉴브리지에서 받은 한결같은 보살핌에 여러 번 감동했다. 의식이 반밖에 없는 환자라도 휠체어를 태워 햇살이 가득한 방으로 데리고 나온다. 직원들은 환자들과 적극적으로 소통하려 한다. 치매 초기 환자나 증상이 심하지 않은 환자는 게임을 하고 영화를 보고 뮤지컬을 보고 가족들과의 행사도 연다. 심각한 상태의 환자라 해도 모임에서 제외하지 않는다. 이들이 여전히 정신이 온전한 것처럼 대하는 것이다. 환자들이 화장실에 가기 위해 리프트를 이용해야 할 때 가족을 참여시키기도 한다. 조앤이 그랬던 것처럼 모든 환자들은 치매 전문 간호사나 최고의 돌봄을 행하는 다른 팀원들에게 원할 때마다 손을 내밀 수 있다. 사람들은 진심이었다. 인간적으로 따스하면서도 매우 독립적이고 효율적이며 수준 높은 보살핌을 실천했다. 다정하고도 관심이 넘치는 분위기를 만들었다. 각각의 치매 환자들, 때로는 중증 환자들에게 일부러 열린 공간을 제공해 가족들이 편안히 오갈 수 있게 해주었다.

나는 조앤이 우리가 상상할 수 있는 최고의 보살핌을 받았다고 믿으려 노력했고 실제로 믿었다. 조앤이 아팠던 10년 동안 보스턴의 여러 병원과 전문가 인맥을 활용해 방문했던 병원이나 요양원의 우울한 분위기와 극단적으로 대조되었다. 따라서 요양원의 책임자가 돌봄에 완전히 헌신하고 몸소 실천하며 직원들에게도 요구한다면, 인간적이고도 세심한 장기 요양이 제공되지 못할 이유가 없다고 확신하게 되었다. 조앤이 들어갈 기관을 찾으면서 그 비전이 실현되는 모습을 보았고, 뉴브리지에서 직접 경험도 했다.

이 세 폭 그림의 두 번째 그림은 오직 완벽한 암흑뿐이다. 마지막 두 주 동안 조앤은 먹지도 마시지도 못했다. 가까운 가족들은 그녀가 오랫동안 밝혀왔던 요청을 존중하기로 하고 생전의 유언을 따라 연명 치료를 하지 않기로 했다. 우리에게는 신성한 맹세였다. 정맥주사 놓지 않기. 인공호흡기 사용하지 않기. 항생제 투여하지 않기. 죽음에 개입하지 않기. 각별했던 친구들이 시애틀과 파리와 뉴욕에서 왔고 앤과 피터와 사위와 며느리도 왔고, 우리 어머니와 남동생 부부와 네 명의 손주들, 가브리엘, 켄들, 알레그라, 클레이튼도 모두 모였다. 우리는 서로 오랜 추억들을 나누었다. 각각 다른 시기에 찍은 조앤의 사진들을 보았다. 7년 후인 지금, 이 글을 쓰고 있는 동안에도 모든 기억들을 소중히 간직하고 있다.

우리는 한 명씩 돌아가며 작은 얼음 조각을 조앤의 입술에 대서 건조하지 않게 해주고 얼굴과 팔과 다리와 등에 로션을 바르며 마사지해 주고 머리를 빗겨주었다. 노래를 불러주었다. 키스해 주었다. 조앤이 언제나 좋아했고 이 순간에 어울리는 연주곡들을 들었다. 조앤이 불편해할 때는 모르핀 한 방울을 더 넣어달라 요청하고 상태가 악화될 때는 호스피스 의사에게 약용량을 조금 늘려달라 했다. 마지막 고통이 빨리 끝나기를 바라면서도 죽음의 순간에 고통 받지 않기를 바랐다. 모르핀은 고통을 완화시키는 것 같았다. 마지막 순간이 다가오고 있었다. 조앤은 평화로워 보였다. 호흡이 느려졌지만 숨을 쉬는 게 그렇게 힘들어 보이진 않았다. 그 마지막 밤 몇 시간이라도 눈을 붙이기 위해 우리는 집으로 갔다. 밤에 근무하던 간호사가 약속대로 연락했을 때, 우리 모두 조앤의 침대 곁으로 서둘러 갔으나 조앤은 이미 숨을 거둔 뒤였다. 지난 며칠 동안 작별 인사를 계속했었다. 우리는 안심했다. 고통의 시간은 끝난 것이다.

　얼굴은 황달로 인해 노란 색을 띠었고 바싹 말라 갈라져 있었다. 그녀가 숨을 거두던 순간 나는 계속 조앤이 10년 넘게 번역하려 노력했지만 끝내지 못했던 《천자문》첫 문장이 떠올랐다. "하늘색과 노란색은 천국과 땅의 색이다." 마치 그녀의 얼굴이 근원으로 돌아가고 있다고 말해주는 듯했다. 조앤은 2011년 3월 6일 어둡고 촉촉한 새벽에 숨을 거뒀다. 겨울이 초봄에 얼른 자리를 내어주고 싶다는 듯 거리의 눈이 빠르게 녹아 흘러내렸다. 유골이 묻힐 곳은 우리가 1982년부터 살던 집에서 두 블록 떨어진 마운트 오번 묘지였다. 비석에는 이렇게 적었다.

　　아름다움, 지혜로움, 자애로움
　　무엇보다 사랑

　　클라인먼
　　조앤 앤드리아 1939. 9. 4. ~ 2011. 3. 6.

그녀 옆에는 내가 재로 변했을 때 누울 수 있는 자리가 넉넉하게 마련되어 있었다.

비석은 사우스다코타의 대리석으로 제작했다. 어여쁜 장밋빛 회색이었다. 조앤의 아버지 쪽 스위스계 가족이 사우스다코타에 정착해 있었기 때문이었다. 흰색 자작나무와 단풍나무가 묘지를 둘러싸고 아주 오랜 세월 비바람을 견딘 굵은 단풍나무가 몇 미터 떨어진 곳에 서 있다. 근처의 호수는 빙 둘러싼 나무들 색깔에 따라 여름에는 짙은 초록이 되고 가을이면 붉은 갈색으로 변한다. 묘지는 조용한 주택가 거리에 있어 여전히 생생한 삶의 일부처럼 느껴진다. 봄이면 주변에 꽃이 만발한다. 그런데 내게는 이곳을 찾기에 가장 좋은 계절은 겨울 같다. 앙상한 나뭇가지, 바닥을 덮은 흰 눈, 얼어붙은 호숫가와 함께 하루가 저물어가고 오후의 마지막 긴 햇살이 어둠에 자리를 내어줄 때가 가장 적당하다. 이 스산한 풍경은 아내가 겪은, 끔찍했던 마지막 10년을 상징하는 것만 같다.

우리는 중국 전통에 따라 종종 묘지에 가서 비석에 쌓인 낙엽과 죽은 가지와 흙과 마른 꽃잎들을 쓸어주곤 한다. 무언가를 쓸고 청소하는 건 우리가 조앤을 돌보고 있음을 의식하고 언제나 우리 곁에 있는 그녀의 영혼을 달래고 존중하는 신성한 행위다.

마운트 오번 묘지에 있는 채플에서 추도식을 준비했다. 그 장례식이 세 폭 제단화의 마지막 그림이라 할 수 있다. 아주 많은 친구들, 가족들, 동료들, 학생들, 이웃들이 참가했다. 전全기독교적인 예배였고, 아끼는 친구이자 학교의 동료이며 개신교 목사이기도 한 친구가 주도했다. 우리는 여전히 슬픔에 빠져 있었고 사랑하는 사람의 죽음에 따라오는 원시적인 감정에서 헤어나오지 못했다. 그때 우리 친구들이 나서서 우리가 조앤이라는 사람을 애도하기 위해서는 어떤 의식을 치러야 할지 생각해 주었다. 조앤의 삶이 어떤 의미를 가졌고 조앤은 자신을 어떻게 기억해 주길 바랄까 생각해 보았다. 우리는 함께 꽃과 음악을 고르고 예배의 형식과 속도를 결정하고 누가 추도사를 읽을지 정하고 시신이 묻히는 방식도 정했다. 조앤이 자신의 삶과 우리의 삶을 만들어주었던 것과 같은 정성으로 추도식을 진행했다. 예배는 조앤이 가족에게 해주었던 그 생기 넘치는 보살핌들과 그녀가 받았던 보살핌과 같았다. 추도사 낭독자들은 조앤과의 개인적인 추억을 이야기했는데 마치 작은 천 조각들을 모두 모아 꿰매서 추억이라는 커다란 퀼트가 완성된 듯했다. 중국 장례식처럼 조앤의 커다란 사진이 담긴 액자에 까만 리본을 달고 세워두었다. 우리는 말하기 전 모두 고개를 숙여 인사했다.

장례식이 마무리되고 유해가 담긴 항아리를 부드러운 햇살이 비치던 묘지로 가지고 나갔다. 장례식이 진행되면서 주변은 점점 더 밝아졌다. 역시 중국 장례식처럼 조앤이 조상 곁으로 가게 된다는 사실을 강조했다. 조앤이 우리의 염원을 받아 우리 가족에게 건강과 안정과 행운을 안겨주기를 기도했다. 우리가 간직하고 싶었던 명백한 메시지는 조앤이 우리 삶에 여전히 존재감을 갖고 우리 또한 조앤이 살아 있을 때를 영원히 기억하는 것이었다. 물론 그 기억과 존재감은 변화할지 모르지만 여전히 이곳에 있다. 빛의 원천이 되어 어두움을 몰아낸다. 우리 정신의 "채색된 창문과 이야기가 스민 벽"** 안에 정성을 다해 기억 속 추억들과 조앤의 이미지들과 친밀한 감정들을 넣

어두어 조앤이 도덕적 본보기로 우리에게 계속 영향을 미쳐주기를 바랐다. 조앤은 삶을 어떻게 살아야 하는가, 어떻게 가정을 꾸려야 하는가에 대해 모든 방식으로 모범이 된 사람이었다. 추억을 나누고 다 함께 그 추억을 간직하면서 꾸준히 조앤 클라인먼을 돌보고 아끼기로 했다. 그리고 조앤 또한 우리를 온 마음을 다해, 정성껏 아껴주리라 확신했다.

유골은 다른 크기의 네 상자에 나누어 담았다. 반 정도는 묘지에 넣었고 나머지는 가족들이 나누었다. 일부는 메인 해변에 있는 별장 근처의 숲 속의 바위, 조앤이 부모님을 기억하며 "조상님들의 바위"라고 부르던 곳에 뿌렸다. 일부는 중국에 가져가서 우리가 같이 협동연구를 했던 창사의 아름다운 장소에 몰래 뿌렸다. 나머지는 우리집 서재에 보관했다. 그녀의 일부가 여전히 나와 함께 있다는 사실을 생각하면 기분이 나아지곤 한다. 피터는 펜실베이니아주 중부의 숲과 들판 사이, 언덕과 구릉을 바라보고 있는 농장의 비석 아래 묻었다. 중국의 **풍수** 전문가라면 명당이라고 했을 자리다. 앤은 가져간 유골을 서재의 벽난로 위에 두었다. (우리 딸에게 책과 난로는 엄마를 떠올리게 했다.) 딸은 뉴욕의 센트럴 파크에 보리수나무를, 이 공원의 도서관 거리에는 기념 명판을 기부했다. 딸네 부부는 우리 가족과 가장 친했던 프랑스 친구가 소유한 프로방스의 오래된 농가 근처에 꽃이 피는 월계수나무를 심기도 했다. 우리는 프랑스 파리에 가서 뤽

●● Robert Louis Stevenson, "The Lantern-Bearers", *Across the Plains*, *with Other Memories and Essays*. New York: C. Scribner's Sons, 1903.

상부르 공원의 오래된 밤나무의 이름 카드 뒤에 조앤의 사진이 있는 하버드 ID 카드를 두었다. 가족을 보호하는 수사슴 조각상과 맹렬하고 당당한 사자 조각상이 있는 공원 뒤쪽의 한적한 공간으로 조앤이 우리 아이들과 손주들을 데려가 피크닉을 하던 곳이었다. '보호하는'과 '맹렬한'은 바로 우리 가족을 향한 조앤의 사랑을 묘사하는 형용사라 할 수 있었다. (놀랍진 않지만 몇 년 후 그 ID 카드는 없어졌다.)

매년 조앤의 기일이나 공휴일에는 우리 가족 모두가 묘지에 찾아가려 노력한다. 때론 개인적으로 가기도 하고 두세 명이 시간을 맞춰 가기도 한다. 비석을 쓸어낸 다음 지난해에 무슨 일이 있었는지 들려준다. 가끔은 손주들이 바이올린이나 기타를 연주하고 노래를 부르기도 한다. 그리고 우리는 모두 조용히 운다. 조앤의 죽음이 불러온 슬픔과 삶의 덧없음을 상기할 수밖에 없기 때문이다. 하지만 여느 가족 모임처럼 우리는 웃으면서 헤어진다. 재미난 추억을 나누고 함께 있다는 사실이 주는 행복감 덕분에 소리 내어 웃기도 한다. 인생은 계속된다. 시간을 헤쳐가는 인간들의 작은 모임이 변하기도 하고 지속된다는 사실을 기념하는 나쁘지 않은 방법이다. 살아가며 계속 행동하고, 관계의 중심이 되고, 생활의 기술을 활용해 우리 경험에서 질서, 미학, 선을 찾아내면서 우리는 더 인간다운 인간이 된다. 다시 말해 우리는 우리 개개인을, 서로를, 우리의 작은 세상을 돌보고 아낀다. 조앤이 보았다면 우리를 자랑스러워했을 것이다.

이 사회 곳곳의 너무나 많은 사람들이 자기도 모르게 돌보는 사람이라는 역할로 들어간다. 한 사람이 다른 한 사람을 돌보는 형태가 가장 많지만 돌봄을 주고받지 않고 진공 상태로 존재하는 이는 거의 없다. 돌봄 — 옆에서 존재함, 마음 열기, 경청, 실천, 인내, 사람과 추억을 소중히 하기 — 은 가족과 친구, 동료와 지역사회에 잔물결처럼 퍼진다. 인간의 본질을 알려주는 이 돌봄이라는 달콤 쌉싸름한 이야기들이 세대를 거쳐 이어진다. 돌봄은 사회를 하나로 잇는 보이지 않는 접착제다. 분열과 파괴의 힘에 맞서는 일 또한 우리가 인간으로 존재하는 핵심이며, 이럴 때 돌봄은 이 세상에 선을 행한다. 이 세상은 결국 피할 수 없는 투쟁과 고통과 좌절된 열망에 관한 것이며 이 안에서 선을 행하는 것이야말로 우리를 앞으로 나가게 하는 집단적인 노력을 조금이라도 쉽게 한다. 인생은 위험하고 불확실하여 아무리 중심이 잡혀 있는 사람도 세차게 흔들 수 있다. 우리 모두에게 돌봄이 필요한 이유다. 다른 사람에게서 돌봄을 받아야 하고 우리 스스로도 돌보아야 한다. 그래야 세상을 겨우겨우 헤쳐나갈 수 있다.

이런 방식으로 본다면 돌봄은 우리를 사회적 존재가 되게 하고, 우리의 십단석 손재감을 유지시켜주고 강하게 한다. 그런데 우리가 어떻게 이 돌봄의 중요성을 일상적으로 간과할 수 있는가? 돌봄을 지키기 위해 우리는 무엇을 할 수 있을까? 정치적 힘, 경제적 힘, 관료주의의 기습, 기술의 침범이 병원과 지역사회에서 돌봄을 몰아내고 있는 상황을 어떻게 막을 수 있을까?

우리가 할 수 있는 최선은, 돌봄이 인간의 우주에 영원히 자연스러운 요소로 존재한다는 우리의 순진한 가정이 피상적이고 근거도 약함을 인정하는 것에서부터 시작될지도 모른다. 돌봄을 둘러싼 잘못된 논의는 오히려 돌봄을 위축시키거나 약화시킬 수 있다.

예를 들어 미국에선 의료보험을 주제로 한 국가적 토론이 수시로 열리지만 어느 누구도 돌봄의 가치나 성질에 대해서 언급하지 않는다. 언제나 이야기하는 건 재정, 정치, 의료보험 시스템, 그리고 이들이 보험과 진료에 미치는 영향 등이고 정작 어떤 돌봄을 제공해야 하는지에 대해 심도 깊게 토론하려는 이는 없다. 돌봄에서 가장 중요한 인간적인 경험을 기준으로 돌봄의 질과 돌봄의 결과를 이해하려는 시도는 적다. 우리는 비용 절감을 이야기하고, 서비스 축소와 혜택 한도에 대해서만 이야기하고 접근 가능성에 대해서는 이야기하지 않는다. 구체적으로 **무엇**에 접근 가능해야 한단 말인가? 우리는 돌봄과 돌봄의 수준을 평가할 수 있는 유의미한 기준을 확립하지 못했다. 대체로 여성들이 막대하게 기여하고 있는 이 돌봄의 세계를 알아보지도, 인정하지도 않고 대체할 방법을 찾으려고도 하지 않는다. 점점 더 많은 여성들이 직업을 갖고 남성들이 빈자리를 채우는 데 실패하면서 가정 돌봄은 점차 사라지게 되었다. 소수자, 이민자, 종교 단체, 자선단체, 공익사업의 기여는 제대로 인정받지 못하고 국가의 지원을 받지도 못한다. 가정 요양 보호사의 숫자는 점점 줄어들고 있는데 보수가 너무 형편없기 때문이다. 이 사회는 정작 사회가 제대로 기능하기 위해 필요한 단체와 개인 들에게 관심을 보이지 않는다. (우리가 조앤의 죽음을 슬퍼하고 있을 때 조앤의 몸을 씻겨주었던 영안실의 직원들 또한 돌봄의 전문가들이라 할 수 있다.) 어떤 이들이 지적했듯이 문제는 돌봄의 경험을 측정하는 데 실패했다기보다는 돌봄이 양적으로 측정될 수 **없다**는 점일지도 모른다. 돌봄은 근본적인 인간적 소통이고, 의료의 영혼이라 할 수 있기 때문이다.

돌봄은 피할 수 없는 상호성이라는 인간의 조건에 빛을 비추려 하면서 ― 오래된 이디시 속담처럼 "인생이란 사람들과 함께하는 것"이다 ― 이 시대에 가장 각광받고 영향력 있는 급진적인 자유의지론자 모델의 반대에 서게 된다. 개개인의 권리와 욕구를 숭배하고 사회의 더 큰 선에 대한 관심은 줄이는 각자도생의 정신은 근본적으로 잘못되었고, 이 사회가 실제로 돌아가는 모습과 사람들이 살아가는 모습을 반영하지 못한다. 이런 태도는 빈곤하고 위험할 정도로 왜곡된 가치를 형성할 수 있다. 그와 반대로 돌봄을 중시하는 관점은 우리가 정부를 생각하는 방식, 경제적 관계와 안정성을 생각하는 방식을 바꾼다. 이 렌즈로 보면 정부는 그저 권력 실행 기관이나 사회 통제 기관이 아니라 사회적 돌봄의 실행이고 돌보는caring 개인과 사회를 키우는 기관이다. 함께하기, 집중하기, 이타적인 집중, 상호적인 지지가 한 국가를 경영할 때 중요한 도구로 떠오른다.

돌봄의 환경 안에서 경제적 우선순위는 이익, 생산성, 성장을 최대화하는 것 이상이 되어야만 한다. 돌보는 사람을 시시하고 관계를 지원하고 기관을 지원하는 데도 경제적 가치가 있다고 믿어야 한다. 이러한 관점에서 설립된 기관들은 효율성을 중시하는 만큼 돌봄에 높은 가치를 두며 인간의 관심사에는 무심한 수치를 맹신하지 않게 된다. 정부 관료들은 복지를 윤리적 우선으로 하는 힘이 될 수도 있다. 교도소 또한 대안적인 관점에서 다시 생각해 볼 수 있다. 현재 미국은 교도소에 수많은 사람들을 수감하고 감시와 보안에 어마어마한 비용을 지출한다. 자기를 보호하고 범죄를 방지하려는 목적이라며 총기 사용권에 집착한다. 그러나 사회적 돌봄이 우선시 된다면 사회 보호라는 목적도 실현되지 않을까. 오늘날의 안보란 무엇인가? 교도소와 정부가 대중을 감시하고 우리 편과 반대편을 나누게 하며 각자 생존할 수밖에 없다는 정신 상태를 만드는 것이다. 반면 가장 중요한 안보가 가족, 사회, 직업 안에서의 돌봄이 된다면 현 시대가 말하는 안보는 더 이상 안전하고 옳은 길이 아니라 문제 자체로 보일 것이다. 우리를 하나로 묶어주는 사회적 유대에 대한 무거운 위협 말이다. 이 비전이 너무 이상적으로 들리는가? 실행되기에는 너무 급진적일까? 그럴지도 모른다. 하지만 그렇다 해도 왜 그 목표로 가기 위해 단 한 발도 내딛으면 안 되는 걸까? 우리 중 정치적으로는 가장 보수적인 사람들, 자립과 이웃의 협력을 중시하고 이상적인 작은 마을의 가치를 환기하기 좋아하는 사람일지라도 정부 차원에서의 제도적 돌봄이 얼마나 실질적으로 논리적이고 정치적으로도 현명한 결정인지 인식해야 한다. 사회적 돌봄은 사회를 성장시키는 핵심 활동이기 때문이다.

이 사회는 모든 곳에 돌봄이 필요하다는 사실에 눈감으려 한다. 무의식적인 무지일지도 모르지만 의도적인 자기기만에서 비롯된 것이 아닐까 싶어 두렵기도 하다. 돌봄은 인간의 상호 작용, 학교, 지역 사회, 종교 기관, 청소년 프로그램, 자원봉사 단체 등 셀 수 없이 많은 장소에서 깊이 영향을 미치고 있다. 환자와 장애인에게 자신의 삶을 바치는 가족과 친구는 말할 것도 없다. 어쩌면 이 사회에서 개인주의와 자율성을 이상화하기 위하여 돌봄의 윤리에 무심한 편이 더 낫다고 생각하는 건 아닐까? 돌봄의 가치를 인정하면 너무나 많은, 정치적으로 유용한 허상들이 파괴될 수 있지 않은가. 자수성가한 인간, 자립적인 개척자, 혁명적인 혁신가, 영웅, 정부에 제한받지 않는 자유인 같은 사람들 모두가 인간의 독립성이라는 맥락 안에서만 존재한다. 사회는 맹목적인 자신감을 주입하고 영웅적이고 독립적인 행동을 장려하기 위하여 돌봄의 실천을 무시한다.

그렇게 돌봄의 가치를 부정하면서 우리는 조앤이 내면화했던 지혜에서 멀어지고 만다. 돌봄은 이 세상에 좋은 일을 하는 것이며 다른 이와 나에게도 선을 행하는 것이다. 인간의 조건을 지탱하는 실존적인 명령이다. 하늘에서 뚝 떨어진 새로운 개념도 아니다. 이상적이거나 감상적인 생각도 아니다. 그 무엇보다 냉철하고 진지한 인간의 이해를 바탕으로 한다. 이 책이 설명하는 돌봄의 견지에서 본다면, 돌봄은 환경과 사회에도 필요하고 우리 각자의 몸과 영혼에도 중요하다.

돌봄을 통해 선을 행한다는 이 윤리적 의무를 적극적으로 따를 때 세상은 어떻게 달라질 것인가? 가정에서부터 시작해도 모든 것이 바뀐다. 이 비전을 어떻게 미학적, 감정적, 도덕적 교육에 접목시키고 보다 실질적으로 정치와 정책에 반영할 수 있을까? 사회와 국가가 돌봄을 확대하고 지역사회의 웰빙을 높일 인간적인 행위를 최대화하는 것을 목표로 설정한다면 어떻게 될까? 경제 분야에서는 무슨 일이 일어날까? 만약 돌봄이 수익이 나는 사업이 된다면 사업체와 주주, 지역사회의 관점과 방식은 어떻게 변할까? 외교 문제는 어떻게 협상할 수 있을까? 미국의 사법 체계는 어떻게 변할까? 인권, 세계보건, 환경보호, 소득 안정과 식생활권 보장 같은 문제는 어떻게 될까? 현재 미국 정치의 반反돌봄 정서 안에서는 이 비전이 순진하고 비현실적인 이상으로 취급받으리라는 사실을 알고 있다. 하지만 왜 다른 미래를 상상해 보면 안 될까? 우리의 도덕적 가치에 작은 변화라도 이끌 수 있는 문을 열지 않을까? 다시 말해서 우리가 돌봄을 이 사회의 근본으로 받아들인다면, 타인에게 선을 행하는 돌봄의 행위를 삶의 지혜로 보기만 한다면, 이 사회를 재건하기 위한 정책과 프로그램을 만들고 하루하루의 태도와 행동을 변화시킬 수 있지 않을까? 내가 알고 있는 한 사회의 단계에서 이와 같은 역사적 혹은 인류학적 선례가 이루어진 적은 없다. 따라서 그런 변화는 급진적이고 가능성도 낮다. 그렇다 해도 넓은 의미에서 우리가 돌봄을 탐구할 때는 이 목표가 논리적인 결론이 되지 않는가? 그렇다면 우리는 돌봄을 중시하는 도덕적인 변화를 통해 이 이상을 현실로 만들 방법을 탐험할 수도 있지 않을까? 지금 당장은 아니라고 해도 다른 시대에 안정과 웰빙, 평화가 위협받을 때 이 가치를 실현하기 위해 노력할 수도 있지 않을까?

미국 국무부 정책기획 국장이었던 앤 마리 슬로터Anne-Marie Slaughter는 아동 복지에 관한 글을 통해 현재 미국에서 돌봄을 지원하려면 무엇이 필요하고 돌봄을 지지해야 하는 이유는 무엇인지 설득력 있게 설명한다.

우리가 경쟁을 지지하는 것처럼 돌봄을 지지하기 위해서는 다음과 같은 요소들이 필요하다. 합리적인 가격에 양질의 보육과 노인 복지, 여성과 남성의 유급 육아 휴직과 유급 병가, 시간제 근무와 탄력 근무, 초중등 교육에 대한 투자와 동일한 수준의 유아 교육 투자, 임신 노동자의 노동권, 전문 요양 보호사의 전문성 훈련과 높은 임금, 노인들의 가정생활을 지원하는 지역사회 프로그램, 디지털 시대의 요구에 맞는 초중등 학사 일정 현실화.[**]

　이 중 몇 가지 제안은 미국에서 실제로 양당의 찬성표를 얻었다. 그녀는 이 목록에 돌봄은 인간의 기본권이라는 문구를 추가했고 이것을 미국 여성운동이 추구해야 할 방향으로 보았다. 그녀가 제안한 이 모든 정책에 동의하지만 특히 돌봄의 권리를 인간의 기본권으로 주장한 점이 매력적이다. 이는 전문적인 돌봄과 진료를 받을 권리뿐만 아니라 가정에서 아프거나 쇠약한 노인을 돌볼 권리도 아우른다. 이제껏 대가 없이 이 사회에 선행을 베푼 여성이 (혹은 남성) 합당한 대가를 받을 수 있는 권리도 포함된다. 이 목록은 《케어》의 정책적 목표로 사용할 것이며 여기에 몇 가지만 포함하고 싶다. 의료보험 개혁, 메디케어와 메디케이드를 비롯한 여러 정책을 도입하고 활용하여 모든 미국인에 일반 장기 의료보험을 제공한다. 가정 요양 보호사를 전문 직업인으로 훈련하고 사회적 지위를 높인다. 모든 돌봄 전문가들은 국가적 지원과 인센티브를 받는다.

[**] Anne-Marie Slaughter, "Citizens Who Care", *Unfinished Business: Women Men Work Family*, New York: Random House(2015): 231-247.

오스트레일리아 시드니의 친구 집에서 머물면서 이 책을 어떻게 시작해야 하나 고민하고 있을 때 현관문 바깥에서 사람들 목소리가 들렸다. 거리를 내다보니 전기 휠체어에 앉은 젊은이가 느리고 불편하게 움직이고 있었다. 뜨겁게 내리쬐는 태양 아래 그의 비틀린 얼굴에서 땀방울이 쏟아졌다. 그의 뒤에는 커다란 SUV가 서 있었고 차문이 열려 있었다. 휠체어 양쪽에는 나이 든 남녀가 있었다. 할머니는 젊은이가 물을 마실 수 있는 빨대 달린 컵을 들고 있었고 할아버지는 가지런히 접은 수건으로 얼굴을 닦아주고 있었다. 할아버지가 젊은이에게 크고 명랑한 목소리로 말을 붙이자 그는 찌푸린 얼굴 사이로 살짝 미소를 보였다. 그때 할머니는 결심한 듯 휠체어를 밀어 자동차 뒷문으로 넣었다. 그리고 두 사람은 힘을 합쳐서 자신의 아들을 (어쩌면 손자를) 차에 태우고 안전벨트를 채웠다. 나는 이 하나의 행동이 그 노부부에게도, 젊은이에게도 절대 쉽지 않다는 걸 안다. 몇 분 후 자동차는 주차장을 빠져나가 시야에서 사라졌다.

　　내 인생에서 이런 장면의 의미를 알아채지 못하고 무심히 보고 지나치던 때가 있었다. 그러나 내가 이 책을 어떻게 시작해야 하나 고심하던 그때, 이 모습은 이전과는 완전히 다르게 보였다. 나는 그저 차를 타고 내리는 그 단순한 일상적 행위를 위해 그 가족이 얼마나 진땀을 흘려야 하는지 알고, 그 가족이 현재 어떤 돌봄의 삶을 살고 있는지 상상할 수 있다. 나는 그 밝고 명랑한 목소리 톤을 알았고, 너무나 지치는 육체적인 일, 즉 배우자를 욕조 안으로 데려가고 장애인 손자를 차에 태우면서도 왜 그 밝은 목소리 톤을 유지해야 하는지 안다. 단순하기 그지없는 일들이 시간을 얼마나 많이 잡아먹는지도 안다. 그 일을 무사히 완수했을 때 얼마나 큰 승리처럼 느껴지는 지도 안다. 그 외출이 실패했을 때 사랑하는 사람의 실망한 얼굴을 보는 것이 얼마나 괴로운지도 안다. 그 짧은 순간에 얼마나 위험천만 한 일이 일어날 수 있는지를 안다. 그리고 나는 이 노년의 부부가 나 처럼, 성경에서 말하는 신성한 경험을 하고 있다는 것을 알았다. 내 가 여기 있노라. 나는 준비되었노라.

결국 돌봄의 영혼이란 영혼의 돌봄을 중심으로 돌아간다. 적극 적이고 직접적인 돌봄의 행위는 — 원한다면 관계에서의 보살핌이 라 말할 수 있는 것 — 관계를 작동시키면서 자아를 다시 만들어간 다. 돌보는 사람과 돌봄을 받는 사람은 서로 가장 가까이에 존재하면 서 감정과 의미 사이의 단단한 끈을 형성한다. 이 끈이 돌보는 사람 의 에너지를 끌어내면서 행위의 목적과 열정을 다시 살린다. 협조적 이고 자기 성찰적인 행동에 대해 긍정적인 감정을 갖고 도덕적으로 헌신하면 돌봄이라는 무거운 짐이 어느 정도는 상쇄된다. 또한 관계 의 질은 좋아지고 자아의 역량은 강화된다. 때로는 관계가 나빠지고 자아도 약해지기도 한다. 언제나 한 방향으로만 진행되진 않고 상승 과 하강이 동시에 일어나며 시간, 건강 상태, 개인적 환경에 따라 관 계는 강화되기도 약화되기도 한다.

사람은 나쁜 시절과 좋은 시절을 모두 견뎌내며 성장한다. 변화 를 깨닫지 못하고 있을 때라도 가장 내밀한 자아의 깊은 곳에서 자 아의 도덕적·감정적 형태가 진화한다. 그 도덕적·감정적 자아를 우리 는 영혼이라고 부르지 않는가. 기술적인 용어, 심리적 용어, 정신의학 적 용어를 다 동원한다 해도 이것은 결국 영혼이라 불릴 것이다. 영혼이란 내가 나 자신과 타인에게 갖는 실존적 의미다. 우리가 대표하는 것, 우리가 하는 일이다. 돌봄은 영혼이 하는 일과 관련되고, 돌보는 사람과 돌봄을 받는 사람 모두의 영혼이 개입된다. 나는 돌봄이 자아와 관계를 가꾸는 것이라 말하고 싶다. 여기서 가꿈은 노동에 해당한다. 그리고 그 노동은 다른 사람에게 집중되고, 그 노동이 우리가 사람과 관계 맺는 방식과 나를 조정해 나가는 방식에 힘을 보탠다. 그 노동이 잘될 경우 우리를 성숙시키고 연마하며, 잘되지 않을 경우 우리를 고갈시키고 부담을 지운다. 마치 음과 양처럼 증가와 약화는 서로 반하면서도 상호 보완적이며 인간이 돌봄을 경험할 때 이 두 가지가 동시에 작동한다.

나의 경우 적어도 부분적으로는 과거의 나는 사라지고 조앤이 나를 위해 마련한 사람으로 바뀌었다고 생각한다. 나는 조앤이 되지 않았고 될 수도 없었지만 그녀를 돌보는 일은 곧 나의 일부가 되어서 그 어렵고 끝나지 않는 돌봄이라는 일을 할 수가 있었다. 괴롭고도 보람 있는 그 일에서 나는 내 영혼을 찾았다. 내가 발견했거나 다시 만든 영혼이 망가지고 상처를 입었다는 사실은 나에겐 돌봄이 불완전한 프로젝트라는 증거로 보인다. 우리는 모든 사람이 추구하는 단한 가지 모습의 승리를 열망하지만 적어도 연약하기 이를 데 없는 인간의 조건에서는 헤어 나올 수 있다. 인간의 조건이란 희망과 성취뿐만 아니라 실패와 무능을 헤쳐가는 일이다. 인간이 인간의 삶을 산다는 것은 다면적이고 거추장스러운 현실을 헤쳐가는 과정이다.

내 안의 인류학자는 돌봄이 지난 수천 년 동안 온갖 위험과 기회로 가득한 냉혹하고 비인간적인 자연 세계에서 인간이 적응해 올 수 있었던 결정적인 수단이라고 주장한다. 돌봄은 사회적 고통과 역사적 변화라는 실제 위협에 대응하며 이 사회를 유지하고 발전시켜 온 방법이기도 하다. 이런 관점에서 본다면 돌봄과 돌봄의 행위는 사랑과 구원을 탄생시켰고, 또한 돌봄의 실패는 후회와 무능감을 낳았다.

사회과학적 맥락에서 돌봄을 인간 진화의 긴 여정으로 해석하는 것도 일견 합리적이지만 나의 경험 안에서 돌봄이란 어떤 현실과 어떤 시간에 사는 우리의 삶을 특징짓는 도덕적·감정적 관계다. 민족지학은 다른 관점을 제공한다. 돌봄은 그저 다른 사람을 도우면서 인생을 헤쳐나가기에 필요한 도구가 아니다. 이것은 목적과 열정이 있는 삶을 살기 위해 필수 불가결한 조건이다. 돌봄은 살아갈 가치가 있는 삶을 만든다. 아름다움과 신성함의 원천이다. 선의 구현이며 인생을 깨달음과 연결시켜 주는 상징적이자 실질적인 다리다. 모든 것이 모호하고 모순되어 보이는 이 세상에서 돌봄은 진실 된 약속과 확고한 행동을 요구하는 흔치 않고 소중한 일이다. 우리가 돌봄 쪽으로 몸을 기울인다면, 역사도 돌봄 쪽으로 구부러지지 않을까? 당신과 나부터 그 일을 시작해 보면 어떠한가?

6

나의 어린 시절에 미래의 내가 누군가를 돌보는 삶을 살게 될 거라 예고하는 장면은 없었다.

나는 생물학적 아버지인 네이선 스피어를 단 한 번도 만나지 못했다. 지금 아버지 이름을 쓰면서도 그의 얼굴은커녕 그림자도 떠올리지 못한다. 나의 어머니 마샤는 한 살인 나를 데리고 불행한 결혼 생활에서 탈출했다. 나는 20대가 될 때까지도 아버지의 이름을 알지 못했고 그때도 그건 우리 가족들 사이에서 방사능 같은 주제라 나 또한 아버지를 찾으려는 노력을 하지 않았다. 내 출생의 비밀은 젊은 시절 내내 먹구름처럼 드리워 있었다. 어머니는 60대가 되어서도 나의 생물학적 아버지와 친가에 대해 언급조차 하지 않으려 했고 아버지를 절대 만나선 안 된다고 신신당부했다. 나중에 알게 된 바로, 친가는 킹 오브 벤슨허스트라는 이름의 부동산 개발 회사를 운영했고, 판사의 자살로 이어진 뇌물 의혹에 연루됐었다. 지금까지도 나에게 허락된 정보는 이뿐이다.

나는 다양한 경제적·문화적 배경의 사람들이 모여 사는 브루클린의 부유한 유대인 가정에서 자랐다. 내 첫 기억 속의 우리 가족은 어머니, 외조부모님, 나로 구성되어 있다. 어머니는 빨간 머리로 염색한 쾌활한 여성으로 도시의 밤 나들이를 무척 사랑했고, 평일엔 병원 자원봉사와 유대인 지원 단체 활동을 하면서 생활의 균형을 맞추었다. 어머니는 나와 남동생을 보살필 유모와 가정부를 고용할 여유가 있었다. 내가 일주일에 한 번 가는 히브리 학교를 몇 주 동안 빠졌다는 걸 알게 되자 어머니는 유대인 성인식인 바 미츠바bar mitzvah를 위해서라도 히브리어는 배워야 한다고 강조했다. 어머니 지인들 사이에서는 반드시 열어야 체면이 서는 중요한 파티를 놓치고 싶지 않아서였다. 어린 시절 내내 어머니는 내가 의사나 교수, 그에 버금가는 고학력 전문직을 가져야 한다고 귀에 못이 박히게 말했는데 그래야 우리 가족의 부에 상류층의 품위와 평판을 더해줄 것이라 믿었기 때문이었다.

어머니는 예민하고 변덕스러운 사람이었다. 어머니의 사랑을 단 한 번도 의심한 적은 없지만 언제 감정이 폭발할지 예측할 수 없었다. 새아버지 사이에 남동생이 생긴 다음부터 나는 어머니가 나에게 쏟는 관심이 동생에게 쏟는 염려와 같은 크기라고 확신하지 못했다. 어머니와 나머지 가족들은 나를 혼자 알아서 하는 아이, 자기 앞가림을 하는 아이로 여기고 있다고 느꼈다. 새아버지는 어머니 못지않은 파티광이었다. 친하게 어울리는 사람들 중에는 다채로운 배경을 가진 개성 있는 사람들이 많았고 때로는 과거가 미심쩍은 사람들도 있었다.

어머니는 네 딸 중 할아버지가 가장 애지중지하는 딸이었다. 그랬으니 우리가 외가댁에서 편하게 얹혀살 수 있었을 것이다. 외할아버지는 자부심 강한 러시아계 세속 유대인으로, 비누 회사를 차렸고 막대한 돈을 벌어 부동산을 사들였다. 할아버지 사업은 1930년대와 40년대 초반까지 번창하다가 전후에 가파르게 내리막길을 걸었다.

할아버지는 그 시대에는 굉장히 전형적인 성품의 소유자였으나 요즘 기준으로 본다면 다른 별에서 온 사람처럼 보일 것이다. 그는 형식을 중시하고 가족들과 거리를 두는 권위적인 가장이었다. 말보다는 행동으로 애정 표현을 하는 분으로 이웃들이 나의 비행을 고발하면 조용히 나를 감싸고 옹호해 주었다. 어느 토요일 오전, 우리 옆집으로 이사 온 하시디즘(신비주의 종파)의 가장 유명한 지도자인 루바비치파 랍비 메나헴 멘델 슈니어슨이 내가 드리블하던 농구공을 빼앗더니 사바스(유대인의 안식일, 토요일)에는 공놀이를 하지 말라고 말했다. 할아버지는 그 랍비에게서 내 공을 빼앗아 왔고 앞으로 **토요일마다** 집 앞에서 공을 갖고 놀라고 명령하듯이 말했다. 할아버지는 가족의 중심이며 속정 깊은 가장이었고 우리 가정의 경제적·사회적 안정을 위해 하는 일을 자신의 성스러운 의무로 여겼다. 나는 할아버지를 존경했고 그분의 든든한 날개 밑에서 안전하다고 느꼈으나 감정적으로는 가깝다고 느낀 적이 한 번도 없었다.

사치스럽고 화려한 생활을 추구하는 어머니와 달리 외할머니는 전형적인 구시대 전업주부였다. 교육을 받지 못했고 미신을 굳게 믿었고 점점 더 불안증이 커져 집에서 한 발짝도 나가려 하지 않았다.

가끔 내 귀에 대고 친아버지 집안이 우리 집보다 더 부유하다고 속삭이기도 했다. 그 애매한 정보 때문에 나는 더 혼란스럽고 답답하기만 했다. 할머니는 내가 아무리 꼬치꼬치 캐물어도 그 이상은 절대 말해주지 않았기 때문이다.

이 구세대가 보기에 나는 권위는 무조건 거부하고 보는 고집불통 꼬마였다. 가족들 사이에 전해 내려오는 이야기에 따르면, 나의 성질머리는 타고난 것으로 내가 산도에서 나왔을 때 탯줄이 내 목을 감고 있었고 갓난아기인 내가 얼굴이 파랗게 질린 채로 숨을 쉬려고 안간힘을 쓰고 있었다고 한다. 그들의 눈에 나는 태생적으로 싸움꾼이자 투사였고 나 또한 어른들의 생각을 바꾸기 위해 크게 노력하지 않았다.

1943년 내가 두 살 때 생물학적 아버지가 양육권을 찾기 위해 법적인 조치를 취하려고 하자 어머니는 나를 데리고 마이애미로 피신했다. (당시 플로리다는 뉴욕주의 결혼법을 인정하지 않았다.) 우리는 잠시 육군과 해군 장교 숙소 맞은편에 살았고 그중 몇 명이 어머니에게 관심을 보였다. 나는 그들 한 명 한 명 붙잡고 불쌍한 얼굴로 가냘픈 희망을 품고 물었다. "아저씨가 제 아버지세요?" 아마 이런 상실감과 그리움이 출생 트라우마보다 나의 공격성과 황소고집에 더 많은 영향을 미쳤으리라 생각한다. 내 행실은 점점 더 거칠고 산만해져서 견디다 못한 유치원 선생님이 어머니에게 나를 쫓아내야 한다고 말하기도 했다. "애가 자기 뜻대로만 해요." 선생님은 하소연했다.

어머니는 플로리다에서 나의 새아버지가 될 남성을 만났다. 피터 클라인먼은 프로 농구 선수로 활약했고 전성기에는 잠시 유명세도 탔다. 그는 잘생겼고 친절했으며 매력적이었고 많은 이들에게 선망의 대상이었다. 나 또한 어렸을 때는 그분을 선망했다. 하지만 머리가 크면서 새아버지는 우리 할아버지가 말한 대로 사업가로서의 능력도, 법 공부에도 소질이 없는 무능력자라는 사실을 충분한 근거를 갖고 파악했다. 새 남편을 지극히 사랑한 어머니도 서서히 그 사실을 인정했다고 생각한다. 어쨌든 새아버지는 나의 유일한 아빠였고 나에게 관심과 사랑을 충분히 주려고 노력했으나 내 남동생이자 친아들을 훨씬 더 사랑한다는 사실 또한 이해했고 담담히 받아들였다. 피터 클라인먼은 내가 열두 살 때 나를 입양했고 내 이름은 아서 스피어에서 아서 클라인먼으로 바뀌었다. 인생이 새로 시작되는 기분이었다.

1958년 외할아버지가 돌아가시고 새아버지가 사업을 물려받은 지 10년 만에 우리 부모님은 유산을 모두 탕진했다. 나는 우리 집의 점점 기울어지는 가세보다 부모님의 무책임에 분노했고 난처했고 수치스럽기까지 했다. 그들은 가족보나, 그러니까 나와 내 남동생보다 본인들이 우선이었던 것이다. 이는 할아버지가 세워둔 가풍에 완전히 반대되는 행동이었다.

나에 대한 유치원 선생님의 평이 완전히 틀리진 않았다. 그 나이쯤 기억하는 사건이 있는데 어머니와 싸운 후 가출을 하겠다고 선언한 것이다. 엄마가 그럴 테면 그러라고 문을 열었고 나는 문을 쾅 닫은 다음 밖으로 나왔다. 나중에 어머니가 나와 보니 내가 계단에 얌전히 앉아 있었다고 한다. 혼자 길을 건너면 안 되니까 못 갔다고! 그렇게 어린 나이였지만 내 성격의 단면이 극명하게 드러난 사건이 아닐 수 없다. 나는 충동적이기도 했지만 스스로 브레이크를 걸 줄 알았다. 나는 반항적일 수 있었지만 따라야 할 규칙과 명령이 있다는 것도 알았다. 나 자신을 다치게 할 무언가를 택할 정도로 무모하진 않았다. 기본적인 윤리 개념이 있었기에 어린 시절에 여러 차례 문제에서 빠져나올 수 있었다. 아니 적어도 감당할 수 있는 수준의 문제만 일으켰다.

브루클린으로 돌아와 우리 집에서 네 블록 떨어진 곳에 있는 공립학교에 다녔다. 우리 동네 크라운 하이츠는 기본적으로 유대인 거주지이나 주변은 아이리시와 이탈리아인 커뮤니티가 둘러싸고 있었다. 밝게 페인트칠 된 견고한 단독주택 사이로 우중충한 벽돌 외관의 아파트 건물이 보였다. 길거리에서 소년들은 공놀이를 하고 아이스크림 트럭에서 바닐라나 초콜릿 아이스크림을 사 먹고 구슬치기, 동전 던지기를 하고 사방치기 하는 여자애들을 구경하고 담배를 꼬나물기도, 골목대장을 뽑기 위해 돌아가면서 주먹다짐을 하기도 했다. 1940년대와 50년대 초반은 인종주의와 반유대주의를 감추지 않아도 되는 시대였다. 나는 우리의 작은 유대인 거주지 밖에서는 그저 유대인이라는 이유로 많은 싸움에 휘말렸으나 어떻게든 안 지려고 최대한 끝까지 버티곤 했다. 하지만 나는 유대인 소년들과도 수시로 쌈박질을 했기 때문에 아마 다른 이유도 있었을 것이다.

1944년부터 53년까지의 소년기에 내가 겪은 거리 생활은 요리사와 가정부가 있는 부유한 가정에서의 생활과는 선명하게 대조되었다. 아주 어린 시절의 나는 내가 일손을 거들 필요 같은 건 없고, 우리 가족이 언제나 경제적으로 안정적이며 우산처럼 나를 보호해 주리라는 사실을 당연히 여기며 자랐다. 책임감과 주체성을 기르기에 그다지 바람직한 조건은 아니었다.

집은 부유했지만 어머니의 재혼과 동생의 탄생으로 인해 세심한 관심은 받지 못했고 나는 방임을 핑계 삼아 마음껏 부주의하게 살았다. 그 시절 대부분의 아이들처럼 건강을 소홀히 했고 아마도 그 결과로 충치, 천식, 흑색종 같은 각종 병을 달고 살게 되었을 것이다.

동네 친구들은 하루 벌어 하루 살아가는 이민자 가족의 아이들로 나처럼 유복한 친구는 없었다. 어린 시절에 거친 노동자 계층의 아이들과 어울리면서 동네 깡패와 거리 주먹꾼 사이에서 살아남는 유일한 방법은 그들 중 하나가 되어야 한다는 걸 본능적으로 깨달았다. 그저 나를 지키기 위해 다른 아이들을 놀리고 때리고 괴롭혔다. 거친 아이 정도가 아니라 독한 아이가 되어갔다.

그러나 가출을 하려다가 혼자 길을 건너지 않았던 성향 또한 나의 본성이었기에 다른 아이들에게 악랄한 행동을 하지는 않았다. 부분적으로는 자기 보호 본능이기도 했지만 관계를 유지하기 위해 필요한 감정적·도덕적 책임감을 서서히 인식하고 있었기 때문이기도 하다. 열 살이나 열한 살부터는 여자애들이 눈에 들어왔고 그중 한 명을 향해 어설픈 짝사랑을 시작하기도 했다. 하지만 여학생 환심 사기라는 고차원적인 규칙을 알았을 리가 없다. 그 시절 나는 날 사로잡는 대상은 무엇이건 가질 권리가 있다고 굳게 믿었기에 학교가 파하고 모두 집으로 걸어갈 때 내가 좋아하던 소녀에게 책을 들어주겠다고 말했다. 매몰차게 거부당할 거라고는 상상도 하지 않았으므로 소녀가 "싫어!"라고 말했을 때 나는 충동적으로 그 애의 교과서를 빼앗아 도망갔다. 몇 분 후에 내가 굉장히 부끄러운 짓을 저질렀고 그 애를 여자 친구로 만들 기회를 영영 놓쳤다는 것을 깨닫고는 새빨개진 얼굴로 다가가 책을 돌려주었다.

그 시절 우리 동네 놀이터에서 어슬렁대던 나이 많은 형들이 내 새 농구공을 빼앗아 가려고 한 적이 있었다. 내가 끝까지 공에서 손을 놓지 않자 한 형은 농구 골대가 걸려 있는 쇠기둥에 내 머리를 수차례 찧어댔다. 머리에서는 피가 흘렀지만 그 형과 구경하는 아이들 앞에서 울먹이지 않았고 공을 달라고 빌지도 않았다. 몸에는 상처를 입었으나 자존심만은 지켰노라고 믿으며 집으로 달려왔다. 내게 일어난 부당한 일 때문에 억울하진 않았다. 그저 복수의 일념이 활활 타올랐을 뿐이다. 내가 어쭙잖게 보이거나 주눅 들지 않았다는 것을 보여주고 싶었다. 나도 가서 한 방 먹일 것이다. 나도 거리에서 보고 배운 것이 있단 말이다. 하지만 내가 그때 배운 것은 이 세상의 모든 깡패들이 아는 비겁한 규칙일 뿐이다. 너보다 충분히 약하고 네가 욕보일 수 있는 애를 찍어 싸움을 걸어라.

나는 질서 있고 점잖은 겉모습 뒤에는 정의나 선이 부재하는 폭력적인 세계가 있다는 냉소적인 생각을 하게 되었다. 당시 또 하나의 쓰디쓴 인생 교훈을 하나 배웠는데 이 또한 돌봄의 정신과는 양립할 수 없는 것이었다. 우리 동네에 살던 힘 센 소년과 싸움이 붙었다. 몇 분 동안 쥐어뜯고 엉겨 붙어 때리다가 내 팔로 그 애의 목을 감고 있는 힘을 다해 졸랐다. 그 애는 울기 시작했고 제발 놓아달라고 빌었다. 내가 팔에 힘을 빼는 순간 그 애는 내 팔을 뒤로 꺾어 꼼짝 못 하게 한 다음 내 목을 눌러 숨을 쉬지 못하게 했다. 나는 항복했고 그

161

애는 비웃음을 날리며 자축했다. 이 치고받기에서 배운 교훈을 다시 되돌리기까지는 오랜 시간이 걸렸다. 그 교훈은 이러했다. 적을 연민하지 말라. 불쌍히 여기지 말라. 자비는 없다.

그래도 가끔씩 나의 단단한 갑옷을 뚫고 환한 빛이 들어오는 순간도 있었다. 열한 살인가 열두 살 여름, 뉴욕주 북부에서 열린 여름 캠프에 참가했을 때의 일이다. 나는 캠프의 다른 짓궂은 아이들과 합류해 운동을 싫어하고 책을 끼고 다니던 덩치 작고 안경 쓴 아이를 놀렸다. 하지만 우리의 유치한 행동에 대한 그 아이의 반응이 너무나 인상적이었다. 그 애는 자기가 공부와 지식을 정말 좋아하기 때문에 책을 읽는다고 주장했는데 그 말을 할 때의 태도가 너무나 열정적이고 성숙하면서도 자기 비하적인 유머까지 담고 있어서 나는 존경심, 아니 경외심마저 느꼈다. 또한 이 소년은 남을 보살필 줄 아는 아이였다. 내가 소프트볼을 하다 머리에 공을 맞자 바로 달려와 다치지 않았냐고 물었다. 나는 내가 그 소년과 그 소년을 이루는 특징과 성품을 좋아한다는 것을 알아차렸다. 이전의 경험과는 상당히 이질적이었다. 그전에 누군가를 보면서 이런 기분을 느낀 적이 있었던가? 우리 동네 거친 아이들의 야비하고 투박한 행동을 따라 해보고 싶다고 생각한 적을 제외하고 누군가의 행동을 이렇게 유심히 관찰한 건 처음이었다. 그 소년을 모방하면서도 여전히 나다울 수 있는 방법이 있는지 궁금해했던 기억이 아직까지 난다. 그날 최초로 내 안에서 아직 개발되지 못한 영역이 있지만 내가 두른 갑옷 때문에 억압받고 있을지도 모른다는 생각을 하게 되었다.

하지만 거친 거리의 세계에서도 가끔은 친구들의 온정을 느낄 때가 있었다. 다른 동네 아이들이나 라이벌 패거리의 형들이라든가 경찰 같은 **외부인**에게 위협받을 때는 동네 친구들이 가장 확실한 내 편이었다. 학교 근처의 공원에서 고등학생 형들 사이에 큰 패싸움이 벌어진다는 소문이 퍼진 적이 있었다. 나는 신바람이 나서 구경 가려고 했다. 친구 두 명이 그런 패싸움에 끼어들었다가는 뒤에서 구경만 하더라도 큰 탈이 날지 모른다면서 만류했다. 하루는 극장에서 토요일 주간 상영 영화를 보고 있었는데 우리가 앉아 있던 자리 몇 줄 뒤에서 싸움이 붙었다. 싸움을 가까이에서 구경하려고 자리에서 일어나려고 하자 같은 반 친구가 내 옷깃을 세게 잡아당겨 제자리에 눌러 앉혔다. "가지 마. 쟤네들 칼 있어. 우리 여기서 나가야 돼!" 이 학교 친구들과 내가 어울리던 거리 소년들 또한 돌봄의 기능을 하는 사회적 네트워크라고 부를 수 있을까? 내가 그 아이들 앞에서 그런 단어들을 썼다면 바로 놀림을 받고 비웃음의 대상이 되었을 것이다. 하지만 무심함과 폭력성이 흐르는 인정사정없는 그 세계에서도 서로를 보호해야 한다는 느낌이 싹텄다. 우리는 동네 골목이라는 같은 세계를 공유했고 그 사실을 알았으며 서로가 서로를 어떻게 돌보아야 하는지 조금씩 배우는 중이었다.

그러나 그 시기에 내가 키워온 거리 소년의 페르소나가 브루클린의 손바닥만 한 동네에서 누군가의 눈에 띄지 않을 수는 없었다. 우리 구역 담당 경찰관들은 나의 폭력성을 보다 긍정적인 방향으로 돌려야 한다며 경찰 체육 연맹의 복싱부에 등록시켜 주겠다고 말하기도 했다. 더 심각했던 건 동네 건달이 나를 싹수 있는 녀석으로 점찍었다는 것이다. 어느 날은 나에게 다가오더니 장난스럽게 내 머리를 엉클어뜨리며 그간 나를 눈여겨보고 있었다고 말했다. 얼마 후 신문에서 경찰에게 끌려가는 사진을 보았는데 신문 기사 제목에 따르면 그는 유명 마피아의 행동 대장이었다. 그 사건이 결정적인 이유였는지 아니면 우리 동네, 내가 어울리던 친구들, 나의 비뚤어진 행동을 그동안 염려하고 있었기 때문이었는지 할아버지와 부모님은 이제 나를 이 세상에서 꺼내야 한다는 결론에 이르렀다. 브루클린을 떠나 롱아일랜드의 교외로 이사가 결정된 것이다.

전학 간 학교에서 나의 불타는 승부욕과 투쟁심을 공부로 돌렸다. 이곳 또한 살벌한 분위기였으나 그 경쟁은 성적과 인정을 얻기 위한 경쟁이었다. 이 학교 친구들은 나처럼 목표가 있었고 공격적으로 돌진했으며 진정한 우정에는 관심이 없었다. 이제 내 주변에는 브루클린의 거친 소년들이 아니라 출세 지향적인 야망 소년 소녀들로 가득했다. 나에겐 이 새로운 계약의 법칙이 너무 이질적으로 느껴졌다. 사실 전학 첫날부터 순조롭지 않았다. 공부 시간에 손 들고 발표하는 나에게 잘난 척 말라고 시비 거는 아이들을 때려눕힌 것이다. 그러나 내 센 주먹이 다른 아이들의 존경을 얻어내기보다는 공포에 질리게 했다는 사실에 충격을 받아 다시는 그렇게 하지 못했다.

새로운 환경에서 내 인생 또한 새로운 방향으로 바뀌었다. 나에게 관심을 갖고 인도해 준 교사와 사람들 덕분에 열정적인 독서광이 되었다. 아담한 중년의 여교사가 나를 그리니치 빌리지 아파트에서 열린 시인들의 낭독회에 초대하기도 했다. 역사책과 고전 문학을 탐독하기 시작했다. 특히 개인의 서사에 매료되어 전기, 자서전, 자전적 고백, 일기를 닥치는 대로 읽었다. 그 안에는 사회적 맥락이 개인의 삶에 어떤 영향을 미치고 역사적 사건이 유전적 기질을 어떻게 바꾸는지가 나왔다. 나는 조숙하게도 열정적으로 도스토옙스키의 "인간 내면의 불꽃"과 그것이 일으키는 불운에 빠져들었다. 혁명은 사회적 고통을 유발하면서 점점 부패와 나쁜 신념에 의해 악화되었다. 인간의 경험에는 필연적으로 역설과 패배가 따라왔다. 정의를 향한 꺾이지 않는 열정이 사람들을 더 망가뜨릴 수도 있다는 사실도 책으로 배웠다. 사내아이가 배우기에는 벅찬 주제였으나 그 책이 내게 미친 효과는 있었다. 나는 어린 소년의 영혼에 물을 주고 있었다. 내가 놓치고 있는 것이 평범한 사람들을 돌보는 것이라는 사실을 조금씩 이해해 갔다. 앨런 페이턴의《외쳐라, 사랑하는 조국이여》, 그레이엄 그린의《권력과 영광》《사건의 핵심》, 조지 오웰의《파리와 런던의 따라지 인생》《위건 부두로 가는 길》《카탈로니아 찬가》《동물 농장》같은 작품 속 세상은 내가 살던 따분하고 체제 순응적이고 예측 가능한 1950년대보다 훨씬 더 생생해 보였다. 당시에는 TV도 소셜 미디어도 없었으니 주말 아침부터 저녁까지 소설이나 여행기나 역사책에 푹 빠져 지낸다는 것이 흔한 소년의 일상은 아니라는 사실도 몰랐다.

　내 주변에 있는 사람들의 이야기, 즉 진짜 사람들의 서사에 대한 열렬하고 지속적인 매혹이 시작되었다. 내 인생이 지극히 혼란스러웠기에 다른 사람에 대한 관심이 증폭된 것은 사실이다. 나는 대체 누구란 말인가? 외할머니와 어머니가 전해주는 불완전한 정보들이 과연 사실인가 아닌가? 그 단서들로 어디까지 추론 가능한가? 내가 아버지를 모르고 산다는 것이 내 인생에 얼마만큼이나 중요한가? 편협하고 단조로운 1950년대였지만 실존주의도 부상하고 있었고, 10대

때부터 나는 개인사의 어떤 면이 어디까지 중요한가라는 문제를 진지하게 고민했다. 이 세계가 부조리하다면 불완전한 내 인생 또한 세상의 부조리를 나타내는 또 하나의 실례가 될 수도 있지 않은가. 이후에 나는 이것이 정신과 의사이자 신경학자이며 홀로코스트 생존자인 빅터 프랭클의 책《삶의 의미를 찾아서》의 주제라는 것을 알게 되었다. 우리는 우리에게 일어난 일을 통제할 수는 없지만 그것을 어떻게 생각하는지는 통제할 수 있기에 어떤 삶에서도 의미를 창출할 수 있다.

1950년대의 대외적인 변화를 체감하며 나의 인식도 변화하고 있었다. 우리 가족은 여전히 부유한 편이었지만 역사는 우리가 통제할 수 없는 방식으로 그 부를 급격히 축소시키고 있었다. 교외 지역의 부상은 도심에 있는 할아버지 소유의 부동산 가치를 낮췄다. 공공 화장실에 고형 비누 대신 물비누가 비치되면서 가족의 비누 사업은 타격을 입었다. 할아버지가 비상시를 대비해 사둔 동쪽 미드타운 맨해튼의 땅은 태머니 홀Tammany Hall●의 정치가들에 의해 강제 수용되었다. 그 당시에는 이러한 역사적인 변화가 우리 생활에 수시로 침투하는 불확실한 불안에 가려 보이지 않았다. 그저 한 가지 나쁜 일 후에 또 다른 나쁜 일이 겹치는 식의 일상적인 고단함으로 다가올 뿐이었다.

나는 점점 더 열심히 듣는 사람이자 자신들의 세계와 자기 자신

●　19세기에서 20세기 초까지 뉴욕에서 강력한 영향력을 행사하던 부정한 정치 조직. 모든 부정한 정치 조직을 가리키기도 함.

을 어떻게든 이해하려고 노력하는 사람들의 분투를 관찰하는 사람이 되었다. 당시에는 깨닫지 못했지만 그때 나는 정신과 의사의 기본 태도를 무의식적으로 수련하는 중이었던 것 같다. 그때는 들어본 적도 없는 단어였지만 태생적으로 민족지학자ethnographer의 기질을 갖고 있었는지도 모른다. 인간이 자신의 삶을 어떻게 살아가는지와 또 어쩌면 비극이 될 수도 있는 경험에 특별한 의미를 부여하려는 노력에 대한 깊은 호기심은 나를 여드름과 사마귀를 걱정하는 자의식 강하고 미성숙한 10대에서 인간의 조건에 대해 질문하고 공부하고 경험을 쌓아가는 학생으로 변모시켰다. 사람들의 말을 들을 때 그들의 말뿐만 아니라 그 밑에 흐르는 인간의 희로애락을 듣고 있었다.

앞서 말한 아담한 보헤미안 중년 여성, 그리니치 빌리지의 스튜디오 아파트에 나를 초대해 비트 세대 시인들의 시를 들려준 이 여성은 내게 자신이 알코올 중독자였고 젊은 시절 구할 수 있는 모든 마약을 시도해 보았다고 말했다. 유럽으로 탈출해 예술가로서의 운명을 개척하고 싶었지만 하지 못했고 그 실패가 "자신의 인생을 죽였다"고 느낀다 했다. 나는 조용히 들었다. 그녀의 말들은 내 안에 단어 그대로 새겨졌다. 하지만 당시의 내가 그 안에 담긴 서글픔을 어찌 이해할 수 있었겠는가?

나를 네 살 때부터 정성스럽게 키운, 키가 크고 초연했던 흑인 가정부 해티는 내가 열다섯 살 때 이렇게 말하기도 했다. 나와 보낸 모든 하루는 곧 자신의 딸, 아들과 보낼 수 없는 하루들을 의미한다고. 나는 그녀의 말에 담긴 아픔을 진심으로 이해했을까? 매일 학교에 나를 데리러 왔던 그녀는 그 말을 하면서 처음이자 마지막으로 웃지 않았다. 대신 서럽게 울었다. 나는 해티를 진정으로 사랑한다고 믿었지만 고통이 절절하게 밴 그 목소리를 들었을 때 그녀가 "우리 가족"이라는 말이 잔인한 거짓말이라는 사실을 알아버렸다.

인상 깊은 이웃도 있었다. 젊고 매력적인 이웃 여성의 남편은 급성 심장마비로 휠체어 신세가 되었다. 그녀는 나를 불러 자기 이야기를 좀 들어달라고 하더니 자신의 불안, 슬픔, 무력감을 털어놓기 시작했다. 부부가 처한 이 갑작스러운 비극을 어떻게 이겨낼 수 있을지 모르겠다고 했다. 그런데 왜 그분은 옆집에 사는 열여섯 소년에게 통탄할 진실을 털어놓아야 했을까? 어쩌면 자신의 불행한 상태를 있는 그대로 목격하는 것 외에 아무것도 해줄 수 없는 나 같은 사람에게만 본심을 털어놓을 수 있었는지도 모른다. 내가 하는 건 거울처럼 그녀의 공포와 좌절을 그대로 비춰주는 것뿐이었으니까. 그로부터 거의 60여 년이 흐르고 나서 보니 아마도 그녀는 내 안의 어떤 면을 알아본 것도 같다. 자신의 말에 호응해 주고 다른 사람을 돌보는 일이 무엇인지 배우고자 한 소년이 보였을지도 모른다. 그러나 내 또래의 어느 누구도 내 앞에서 이렇게 행동하지 않았다. 나이 드신 분만 그러했다. 그리고 그들은 하나같이 여성이었다.

시간이 흐르며 내가 만난 많은 사람들 중 유독 이 여성들이 나의 사춘기 때부터 다른 사람의 말을 경청하고 목도하고 안전하게 사람들 곁에 존재하도록 훈련시켰던 것 같다. 나는 그들이 털어놓는 사적인 문제들이 다른 사람들의 삶에서 공통적으로 나타나는 사회적 아픔이기도 하다는 사실에 눈을 떴다. 각자의 개별적인 삶에서 발현되면서도 그들이 속한 문화와 역사에서 생성되기도 한 것이다. 나는 이제까지와는 다른 감정과 감성과 새로운 종류의 도덕적 관계에 드디어 발을 들여놓게 되었다. 그 세계에서는 돌봄이 매우 중요했고, 의미를 인식하거나 만들어내는 행동이 인간이 사랑을 주고받는 방식이었다.

그러면서 내가 성장한 우리 동네와 우리 가족이라는 편협하고 패쇄적인 작은 세계와 우리 가족의 사업과 가족이 내게 거는 기대가 점점 더 나를 숨 막히게 했다. 속물적이고 사리사욕에만 급급하고 (내가 성취하기 위해 노력한 적이 한 번도 없는 분야인) 실용적인 돈벌이에 관한 대화만 나누는 우리 가족들, 존재론적인 개념이나 윤리적 문제에 전혀 관심 갖지 않는 가족들에게 지쳐가고 있었다. 물론 우리 가족은 이 세상 안에서 소수인 유대인으로 살아간다는 문제에 대해선 진지하게 고민했다. 그조차도 나에겐 다른 집단, 즉 같은 도시에 사는 취약하고 가난한 이들을 위한 사회 정의에는 무심하고 오직 우리 유대인들의 이익에만 관심 있는 배타성으로 여겨졌다.

탈출이 가능한 나이가 되자마자 나는 집을 떠났다. 처음엔 뉴잉글랜드의 터프츠 대학에 입학했다가 서부의 스탠퍼드로 편입했고 이후 같은 학교의 의대로 진학했다. 나는 매우 특별한 시기에 대학과 의대를 다녔다. 인권 운동, 반전운동, 페미니즘 운동이 들불처럼 일어난 시대였다. 그 시대는 오랫동안 당연하게 여기던 가치를 전복시키고 사회와 그 안의 개인들(나 같은 사람들)에게 급진적 변화를 요구하는 사상을 소개했다. 당시 대학생들은 남부로 내려가 아프리카계 미국인 유권자 모임을 조직했고 베트남 전쟁 반대 캠페인을 펼쳤으며 가부장제와 남성 우월주의에 저항했고 미학적·감정적 표현의 새로운 형식들을 창조해 냈다. 이후에 나는 그 시기가 미국이 진정한 '문화혁명'을 거쳤음을 — 그 단어가 최초로 탄생된 중국이 아니라 — 깨달았다. 모든 것이 가능해 보였으니 개인의 변화 정도는 식은 죽 먹기처럼 보였다.

지적 호기심에 막 눈을 뜬 대학생이었던 나는 알베르 카뮈를 만났다. 시대적 문제에 책임을 통감하고 자신을 던진 그가 도덕적 이상향으로 보였다. 유럽 좌파 작가들의 작품도 찾아 읽었다. 파시즘과 부역자들이 물러난 이후의 사회와 여전히 싸우며 빈자와 소수자를 지원하거나 새로운 연대를 형성할 방법을 찾고 있는 이들이었다. 나는 소설가이자 문학 평론가로, 1차 세계 대전 이후 유럽에서 활동한 미국 작가들인 "잃어버린 세대lost generation"의 연대기를 쓴 맬컴 카울리에게서 문학을 배우기도 했다. 나는 노트에 그의 강의 내용을 적었지만 잃어버린 세대로 불리는 작가들에게서 무언가 배울 준비는 되지 않았다.

내가 높게 평가한 작품들은 변화해 가는 나의 인식을 그대로 반영했다. 셰익스피어의 《헨리 4세》에서 젊은 한량이었던 프린스 할이 《헨리 5세》에서 전쟁에서 승리하는 왕으로 변화해 갔다고 생각했다. 그처럼 나도 문제적 과거에서 벗어나 보다 성공적인 미래를 건설하고자 했다. 그러니 조지프 콘래드의 《로드 짐》《빅토리》가 내가 특히 좋아하는 책이었다는 사실도 놀랍지 않다. 이 작품들의 주인공은 초년에는 용기와 책임감이 부족해 자신이 속한 지역사회에 닥친 위기에는 대처하지 못하지만 낯선 외국으로 도망가 미지의 존재로서 자신의 삶을 완전히 새로 구축한다. 새로운 세계에서 성공하면서 다시

한 번 위기를 맞지만 자신을 위협하는 악에 대항해 자신이 사랑하게 된 사람들을 지킨다. 생의 궤적에 따라오는 적당한 감상주의는 전혀 거슬리지 않았다. 나 또한 나의 애처롭고 분별없는 소년기를 용서하고 그때 기른 육체적·심리적 강인함을 완전히 다른 방식으로 사용해 이 세상에 선을 행할 수 있다는 교훈으로 받아들였다.

돌아보면 새로운 삶이 어떤 모습으로 다가올지를 대략적으로 직감했던 것 같다. 싱클레어 루이스의《애로스미스》나 스웨덴 출신 정신과 의사 악셀 문테의《성 미카엘의 이야기》처럼 일과 사랑을 통해 인생을 의미를 찾고 싶었다. 이후 내가 탐독한 책들도 젊은이의 삶과 그들의 도덕적 성장과 변모라는 주제를 다루었다. 토마스 만의《부덴브로크가의 사람들》《마의 산》이 그런 책이었다.

비슷한 시기에 해안 절경으로 유명한 캘리포니아 빅 서Big Sur의 웅장한 경관에 매료되었고 개인적으로는 내가 사랑받고 사랑하고 싶어 하는 갈망이 있음을 인식할 정도로는 자유로워졌다. 나는 안개가 자욱하고 깎아지른 바위로 둘러싸인 해변과 거대한 삼나무 사이를 쏘다니면서 연인을 찾지는 못했지만 나와 같은 사람들을 여러 명 만났다. 연애의 쾌락과 도덕적 탐색 사이에서 혼란스러워하는 대학생들에게서 나의 모습이 보였다. 이런 친구들의 모험에는 언제나 갈등과 혼란이 따른다는 건 알아챘지만 내가 갈망했던 욕구 또한 쉽게 결실을 맺기 어렵다는 사실까지는 깨치지 못했다. 청년기에 나는 또 다른 방향의 야망도 추구했다. 나의 지적 탐색을 전공인 의학 분야에서의 현실적인 진로와 결합하고 싶었다. 매우 복잡하면서도 통합적인 여정이 될 것이었다.

동시에 점점 더 사랑에 빠지고 싶다는 갈망에 사로잡혔다. 10대 때부터 부유한 집안의 유대인 아가씨를 여러 번 소개받았고 사귀어야 한다는 압박에 시달리긴 했다. 한번은 어머니의 친구가 5번가의 펜트하우스에 살고 있는 유명 CEO의 자제와 맞선을 주선했다. 그 여성의 아버지는 나를 자신의 집에 초대해 오리지널 피카소 그림의 구입 가격과 현재 가치를 설명해 주었는데 그 거실에서 관심 있는 유일한 물건은 오직 그뿐인 듯했다. 그 어르신이 똑같은 방식으로 나의 미래 가치를 평가하고 있다고 느낄 수밖에 없었다. 나는 내가 원하는 사람과 데이트하고 싶었다. 사랑받고 싶은 내적 욕구는 여전히 강력했지만 나를 이 세속적인 중상류층 유대인 게토에서 꺼내줄 유일한 사람은 아름답고 지적이고 세련된 프로테스탄트 여성이라고 더욱 확신하게 되었다.

～

물리적으로나 정신적으로 나를 다른 공간으로 옮겨놓고 마르크스주의를 접하면서 이 세상을 다른 관점으로 바라보기도 했다. 노동자 계층과의 유대감을 쌓기 위해 — 아니 그럴 수 있다는 착각에서 — 여름 방학에 뉴욕의 하수도 관리국에서 일했다. 하수도는 거리 밑에 끝없이 깔린 어둡고 눅눅한 지하 세계로, 엔지니어와 노동자 부대의 소중한 일터였으나 지상의 사람들에게는 보이지도 않고 인정받지도 않는 곳이었다. 험악하기 이를 데 없는 공간이기도 했다. 그때 처음 만난 상사는 사회생활 중 만날 수 있는 가장 비열한 인간으로 보였다. 편견으로 가득하고 신뢰할 수 없고 타락한 그는 동료들을 무시하고 아무렇지 않게 비품을 빼돌리고 근무를 빠지고 거짓으로 야근을 기록하면서 다른 사람들에게 권하기도 했다.

하지만 빌 버트도 있었다. 덩치가 크고 흰 수염이 듬성듬성 난 아이리시 맨인 그를 보면 로버트 루이스 스티븐슨의 《보물섬》에 등장하는 해적인 "가만 있지 못하고 해적질하는 사람" 롱 존 실버 캐릭터가 연상되기도 했다. 그는 나에게 괴로운 하수도 노동과 역겨운 상사에 적응하는 법을 가르쳐주었다. 조금 더 큰 맥락에서 인생에 대해서 알려주기도 한 분이었다. 하루빨리 조기 퇴직해 지긋지긋한 직장에서 벗어나고 싶어 하는 평범한 노동자였으나 내게는 성인군자처럼 보였다. 그는 언제나 다른 사람을 도와주고 무리에서 가장 약한 사람을 대변했다. 나를 보호해 주었고 일하는 방법을 세세하게 알려주기도 했다. 선량한 사람이자 난생처음 나의 두려움과 야망을 솔직하게 털어놓은 어른이었다. 또한 감정적으로 빌을 신뢰했기에 나는 마음을 열고 인생 선배인 그의 지혜를 받아들였다.

여름 동안 하수도에서 일한 다음 스탠퍼드로 돌아가 의대생으로 첫 해를 맞았다. 의대 수업이 요구하는 방대하고 지루한 기초 과학 수업을 견디기 힘들 때마다 빌에게 구구절절 감상적인 편지를 쓰기도 했다. 학교를 그만두고 그처럼 육체 노동자가 된 다음에 작가가 되기 위해 노력해 보고 싶다고 했다. 그는 맞춤법과 문법이 잔뜩 틀린 사투리 문장으로 답장을 써주었다. "그럼 니는 평생 동안 나같이 노새처럼 일하고 싶다는 거시냐?" 그는 소중한 기회를 절대 놓치지 말라고 엄하게 꾸짖으며 이렇게 편지를 끝냈다. "짜식, 의사 공부

포기한다는 소리만 했담 봐라. 내가 가서 다리 몽댕이를 분질러놓을 테다!"그의 거칠지만 애정이 담긴 답장은 유익한 회초리가 되었고 덕분에 다시 정신을 다잡고 학과 공부에 매진할 수 있었다. 그가 나에게 조건 없이 베푼 애정은 이후 내가 인생을 한참 더 산 후에는 또 다른 울림으로 다가왔다.

의대 재학 중 두 번의 외국 여행을 통해 내가 평생 천착하게 될 주제를 찾았다. 너무나 많은 사회가 견딘 고통이자 그 사회 안에서 연약한 개인의 겪어야만 하는 불행에 눈을 뜨게 된 것이다. 1963년 학과 친구들과 독일로 여행을 떠났다. 내 개인적인 관심사에만 치중하면서 별생각 없이 여행을 즐겼고 프랑스의 알자스에 도착해 작은 마을의 아담한 호텔에 체크인을 했다. 마을 밖 운하 주변을 산책하던 중 갑작스럽게 쏟아진 비 때문에 잡목림으로 피하다 숨겨진 공동묘지를 발견하게 되었다. 한 묘지에 여러 세대의 대가족이 묻혀 있었고 전쟁 중 일가 전체가 같은 날짜에 사망한 것으로 나와 있었다. 호텔로 돌아와 직원에게 왜 그렇게 같은 날에 가족이 사망했냐고, 이 비극의 이유는 무엇이냐고 독일어로 물었다. 프랑스어로 물었어야 했는데 그 생각까지 하지 못했던 것이다. 그녀는 내게 바로 큰소리로 말했다. 바로 당신들, 독일인들이 그 가족을 죽였다고. 그 당시 미국은 홀로코스트에 큰 관심을 갖지 않았고 전쟁이 끝난 지 18년밖에 되지 않았던 때라 내가 독일에 살던 유대인들의 사정에 대해 생각하거나 대화에 올린 적도 없었다. 따라서 그날이 쇼아(홀로코스트)와의 첫 만남이라고 할 수 있었는데 그녀의 눈에는 내가 가해자로 보인 것이다. 이 불편한 경험은 자기 안위에만 집착하던 젊은이의 세계를 통째로 흔들었다. 태어나서 처음으로 나의 특권적인 삶이 나를 보호해 왔다는 것을 깨달았고, 내가 모르는 세계의 위협을 느꼈고, 역사를 존중하고 인간의 고난에 증언자가 되어야 한다는 책임도 알게 되었다.

두 번째 경험은 이 첫 번째 경험에서 파생되었다. 나의 다분히 고의적이었던 무지와 내가 가해자로 취급받을 수 있다는 가능성에 놀란 나는 곧바로 그해 여름 이스라엘로 가서 나의 유대인 정체성과 만나기로 했다. 나는 키부츠의 카리스마 있는 지도자 눈에 띄었고 1호 영입 대상이 되었다. 그는 나에게 전 세계의 다른 젊은 유대인들과 연합하여 사막에서 미래를 건설하는 데 앞장서자고 설득했다. 나는 단번에 거절했다. 그의 열정적인 시오니즘 강의를 듣다가 나는 세계 각지에 흩어져 사는 다양한 유대인들의 삶에서 더 편안함을 느낀다는 사실을 깨달았다. 이러한 민족적·국가적·종교적 배타성이 극도로 불편하다는 사실도 알게 되었다. 그러나 당시에는 내 인생의 궤적이 나의 초년기 교사와 친구들, 이를테면 빌 버트 같은 사람들에게 충격을 줄 방향으로 서서히 가고 있다는 것은 깨닫지 못했다. 나를 영입하려고 했던 마피아들이 나의 변화를 보게 된다면 깜짝 놀랄 것이다.

20대 초반의 경험들은 이후 내 인생과 내 직업이 어떻게 펼쳐졌는지를 이해하기 위한 기본 뼈대라고 할 수 있다. 나는 의사가 되고 남편이 되고 아버지, 작가, 그리고 교사가 되었다. 정신과 의사로서 거쳐온 수련과 임상 경험 때문에 아직까지도 나라는 사람을 형성한 아동, 청소년기를 되돌아보면서 의미를 찾고 있는 건지도 모른다. 꼭 나의 인생뿐만 아니라 모든 사람에게 어린 시절은 중요하기 때문이다. 그러나 그 시절을 반추하면서 한 가지 확실히 깨달은 사실이 있다. 내가 막 성인이 되던 시기에 나는 여전히 나 자신과 타인을 돌보는 법은 몰랐다. 나는 남들에게 신경 쓰지 않았고 남이 내게 베풀어주기만을 바랐으며 스스로 크게 성장했다고 생각했지만 변화는 미미했다. 당시에도 돌봄과 간병에 대해 공부하고 읽고 쓰고 있었지만 우리 가족 안에서도, 하물며 의사라는 직업 안에서도 나는 돌봄을 전혀 실천하지 않고 있었다.

7

의사가 되기로 결심한 건 가족의 기대 때문만은 아니었다. 의사 집안이라든가 가족의 지인 중에 의사가 많은 것도 아니었다. 하지만 성장기 내 인생에 들어왔던 한 의사가 나에게 깊은 인상을 남겼다.

프레더릭 벤 선생님은 근엄하면서도 자상한 주치의로, 내가 어렸을 때부터 10대까지 자주 앓았던 흉부 전염을 왕진하며 치료해 주셨던 분이다. 벤 선생님은 모든 면에서 유럽 출신 의사의 분위기를 물씬 풍겼다. 적당히 살집이 있는 몸에 머리는 짧게 깎고 턱수염은 깔끔하게 정리했으나 눈썹은 덥수룩했다. 무테안경 너머로 사려 깊고 예리한 눈이 보였고 두툼한 트위드 재킷과 회색 플란넬 바지에는 옅은 파이프 담배 냄새가 배어 있었다. 강한 억양이 묻어나는 영어는 때론 그의 모국어인 독일어처럼 들리기도 했다. 평소에는 감정이 섞이지 않은 말투로 진단을 내리다가도 손으로 자신의 얼굴을 쓰다듬거나 고개를 흔들면서 친근하게 병과 관련 없는 말을 붙이기도 했다.

벤 선생님은 자주 웃는 편은 아니었지만 그가 내 가슴에 청진기를 대고 폐 소리를 들을 때면 진심 어린 염려와 배려, 격려가 드러나는 표정을 짓곤 했다.

벤 선생님과 사모님이 사무실과 진료실을 겸한 집으로 날 초대해 거실에서 차와 케이크를 주신 적도 있었다. 그때는 자신이 살아온 인생을 허물없이 이야기해 주었는데 미국으로 이민 오기 전에 그의 가족이 겪었던, 나치 독일의 반유대주의에 대해서만큼은 언급을 피했다. 그보다는 기억에 남는 환자와 병에 대한 이야기를 마치 의학 스릴러처럼 흥미진진하게 들려주곤 했다. 이 이야기들에 공통적으로 깔린 주제는 효과적인 치료의 부재로 인한 안타까운 결과였다. 1950년대 중반이라고 해도 중병을 치료할 검증된 치료법은 턱없이 부족했다. 페니실린이 활용된 지도 얼마 안 됐을 때였다. 벤 선생님 또한 거의 모든 어린이 환자들에게 '빨간 약'과 '파란 약'을 처방 할 뿐이었다. 아무 설명 없이 거리낌 없이 약을 처방 해서 나와 내 동생은 가짜약이 아닌지 의심하기도 했다.

내가 10대 중반이 되자 벤 선생님은 조심스럽게 나를 의사의 길로 인도하려 노력했다. 그는 의학이 세상에서 가장 도덕적인 소명이라 생각했다. 의사는 도움이 필요한 사람들에게 선한 일을 해주는 직업이다. 물론 기술과 실력도 중요하지만 벤 선생님이 치료의 근본이자 핵심이라 믿는 건 의사-환자와의 관계였다. 환자가 의사를 완전히 신뢰할 때 의사는 환자의 발작적인 천식을 줄어들게 하고 관절염의 통증을 덜어주고 희망을 잃은 암 환자도 움직이게 할 수 있다고 했다. 벤 선생님에 따르면 그런 마법이 일어날 수 있는 이유는 카리스마 있는 의사가 환자 옆을 지키며 환자의 내면에서 활력과 치유의 힘을 끌어낼 수 있기 때문이다.

벤은 환자의 집에서 환자를 보는 것이 중요하다고 강조했다. 왕진을 오면 환자와 환자 가족이 생활하는 공간을 직접 관찰할 수 있다. 왕진의 중요성이나 의사-환자와의 관계를 과대평가하지 않으려 조심했지만 나는 그분이 인간적인 면을 가장 중시한다는 사실을 알 수 있었다. 의사라는 소명에 대한 이상적인 관점 혹은 그에 대한 믿음은 나에게도 지대한 영향을 미쳤다. 이는 의학이 사업이나 법률, 공학과 다른 이유는 다른 인간을 돕고 세상을 이롭게 하기 때문이라는 부모님의 다소 감상적인 생각과도 일맥상통했다. 시간이 흐르면서 나는 이 가치를 내면화했고 내가 의학을 공부하기 시작했을 때 환자를 직접 치료하는 일에 대한 기대는 무척 높은 편이었다.

환자들을 직접 만나면서부터 돌봄이나 간병에 관한 관심은 점점 더 커져 중심이 되었다. 내가 초기에 만난 환자 중 재활 치료 센터에 입원한 일곱 살 소녀가 있었다. 처참한 전신 3도 화상을 입은 환자였다. 전작《질병 이야기》에서도 실은 바 있지만 그 소녀는 화상으로 인한 괴사 조직을 제거하기 위해 매일 욕조에 들어가서 극심한 통증을 견뎌야 했다. 그 어린 환자가 맞닥뜨린 시련은 의료진들에게도 보기 힘든 고통이었고 서열의 가장 아래에 있는 나에게도 마찬가지였다. 소녀는 아파서, 또 앞으로 얼마나 아플지 알기에 비명을 질렀고 의사와 간호사와 싸우기도 하고 때론 제발 치료를 멈추어달라고 울며 빌기도 했다. 의대생인 나는 소녀의 화상 입지 않은 팔을 붙잡고 소녀를 달래거나 정신을 팔게 하여 외과 레지던트들이 조직을 제거할

179

수 있게 해야 했다. 피부의 넓은 면적에서 피가 줄줄 흘러 욕조의 물은 핑크색에서 진홍색으로 변하곤 했다.

　이 귀엽고 어린 소녀의 얼굴은 흉하게 뭉개졌고 몸은 하나의 거대한 흉터였다. 소녀는 무섭고 아프다며 울부짖었고 그 통곡 소리는 마음이 아파 차마 들을 수가 없었다. "아파! 아프단 말이에요! 도와주세요. 도와주세요! 제발 그만하게 해주세요. 나 만지지 마!" 나는 이 어린 환자의 관심을 돌리기 위해 진땀을 뺐다. 가족은 누가 있는지, 집에서의 생활은 어땠는지, 학교 친구들은 어떤지, 무슨 취미가 있는지 내가 생각할 수 있는 모든 질문을 하면서 소녀의 관심을 잠깐이라도 돌려야 외과의와 간호사가 치료를 할 수 있었다. 나는 소녀가 겪는 날것의 고통을 견디기 힘들다는 생각이 자꾸 들었다. 그 비명 소리, 화상을 입은 피부, 붉은 핏물, 그녀와 간호사들 사이에서 매일 벌어지는 전쟁 앞에서 나는 어찌할 바를 몰랐다.

　아이의 기분을 낫게 하고 의료진을 돕기 위해 할 수 있는 모든 방법을 시도했지만 나는 무력했고 무능하기 짝이 없었다. 그러던 어느 날 나도 무너졌다. 지친 나머지 실수로 이렇게 물은 것이다. 어떻게 이 상황을 견디고 있냐고. 얼마나 힘드냐고. 날 만난 후 처음으로 소녀는 소리를 지르지 않고 나를 똑바로 보며 말했다. 의사, 간호사와 싸우지도 않았다. 여전히 화난 목소리지만 조금 침착해진 말투로 말했다. "아저씨 가지 마. 여기 있어!" 그리고 내 손을 꼭 붙잡고 얼마나 몸서리치게 아픈지 이야기하기 시작했다. 욕조에 앉으면 온몸을 바늘로 찌르는 것 같고 연고와 붕대는 꼴도 보기 싫고 침대에 들어가면 다시는 나오고 싶지 않지만 그럴 수 없다는 걸 알기에 울고 싶다고 했다. 그 소녀의 얼굴을 정면으로 쳐다보고 말을 듣자 가슴이 저며왔다. 소녀에게 위안을 주고 싶다는 강렬한 욕망을 느꼈지만 부질없는 희망의 말을 해서는 안 되었다. 그것만은 절대 안 된다. 소녀가 내게 원한 건 오직 집중해서 들어주는 것이었고 내가 솔직하게 내 심정을 털어놓으니 환자도 용기 있게 자신을 드러냈다. 내가 할 일을 매번 훌륭하게 해냈을 리는 없다. 그러나 환자가 견뎠기 때문에 나도 견뎠다. 어떤 아이도 견디지 않아야 할 지옥에 나도 함께 있었다.

그날 이후 우리 사이에는 모종의 신뢰가 싹텄다. 소녀는 매일 공포의 치료 의식에 들어갈 때마다 내 손을 붙잡고 자신의 심정을 털어놓곤 했다. 재활 센터에서 일하는 동안 그 어린 화상 환자가 자신이 받게 될 치료를 대하는 방식에 내가 조금이나마 기여했을지 모른다. 그러나 그 환자가 내게 미친 영향과는 비교할 수 없다. 앞으로 내가 만날 환자들에게도 큰 도움이 될 치료의 진실을 그때 배웠던 것이다. 환자가 위기에 처하더라도, 특히 환자가 위기에 처했을 때 의사는 그들의 삶에서 가장 중요한 것을 이야기해야 한다. 그것은 대체로 병과 치료에 대한 그들의 반응이다. 쉽지는 않지만 환자와 감정적·도덕적 공감을 쌓아가면서 의사와 환자를 (가족들도) 진료의 핵심으로 끌고 들어가야 한다.

의대 재학 중 만난 이런 환자들과의 경험은 큰 깨달음을 주었고 이 깨달음은 나의 필생의 사업이 될 열정을 깨워주었다. 이 환자들과의 일화는 학교에서 받는 수업이나 전공 서적과는 관련이 없었지만 나를 완전히 변모시켰고, 왜 진료나 간호가 그저 진단과 치료 이상이 되어야 하는지 생각하게 되었다. 의사에게 진료란 질병과 치료

중에 일어나는 모든 시련과 통증, 승리와 실망의 생생한 경험을 같이 나누고 목격하는 일이라 할 수 있다.

단정한 이목구비에서 젊은 시절의 미모를 엿볼 수 있었던 한 노부인이 스탠퍼드 병원 클리닉을 찾았다. 그녀는 1차 세계 대전 중 프랑스 전투에서 귀환한 한 군인과 성관계를 맺었다가 매독에 걸렸었다고 털어놓으며 얼굴을 붉혔다. 당시는 페니실린 항생제가 아직 활성화되기 전이라 유일한 치료법은 살바르산Salvarsan뿐이었는데 비소가 함유된 그 화학약품은 몸에 끔찍한 부작용을 남겼다. 간 손상으로 피부가 누렇게 변하기도 했다. 피부색의 변화를 목격하며 뇌도 손상될까 봐 겁에 질렸고 다른 사람에게 매독을 옮길 수도 있다고 생각해 이후 한 번도 다른 사람과 성관계를 맺지 않았다. 낙인이 될 수도 있는 이 질병을 평생 동안 비밀로 했다. 결혼도 안 하고 아이도 낳지 않겠다고 결심하고 가족과도 인연도 끊었다. 가족이 사실을 알게 되면 자신을 버릴 것이라 믿었기 때문이었다.

그때 내가 한 일은 이 환자의 병력이 적힌 종이를 붉은 얼굴의 터크 수사를 닮은 친절한 의사에게 건네주는 것뿐이었다. 그 의사는 내게 안다는 듯한 얼굴로 윙크를 하며 내가 방금 "마법의 총알(magic bullet, 살바르산을 부르던 말)" 화학요법의 부작용의 역사를 들었다고 말했다.

하지만 나는 이 여성의 비극적인 인생사 안에 숨겨진 수치심과 후회를 생생하게 느낄 수 있었다. 그녀가 매주 간 치료와 신경학적 문제를 위한 진찰 때문에 병원에 올 때마다 그녀와 따로 상담 시간을 갖고 과거에 대해 장시간 대화를 이어갔다. 그 여성은 삶에서 놓친 것들을 이야기하면서 질병 자체보다는 평생 동안 지켜야만 했던 그 비밀이 자신의 인생을 망쳤다고 믿는다 했다. 나는 다양한 증상 완화 치료보다 우리의 상담이 더 큰 의미가 있다고 이해했다. 그녀는 이렇게까지 솔직하게 이야기를 털어놓은 사람은 내가 처음이라고 말했다. 그녀의 말 속에 숨은 상처를 알게 되었고 그 과정을 얼마나 용맹하게 견뎠는지를 들으며 아무리 큰 시련 앞에서도 일상을 유지하려는 노력과 평범한 경험을 소중히 여기는 능력은 인생의 의미를 발견할 수 있는 창이 될 수 있다는 사실도 이해하게 되었다. 상대의 말을 제대로 듣기 위해 충분히 노력한다면 그 대화의 톤이 치유가 될 수도 있었다. 순환 근무로 인해 오늘이 마지막이라고 말하자 그녀는 울면서 상담을 하며 살아 있다고 느꼈고 육체적으로 "정신적으로" 더 나아졌다고 속삭였다. 그때는 상담을 전문적으로 배우지도 않았고 내가 하고 있는 일이 일종의 테라피라는 사실도 몰랐지만 의미 찾기가 치유가 될 수 있다는 사실을 처음 배웠다. 환자와 의사의 첫 교류, 각종 검진, 검진 결과에 따른 치료, 감별 진단•, 치료 기법 등의 모든 과정은 환자를 서서히 치유하는 방식으로 실행되어야 한다. 환자는 물론 의사 또한 둘 사이의 관계를 위해 노력해야 한다. 이때 배운 교훈은 내 안에 오래 남았고 나의 모든 직업적 경력에서 수차례 진실임이 증명되었다.

또한 임상 실습에서 만난 환자들을 통해 가난이 한 사람을 철저히 무너뜨릴 정도로 삶을 갉아먹을 수 있다는 것을 목격했다. 내가

• 증세가 유사한 질병을 비교하고 검토하여 처음 진료했을 때의 병명을 확인하는 진단.

부유한 가정에서 태어나 생활비 걱정 없이 자랐다고 해도 빈곤에 대해 무지하진 않았다. 나는 더스트 보울Dust Bowl •에 관련된 책을 여러 권 읽고 대공황에 대해서 충분히 들었기에 빈곤이 얼마나 무서울 수 있는지 알고 있었다. 대학에서 혁명적 사회주의자들의 책을 읽고 좌파 성향으로 기울면서 사회 정의를 이론적으로는 이해했고 평등과 인권에 대한 열의도 있었다. 하지만 이 모든 건 머리로 이해했을 뿐 가난이 환자들의 삶에 미치는 영향과 사회적 고통을 직접 목격하고 나서야 구체적으로 실감할 수 있었다. 산타클라라 밸리 카운티 병원의 소아과에서 멕시코계 미국인인 농장 노동자 어머니들과 영양 결핍 아동들을 만나면서 내 안에서 끓어오르는 분노를 참기 힘들었다. 이 풍요로운 국가의 가장 풍요로운 지역에서 중산층 미국인들의 식탁 위에 올라가는 음식을 경작하고 수확하는 바로 그 사람들의 자녀들이 어떻게 끼니를 굶을 수 있단 말인가. 소아과에서는 악화된 면역력과 오염수와 살충제 노출로 인해 각종 증상을 앓고 있는 이 아동들에게 기생충 약과 전염병 약을 처방 했다. 하지만 그들에게 정말 처방 해야 할 건 약이 아니었다. 의사들도 그 사실을 알고 있었다. 아이들에게는 영양가 있는 음식을 주고 어른들에게는 덜 위험한 작업 환경을 제공하는 것이 해답이었다.

응급실에는 가족 모두가 기회를 찾아 도시로 떠나고 시골에 혼자 남게 된 노동자 계층 남성 노인들이 자주 찾아왔다. 이 쇠약한 노인들은 보통 하루에 1달러 미만의 돈으로 연명했다. 치과 치료를 받

• 모래바람이 휘몰아치는 미국 대초원의 서부 지대.

을 수 없는 그들의 입안은 폐허나 다름없었다. 메디케어와 메디케이드가 도입되기 한참 전이라 가장 기초적인 진료도 받을 수 없었다. 이들은 극도로 가난한 사람들이 전형적으로 앓고 있는 만성질환을 골고루 앓고 있었다. 폐결핵은 다반사였고 피부 질환은 치료하지 않아 농양이 되었고 암도 방치할 정도라 한 환자는 치료가 불가능해진 커다란 종양을 얼굴에 달고 살기도 했다.

겉으로 드러나는 신체 상태도 최악이었지만 나를 더 심란하게 한 건 그들의 망가질 대로 망가진 정신 상태였다. 한 노인이 내 눈을 똑바로 쳐다보지도 못하고 눈을 자꾸 피했다. 그는 이 지경이 된 몸이 무척 부끄럽다고 중얼거리며 자신은 멀쩡한 한 명의 인간으로 취급받을 "가치가 없다"고 말했다. 아직까지도 그 말을 하던 그의 목소리가 귀에 들려오는 듯하다. 그는 당시 고작 40대 후반이었는데 일흔 살은 넘어 보였다.

스페인어로 말하던 농장 노동자는 등이 아프다고 호소했다. 키에 비해 너무 짧은 괭이를 들고 밭에서 하루 종일 허리를 굽히고 일하다 보니 그렇다고 말하면서 자기가 감당할 수 있는 가장 싼 진통제를 받고 싶다고 했다. 나는 참으로 무지하게도 통역가에게 왜 그 일을 그만두고 다른 직업을 찾지 않느냐고 물었다. 통역가는 아무 말 없이 내 눈을 물끄러미 바라보았는데 그 의미심장한 침묵이 무슨 의미인 깨닫고 가까스로 사과할 수 있었다.

이 경험들은 나를 떠나지 않았다. 나는 의학의 사회적 역할이 내가 공부하는 의료 기술과 노하우만큼이나 중요하다고 생각했다. 의대의 임상 실습 시간에 인간의 수많은 고통을 직시하면서 무한할 정도로 다양한 그 고통을 대처하기에는 현대 의학에 한계가 많다는 사실도 실감했다.

알자스와 이스라엘에서 강렬한 경험을 하고 돌아와 의대 2학년을 마친 다음 뉴욕 대학 병원의 유명한 러스크 인스티튜트의 재활의학과에서 순환 근무를 하게 되었다. 척수 부상으로 입원한 청소년과 20대 환자 들이 열심히 재활 중이었다. 나는 이 환자들 중 상태가 호전이 된 대다수의 환자들이 물리치료사 덕분에 그렇다는 것을 알게 되어 충격을 받았다. 사실 의사들은 이들에게 특별한 의학적 치료를 해줄 수가 없었다. 물리치료사들은 최소한의 동작도 불가능한 이 환자들에게 남아 있는 최소한의 기능을 최대화하도록 훈련시켰다. 신체 기능의 아주 미세한 변화는 환자들에게 하늘과 땅 차이처럼 크다. 홀로 움직이고 독립적으로 생활하는 삶과 포기해 버리고 완전한 무력과 절망 속으로 들어가는 삶의 차이였다. 이 훌륭한 물리치료사들은 재활 프로그램에 각 단계별로 기준을 설정해 두어 아주 세세한 발전도 실질적인 성취가 되게 했다. 그들은 환자들을 밀어붙이고, 응원하고, 후퇴할 때나 실패할 때도 한결같이 지지했다. 환자들의 개인 공간에서 거의 같이 생활하면서 희망을 잃은 환자들에게 용기를 심어주고 동기를 부여했다. 손발을 움직일 수 없어 사기가 저하된 환자를 조금씩 움직이게 했고 그것마저 어렵다면 현실에 적응하도록 도왔다.

몇 년 후 사고로 인해 하반신 마비나 사지 마비가 된 열두 명의 청소년과 청년 들의 그룹 치료 상담을 이끌게 되었다. 사고가 난 지 얼마 안 된 친구들이었고 내가 러스크에서 관찰한 정도의 높은 수준의 재활 서비스는 아직 받은 경험이 없었다. 이 환자들은 모두 깊은 절망감에 빠져 있었지만 어떻게든 그들이 부정적인 생각에서 빠져나올 수 있게 하기 위해, 그래서 자신의 장애 속에서도 평화를 찾아 우울증에 빠지거나 자살을 선택하지 않게 하기 위해, 나로서는 순진하기 이를 데 없는 시도들을 했다. 물론 그들은 내 뜻대로 움직여 주지 않았고 많은 친구들이 다시 예전의 몸으로 살 수 없다면 자살만이 해결책이라고 말하기도 했다. 그들의 분노를 떠올리면 나는 부끄러워진다. 그들은 내가 같은 경험을 공유하지 않았기 때문에 그들의 상황을 절대로 알지도 이해하지도 못하리라는 걸 솔직한 분노로 일깨워 주었다. 그때 배운 교훈은 냉혹했다. 나는 어리석게도 외부자의 입장에서 그들에게 돌봄의 개념을 주입하려고 했다. 내가 할 일은 그들이 처한 가혹한 상황을 일상 속에서 체험하고 재활 훈련을 함께하면서 당사자들의 내면과 직접적으로 연결되는 일이었다.

　우리 의사들은 실질적인 지식뿐만 아니라 도덕적 지혜를 익혀야 한다. 간병이나 돌봄은 피간병인의 필요와 욕구에 따라 방향이 정해져야 한다. 그들의 고통, 그들의 좌절, 그들의 두려움에 대한 이해가 밑바탕이 되어야 한다. 간병인은 피간병인이 존재하는 바로 그 장소 안으로 들어가기 위해서 끝까지 노력해야 한다. 그 장소가 아무리 황량하고 무력하게 느껴진다 해도 들어가야 한다. 피간병인은 자신들이 홀로 남겨지거나 버려지지 않을 것이라는 사실을 알아야 하고 간병인은 기꺼이 당신의 마음을 솔직하게 내보일 수 있어야 한다. 희망은 당위적인 것이 아니라 함께 만들어나가는 과정에 있는 어떤 것이다. 희망이란 간병인이 피간병인의 고통에 합류하고 함께 견디면서 치료 과정에서 후퇴와 호전을 반복하는 와중에 사라졌다가 다시 형성된다.

같은 기간에 나는 환자들과 사적이고 감정적인 교류를 유지하는 일의 중요성도 배웠다. 이는 환자의 가정을 처음 방문하면서 알게 되었는데 환자가 처한 환경을 직접 목격하면서 그 환자가 왜 그렇게 병에 반응했고 환자를 어떻게 치료해야 하는지 파악하게 되었다.

첫 번째 가정 방문은 신경안정제에 중독된 한 젊은 여성의 집에서 이뤄졌다. 병원에서 그 여성을 처음 만났을 때 그녀는 약만 달라고 하는 데다 의사 지시를 따르지 않는 환자로 보였다. 병원 동료들은 그 환자가 자신의 상황을 개선하는 데 관심이 없으며 신뢰할 수 없다고 평가했다. 예방의학과 교수는 나에게 그녀의 집에 가보라고 했는데 검진 약속을 수시로 어겼기 때문이었다.

그 여성은, 존재하는지도 몰랐던 이스트 팔로알토라는 허름한 동네의 다 쓰러져 가는 작은 아파트에 살고 있었다. 들어가 보니 혼자서 어린 아이들을 셋이나 키우고 있었다. 내가 무엇을 기대했는지는 나도 몰랐지만, 집은 굉장히 깔끔하게 정돈되어 있었고 아이들은 단정하게 옷을 입고 행복한 표정으로 집 안을 돌아다니며 놀고 있었다. 환자는 나를 따스하게 맞은 다음 마음을 열고 편안히 대화를 이어갔다. 그녀의 생활 조건은 단번에 파악됐다. 그녀는 근처 중학교에서 청소부로 열심히 일하고 있고 주말에는 부촌의 주택에서 청소를 한다. 두 번 이혼했고 두 아이들은 유치원에 다니고 한 아이는 초등학교 2학년이다. 말 그대로 눈 뜨고 있는 모든 순간에 일을 하거나 아이들을 돌보고 있었다. 신경안정제에 의지하기 시작한 건 불면 때문이었다. 집에서 만난 그 여성은 까탈스럽고 고집스러운 환자가 아니라 세 자녀의 양육을 우선순위로 놓고 자신의 경제적 현실을 인정하고 해결하려는 의지가 강한, 본받을 만한 개인이었다. 병원과 가정에서의 모습이 달라 나 또한 적잖이 놀랐다. 그 이후로 나는 가정 방문을 해보지도 않고 환자나 환자의 가족을 부정적으로 평가하는 방식에 의심을 품게 되었다. 대체로 병원의 설명은 의료진들의 편견이나 불만, 환자가 처한 상황에 대한 무지에서 비롯되었다.

현재 대다수의 미국 의대는 학생들에게 환자의 가정 간병 상태를 관찰하거나 참여할 적절한 기회를 제공하지 못한다. (과거에는 얼마 안 되긴 하지만 스탠퍼드 대학이 선택적으로 실시하긴 했다.) 하지만 환자의 집에 방문하면 그들이 실제로 어떻게 사는지, 자신의 병이나 가족들의 병을 어떻게 다루는지, 왜 그들이 의료 기관에서 '골칫덩이'로 여겨지기도 하는지 파악할 수 있다. 유럽에서 가장 유서 깊은 의대인 네덜란드의 레이던 대학교는 의대 1학년 학생들에게 중증질환자의 집이나 가정에 방문할 수 있는 파견 수업 프로그램을 제공했다. 학생들은 병원에서만 머물지 않고 일주일 동안 환자의 집에 방문해 빨래, 청소, 요리 등을 돕고 씻기기, 입히기, 식생활 점검, 산책 보조 등을 맡는다. 이 프로그램의 목표는 질병이 가정과 인적 네트워크 안에서 어떻게 경험되고 취급되는지를 직접적으로 체험하고 나아가 동참했을 때의 느낌을 알게 하는 데 있다. 그 학교에서 초청 교수로 강연을 하며 레이던 대학교에서 수학했던 학생들과 이야기할 수 있었다. 학교는 가정 간병 체험을 통해 학생들은 1차 진료 의사로서 준비를 갖추고 환자의 가족, 환경, 간병인, 욕구에 대해서 더 나은 질문을 할 것이라 가정한다. 물론 일부 학생들은 이 훈련을 버거워하고 인간적인 관계 맺기나 가정 간병 체험이 자신과 맞지 않다고 느끼기도 하지만 학생 때 환자 입장에서 상황을 보는 방법을 배우면 현업으로 들어갔을 때 환자들과의 친밀함을 불편해하고 환자의 세계와 욕구의 실상에 무지한 의사가 되지 않을 수 있다.

지금도 가끔 한밤중에 깬 생생한 꿈이 남긴 여운에 몸서리치기도 한다. 꿈의 이미지는 다양하지만 초기 임상 실습 기간 중에 본 한 장면이 반복해서 나타난다. 나와 같은 과 학생들 몇 명이 버스를 타고 곧 허물어질 것 같은 병원에 방문했는데 협소한 병동에 입원한 선천적 신체장애와 심각한 지적장애가 있는 어린이와 청소년 들을 보고 놀라서 황급히 빠져나왔던 적이 있다. 물뇌증(뇌수종)을 앓고 있는 환자가 아기용 침대에 아무 반응 없이 누워 있었고 키는 나만큼 크지만 머리는 나의 3분의 1 정도인 소두증 환자가 웃으면서 박수를 쳤다. 한 청년이 굽은 척추 때문에 몸을 반으로 접고서는 나에게 도와달라고 소리치며 기어 오기도 했다. 환자들은 옷을 입다 만 채로 고함을 질러댔고 진한 소변 냄새와 대변 냄새 때문에 구역질이 나왔다. 너무나 처참한 환경에 놀란 우리들은 주 공무원들에게 불만을 제기했다. 어떻게 돌봄이나 재활이 전혀 이루어지지 않는 비인간적인 환경에 환자들을 몰아넣을 수 있는지, 왜 직원들은 의료인이 아닌 간수처럼 행동하는지 따져 물었다. 이 불만 사항은 접수되지 않았다. 강사들은 이후의 상황을 전달해 주지도 않았다. 그저 학생들에게 지상의 지옥을 노출시켜 충격을 주는 것 외에는 어떤 목적도 없는 듯했다.

    냉혹하게도 의대는 나를 포함하여 포부가 큰 미래의 의사들도 서서히 변하게 만들었다. 나는 환자들이 제공하는 정보 중에서 적절하고 유용한 진단을 내릴 수 있는 정보만을 선별하는 데 익숙해졌다. 청진기, 검안경, 혈압계, 반사 망치 등의 전문적 도구를 활용하고 요령을 익히는 데 능숙해졌다. 동시에 나의 감각을 일종의 도구로 연마하기도 했다. 촉진을 하고 맥박을 짚고 마치 인간 측정기처럼 환자들의 통증과 불안과 우울증 등 다른 주관적인 증상도 측정할 수 있게 되었다. 하지만 훈련을 통해 기술에 능해질수록 의대 저학년 때 화상을 입은 어린이 환자의 손을 잡았을 때나 매독으로 인생이 망가진 노부인과 대화하면서 받은 감동과 충격과는 점점 더 멀어졌다. 물론 전문적인 태도로 환자와 거리를 유지하는 것이 의사에게는 일종의 생존 전략이며 장기간 높은 수준의 전문 기술을 발휘해야 할 때 유리하다는 사실을 이해했다. 하지만 거리를 둔다는 것은 곧 환자와 소원해지는 것이며 그런 식의 객관적인 태도는 필요하지도 좋지도 않다. 아직은 의사가 되기 전이었으므로 돌봄이나 보살핌이 주는 심오한 감정까지는 들어가지 않았다. 하지만 의대 교육 중에 나는 갈림길에 처했고 가치 판단의 위기에 봉착했다. 내가 진짜 의사, 괜찮은 의사가 되고 있던 와중에도 어쩔 수 없는 사회화와 이 사회화의 파괴적인 힘에 대한 저항심은 더욱 커졌다. 내 천성은 관료주의적 무관심, 직업적인 냉소주의, 사리사욕과 계속 싸웠다. 그러다 결국 내 천성이 이겼다. 진료하는 의사에게 필요한 자질이 아무리 중요하다고 해도 환자들의 욕구가 더 중요하다고 생각하게 된 것이다.

    의대 1학년과 졸업생을 비교한 최근의 연구를 보면 안타깝지만 과거 나의 직감이 사실이라는 것을 알게 된다. 졸업을 앞둔 의대생들은 환자들과 면담하며 정확한 진단을 내리고 적절한 진료를 하는 테크닉 면에서는 신입생들보다 훨씬 능숙하다. 하지만 충격적이게도 1학년 학생들이 환자 병력의 심리사회적, 감정적, 인간적인 측면을 더 잘 이해하는 경향이 있다. 다시 말하면 의사들은 수련 기간 동안 기술과 지식과 역량이 발전하는 반면 사교성과 인간에 대한 관심은 줄어드는 좋지 못한, 때로는 유독한 흐름이 있다는 뜻이다. 50년이 흘렀건만 의대 수련 기간에 내가 무엇에 반항했고 무엇을 거부하려고 했는지를 다시금 인식하는 중이다.

다른 의대 학생들처럼 나도 전공을 선택하는 데 어려움을 겪었다. 한때는 잠깐이지만 외과의가 되고 싶다는 생각도 했다. 하지만 1차 내과 진료에 점점 끌렸는데 만성질환을 갖고 있는 환자들의 치료에 집중할 수 있기 때문이다. 환자를 한 명의 인간으로 알아가는 기술이 필요했고 병과 치료에 영향을 받아 변하는 그들의 세계, 삶, 환경에 대한 이해도 필요했으며 그들의 조건을 관리할 수 있도록 도와 한계 속에서도 기능적이고 숙달된 느낌을 갖고 살게 할 수도 있었다. 이는 만족스러운 삶과 그렇지 않은 삶을 가르는 결정적인 차이가 될 수 있다. 또한 당시에는 열대 의학tropical medicine이라고 불렸으나 현재는 세계보건이라고 불리는 분야에도 관심이 생겼다. 빈곤 사회에서 직접 진료를 하고 질병을 예방할 수 있다는 사실은 사회의학과 사회 정의를 추구하는 나의 관심사와도 부합했다. 의료와 인간을 결합한다는 면에서 정신의학도 나를 사로잡았다. 하지만 1960년대 스탠퍼드 의대는 노벨상을 수상한 몇 명의 과학자들이 주도하고 있었다.

과학자들은 의료인류학이나 사회학이 과학적 지식이 결여된 분야라고 여겼다. 우리 학생들은 기본적으로 과학 공부에 집중해야 했고 간병이나 보살핌의 기술은 그다음이었다.

나는 의사로서 치료라는 실용적인 기술과 인간의 서사와 역사를 결합하는 것이 진정 가능하기는 한지 의심하기 시작했다. 환자들, 그들의 인생, 그들의 지역사회를 깊이 알고자 하는 열망이 있었고, 이 열망을 과학자들 사이에서는 '소프트한' 학문으로 취급되는 사회과학이나 인문학과 연결해 보고 싶었다. 문화에 따라 다른 생활, 건강, 질병의 사회적 측면을 연구하는 학문인 의료인류학 세미나에 참여해 보았지만 더 깊은 혼란과 좌절에 빠질 뿐이었는데 그 세미나는 사회학 이론과 현장 연구를 통한 의료인의 업무와 공중 보건 전문가의 일을 설득력 있게 설명하지 못했기 때문이다.

의대에도 의학 역사 교수가 있긴 했지만 학제 간 접근을 지지하는 사람은 거의 만나지 못했다. 의료인들의 진료를 돕기 위한 사회과학의 실질적 개입을 반신반의하며 지지하는 이들은 몇 명 있었다. 하지만 나는 그 이상에 관심이 있었다. 더 큰 사회적 맥락 안에서 의학을 개념적으로 재정의하고 싶었다. 어떻게 하면 개인 차원에서뿐만 아니라 빈곤, 낙인, 문화라는 맥락 안에서 개인의 질병과 치료를 더 잘 이해할 수 있을까? 생물학 연구와 사회학 연구를 결합시킨 생물학과 교수 한 명만이 나를 완전히 이해해 주었다. 정신의학과 학과장이기도 한 데이비드 햄버그 교수는 인간생물학 프로그램을 개설하고 아프리카 침팬지를 대상으로 한 행동과학 연구에 협력하기도 했다. 내가 열망하는 분야에서의 본보기였고 그 작업이 현실적으로 가능하다는 걸 보여준 분이다. 데이비드 햄버그는 내 평생의 멘토가 되었다. 그는 사회생물학적 프레임이 질병과 돌봄을 적절히 설명할 수 있는 유일한 길임을 가르쳐주었다.

그러나 내가 가장 중요하다고 생각하는 다음의 관점을 이해하려는 전문가는 거의 없었다. 돌봄이 의사와 환자 사이의 긴밀한 상호작용에 기대고 있다면 이 관계 양쪽에 영향을 미치는 개인적·사회적 요소, 내가 보기에는 너무나 명백해 보이는 이 요소를 왜 이해하려고 하지 않는가?

예컨대, 스페인어 사용자인 멕시코계 미국인 환자는 의사 전달이 충분히 되지 않아 진단과 치료에서 방치되었다. 의료인들은 언어 문제를 이해하는 편이지만 문제 해결을 위한 단계별 노력은 하지 않는다. 내가 볼 때는 언어 이상의 더 큰 문제가 있어 보였다. 산타크루즈산에서 채취한 야생 독버섯을 먹고 탈이 난 나이 든 이탈리아 남성들을 관찰한 적이 있다. 그들이 구하려던 버섯과 독버섯을 착각해 벌어진 일이었다. 한 남성은 신상 손상으로 결국 사망했지만 두 사람은 의료 개입으로 목숨을 구했다. 그중 한 사람이 레지던트에게 자신은 절대적인 맛의 버섯을 찾을 수 있다면 다시 숲으로 들어갈 의향이 있다고 말했다. 의사는 놀라움을 숨기지 않으면서 이 환자를 무지하다고 판단했다. 의사는 환자의 행동이 아무리 좋게 말해도 이해가 안 되고 사실 무책임하다고 봤다. 환자의 표현에 의하면 "아름다운" 음식을 지키기 위해서는 자신의 목숨을 걸 수도 있었다. 의사들은 미각이나 미학적 선호에 따른 문화적 차이를 이해할 여유나 인내심이 없었다.

다발성 경화증 말기 환자였던 한 포르투갈 노부인은 생의 마지막 나날에 부조리할 정도로 행복해 보였다. 그 때문에 정신과 상담이 필요하다는 진단이 나왔는데 의료진이 보기엔 죽음을 앞둔 그녀의 반응은 정신적으로 이상이 있다는 사실로만 귀결되었다. 그러나 내가 볼 때 그분은 곧 신을 만날 수 있다는 생각에 진정으로 기뻐한 것뿐이었다. 한 지방의 재향군인 관리 병원에서 2차 세계 대전 참전 군인들을 만났다. 이들은 그해 겨울에 서부로 건너왔는데 여름과 가을에 뉴욕에서 골프를 치면서 만성 통증 때문에 경기가 느려진다고 불평했다. 병원 직원들은 그들이 꾀병쟁이나 건강 염려증 환자라며 비웃었다. 하지만 이 남성들은 전쟁 중 상당히 심한 부상을 당했고 장애인이 맞았다. 그러나 그들은 그 한계 속에서 동료애와 라이프스타일을 만들어 갔고 자신의 선택을 추구하기 위해 의료적인 도움을 구하기로 한 것이다. 왜 그들을 비웃어야 할까? 왜 우리는 그들의 통증을 완화시키기 위한 재활 치료를 제공하지 않을까? 만약 의료보험의 오남용이 문제라면 왜 그 문제를 다루지 않는가? 우리는 그들의 전쟁 경험, 그들의 개인적인 삶, 그들의 삶에 있어 골프와 우정의 가치에 대해서 하나도 모른다. 이것은 그들의 실패인가 우리의 실패인가? 돌아보면 이 마지막 예는 관점에 따라 해석의 여지가 달라지긴 하지만 당시에는 전쟁에서 부상을 당했는데도 어떻게든 운동을 하고 할 수 있는 한 즐거움을 찾는 이들을 비웃고 낙인찍으려는 의료진들에게 화가 났다.

윤리적 문제나 판단의 문제에서도 의문을 가질 수밖에 없었다. 왜 어떤 잠재적 수혜자가 다른 사람보다 먼저 신장을 이식받아야 하는가? 당시엔 규칙이나 가이드라인도 없고 전산화 된 알고리즘도 없었다. 당시 의료계에는 환자가 치료를 받지 못했을 때 그것이 의료 정책의 문제인지, 혹은 윤리적·사회적 정의의 문제인지를 파악하기 위해 필요한 정식 기준이 없었다. 특히 의료 과실 사건에서 윤리적인 문제가 인정받지도 않고 다루어지지도 않는다는 사실이 굉장히 불편하게 다가왔다. 병원이 제공한 치료에 용감히 문제 제기를 하는 가족들은 보통 침묵이라는 벽에 부딪쳤다. 산부인과에서 한 여성은 하반신 마취제를 거부하고 산통을 그대로 느끼거나 아니면 다른 종류의 마취제를 맞고 싶다고 했으나 다른 사람들의 개입으로 환자의 의사는 무시되곤 했다.

　의사-환자 관계보다 전문성을 우선시하는 현실은 나에게는 그저 심각한 불균형으로 보인다. 오늘날처럼 환자 교육을 강조하고 환자의 권리가 중시되고 인터넷에 의학 정보가 넘치는 시대의 관점에서 보면 1960년대의 관행은 다분히 시대착오적이다. 전문성이 군림하던 시대, 아니 전문성이 독립적으로 기능하던 시대는 사라졌다. 이제 문제는 의사-환자 관계의 한계로 대체되었다. 그때의 나는 이 질문에 어떻게 접근해야 할지도 모르면서 사로잡혀 있었다. 의사로서 환자를 볼 때 사회 이론, 문화, 심리학, 때로는 철학을 중심에 놓아야 한다고 절실하게 믿었다. 이 요소와 경험을 보다 제도적으로 정리하는 방법이 있을 거라 믿었다. 의료 서비스를 인간의 문제와 연결해 병원과 지역사회, 가족 사이에 다리를 놓을 수 있는지 물었다. 의료의 문화적 측면과 이 측면이 의사의 실제 진료와 환자의 건강에 미치는 영향을 깊게 연구할 수 있는 의과 분야가 있는지 알고 싶었다. 의학계에서 만난 어떤 사람도 이런 관심사를 추구하지 않는다는 사실에 좌절했다. 내 관심사는 언제나 냉소에 부딪쳤고 의학자나 의사가 천착할 수 있는 분야가 아니며 때로는 시간 낭비라고 무시당하기 일쑤였다. 당시에는 이 분야에 대한 연구나 관심이 부재했기 때문에 내가 나름대로 독보적인 경력을 쌓을 수 있을 거라 내다보지 못했다.

하지만 역사의 아이러니를 보면서 정신이 번쩍 들기도 한다. 사회과학과 의학 전문가들이 협력해 의료윤리학과 의료인문학 같은 새로운 학문 분야를 만들고 연구가 활발해져 수천 편의 논문과 수백 권의 책이 발표되었다. 그럼에도 불구하고 이 지식의 창고에 가득한 이론이나 연구가 실제 의료 현장이나 가정 간병에 적용되는 일은 제한되어 있으니 의대 저학년에 시작되었던 나의 고민은 아직까지도 유의미하다고 할 수 있다.

8

46년 동안 나의 아내였던 사람을 만난 건 나를 정신적으로 크게 성장시킨 유럽 여행을 다녀온 직후였다. 의예과에서의 이론 수업을 마무리하고 병원에서 임상 실습을 시작하던 중이었다. 내가 50여 년에 걸쳐 이루어진 러브 스토리라고 믿는 아내와의 관계는 내가 그때까지 공부하면서 혹은 내 인생에서 만난 그 무슨 사건이나 어떤 사람보다 나의 감정적·윤리적 성장을 빠르게 앞당겼다.

실패로 돌아갔던 첫 만남 이후에 어떻게 우리가 다시 사귈 수 있었는지 아직까지도 의아하게 생각하고 있다. 나는 조앤을 캠퍼스에서 상영하는 프랑스 고전 영화를 보러 가는 길에 우연히 만났다. 그녀의 외모나 자태는 당대 최고의 스타였던 오드리 헵번을 연상시켰고 나는 첫눈에 사랑에 빠졌다. 겉으로 보면 우리는 완전히 반대 성향이었다. 나는 산만하고 나 자신에게만 몰두하고 남에게 무관심하며 전형적인 브루클린 출신의 유대인답게 치열한 노력형 인간이었다.

조앤은 차분하고 조용한 자신감이 있으며 쉽게 호감을 주는 성격에 다른 사람들에게 관심이 많았다. 캘리포니아 출신다운 느긋함과 유럽에서 공부하면서 몸에 익힌 대륙적 세련됨이 근사하게 결합된 사람이 우리 아내였다. 나는 우리의 첫 데이트를 거의 망칠 뻔했는데 나의 무신경하고 정신머리 없는 행동으로 그녀의 인내심을 끊임없이 시험했기 때문이다. 먼저 커피를 마시자고 해놓고선 그다음 날 해부학 시험이 있으니 데이트를 취소하고 그녀의 차로 해부학과 건물로 데려다 달라고 했다. 하지만 겨우 사정사정해 두 번째 기회를 얻어낼 수 있었다. 나는 조건이 더 좋은 경쟁자들에 비해 훨씬 더 끈질겼는데 결국 조앤과 나는 우리의 태도와 배경은 달라도 더 깊은 단계, 즉 사회를 바라보는 관점과 도덕적 가치와 지적 호기심, 서로에 대한 확신과 열정을 공유하고 있음을 알았다. 극장에서 처음 만난 날로부터 1년 뒤 우리는 양가의 반대를 극복하고 결혼했다.

조앤과의 만남이 내 인생을 완전히 다른 방식으로 형성했다고 말한다면 턱없이 부족하다. 우리의 중국, 동남아시아 친구들은 우리 부부는 어디로 보나 함께할 운명이라고 말해주곤 했다. 그녀는 내 인생을 만들었고 나라는 사람을 만들었다. 조앤을 만나기 전의 내 인생은 이제 기억조차 나지 않는다. 거의 반세기 동안 결혼 생활을 하며 아내의 얼굴은 나의 일상생활이자 현실이 되었다. 조앤과의 생활이 완전히 내면화된 나머지 조앤이 세상을 떠난 후 거울에 비친 내 얼굴을 바라보다 충격을 받았다. 그녀에게 너무 익숙해져 내 얼굴에서 조앤의 얼굴이 보이고 조앤 자체가 나의 정체성이 되어버린 것이다.

나는 아내를 아름다운 여성, 세련되고 우아하고 따스하고 사랑이 깊은 사람으로 기억한다. 조앤은 1940년대와 50년대에 팔로알토에서 백인 프로테스탄스 중산층으로 자라 UC버클리를 졸업하고 스위스의 제네바 대학에서 장학생으로 공부했으며 미국에서 여성운동이 일어나기 이전에 성인이 되었다. 여전히 여성에게 결혼과 양육이 일차적 의무로 여겨지던 시대에 수준 높은 교육을 받았던 여성이 그랬던 것처럼 문화적 관습을 뛰어넘어 외국에서 혼자 살고 여행하기도 했다. 유학 경험을 통해 형성된 성숙함과 독립심을 스스로도 매우 소중하게 여겼다.

조앤은 제네바에서 몇 년 동안 유학 생활을 하다 1963년에 팔로알토로 돌아왔고 1년 동안 공부하고 일하며 유럽에서 장기적으로 머물 돈을 저축해 돌아갈 생각이었다. 하지만 그 기간에 나를 만났다. 결혼 후 나의 학업과 현지 연구 때문에 여러 국가와 도시를 돌며 살던 와중에도 조앤은 예일대에서 중국어를 전공했고 대만의 국립고궁 박물원에서 중국 미술사를 공부하면서 중국 회화와 서예도 배웠다. 시애틀의 워싱턴 대학교에서 중어중문학으로 석사 학위를 땄고 하버드대의 고 아킬레스 팽Achilles Fang 교수 밑에서 가장 오래 지도받은 학생이기도 했다. 내가 조앤을 만났을 때는 스탠퍼드 후버 인스티튜트의 저명한 중국 경제학자인 얀리 우Yuan-Li Wu의 연구 조교로 일하고 있었다.

조앤은 내게 중국 미술을 소개하고 자신과 깊이 공명한다고 느낀 중국 철학의 세계로 안내했다. 중국의 도덕·가치관은 우리 가족 윤리의 근간이 되기도 했다. 중국의 세계관은 지금 여기 현재에 집중하는 것이 중요함을 강조하고 도덕적 책무와 미적 경험을 일상생활에 접목하고자 한다. 좋은 삶을 살기 위해서는 인격을 함양하고 관계를 위해 노력해야 나와 나의 세계가 더 인간적이 된다고 말한다. 조앤에게 이런 철학은 곧 우리 삶의 모든 국면에서 아름다움과 지혜와 사랑을 창조하는 것이었고 그녀는 배려, 존중, 화합을 통해 그 일을 이루었으며 이 세계와 자신의 특별한 자아를 융화시켰다. 나는 그런 종류의 세상과의 화합과 기민한 행동력과 신속한 이해가 돌봄을 실천하는 데 얼마나 중요한지를 수십 년이 걸려 이해했다.

하지만 조앤은 중국뿐만 아니라 유럽의 영향도 깊이 받았다. 유창한 프랑스어를 구사했고 프랑스어 억양이 영어에도 스며들어서 사람들은 그녀를 유럽 출신으로 알기도 했다. 가장 오래되고 친한 친구들은 거의 프랑스인이었다. 뛰어난 요리 솜씨 역시 프랑스 요리책과 그녀의 대모가 된 프랑스의 부인들의 부엌에서 익힌 것이었다. 나도 주목했고 조앤 자신도 알고 있었던 것처럼 그녀는 프랑스어를 하거나 프랑스적인 환경에 있을 때 성격도 변했다. 더 활기차고 상상력이 풍부해졌으며 재치와 다정함이 자연스럽게 흘러나왔다. 조앤은 넉넉지 않은 수입을 알뜰하게 관리하여 우리는 여름마다 파리를 여행했고 좋은 친구들이 우리를 맞아준 쥐라산맥 근처도 자주 방문했다. 조앤은 옷을 많이 구입하는 편은 아니었지만 패션 감각이 뛰어나 파리 레프트뱅크 주변에서 겨울과 여름 세일 때 산 옷들을 최신 패션과 매치시켜 입곤 했다. 중국어 텍스트를 읽지 않을 때는 프랑스 고전 문학을 읽었는데 특히 샤토브리앙과 몽테뉴의 에세이, 발자크, 졸라, 프루스트의 소설을 좋아했다. 타라곤 닭가슴살 요리Poulet a l'estragon는 우리 집 단골 메뉴였고 프랑스식 사과 파이도 자주 만들었다. 파리에 있을 때는 한 시간씩 함께 걸으면서 흥미로우면서도 비싸지 않은 레스토랑을 찾아내곤 했다.

조앤은 아이들에게는 중국어와 프랑스어뿐만 아니라 이 문화들의 장점을 가르치려 노력했다. 프랑스 전통에서는 세련된 스타일과 질적인 우수함과 생활을 우아하게 만들기 위한 노력을 본받게 했다. 나 또한 아내의 정확한 발음이라든가 분명한 태도가 프랑스 체류 경험에서 왔다고 생각한다. 하지만 그녀는 이런 기질을 마치 가벼운 옷처럼 자연스럽게 걸치고 있어서 허세나 억지처럼 보이지 않았다. 이 모든 다양한 요소들이 그녀 안에서 어우러지고 구현되는 방식을 묘사하자면 '몸에 배어 있다'는 표현이 가장 잘 어울릴 것이다.

조앤은 우리 결혼과 가정생활의 미적, 종교적, 도덕적인 면을 정성스럽게 관리했다. 조앤의 친절함과 품위와 준비된 미소는 진실했고 절제되어 있었으며 우리 자녀들과 나에게는 진실함과 선함의 본보기와도 같았다. 도덕적 가치를 중요시했지만 도덕론자는 아니었고 도덕론자를 보면 즉시 의심했다. 제도화된 종교나 이론은 믿지 않으나 이 세상을 움직이는 형이상학적 힘으로서의 신을 믿었다. 성경을 읽었지만 다양한 세계에 존재하는 불특정한 신에게 기도했고 세상의 모든 종교적인 이야기를 기꺼이 받아들였다. 그러나 그중에서도 그녀가 따르는 삶의 방식의 핵심은 이 현세 안에서 사람들에게 직접 영향을 미칠 수 있는 좋은 말과 좋은 행동을 한다는 것이었다. 이러한 삶의 방식은 세상을 신성하게 했다.

평일 저녁 식사든 가족 모임이든 친구 초대든 모든 일상생활에서 신중히 생각하고 디테일에 집중했다. 양초 하나만 보태도 평범한 저녁 식사가 이벤트나 기념일로 변할 수 있다는 것을 알았다. 우리 대화에 활력과 깊이를 더하기 위해 노력했고 가족이 모여 함께 고전을 낭독하게 이끌었다. 조앤은 세상에서 가장 맛있고 우아한 피크닉 도시락을 쌀 줄 알았다. 로스트 치킨과 라이스 샐러드, 바비큐 립, 프랑스식 사과 파이, 이국적인 치즈를 준비했고 부부를 위해서는 향긋한 와인, 아이들을 위해서는 레모네이드나 스파클링 워터를 준비하곤 했다. 피크닉을 가면 우선 중국 대나무 매트를 깔고 그 위에 프로방스산 식탁보를 펼친 다음 천 냅킨을 놓고 우리 집에서 가장 좋은 커트러리와 사기 접시 위에 음식을 가지런히 담았다. 탱글우드 뮤직 페스티벌에 있건, 주립 공원에 가건 조앤은 항상 그렇게 했다. 조앤의 집도 특별히 부유하진 않았고 결혼 초기에는 수입도 빈약했으니 이러한 의식은 모두 그녀의 정성스러운 준비와 노력 덕분이었다. 한 끼의 식사가 주는 메시지는 음식만큼이나 중요했다. 생활을 조금 더 호사스럽고 의미 있게 만드는 방법을 알았다. 조앤은 생활의 장인이었다. 인생은 그녀의 관점과 태도를 그대로 전달하는 매체였다.

조앤이 하루를 살아가는 방식에는 균형과 조화가 살아 있었다. 서예와 그림과 정원 가꾸기와 프랑스, 중국 요리와 헌신적인 몰입형 육아 사이를 물 흐르듯 유유히 오갔다. 그러면서도 우리 부부만의 친밀한 시간을 만들어 사랑을 돈독하게 할 기회를 만들어냈다. 시골길을 산책하자며 가족들을 데리고 나가 나무 이름을 하나하나 가르쳐주고 자연의 생명력을 느끼게 하고 같이 운동을 했다. 조앤이 우리를 위해 한 모든 일들은 가족을 하나로 뭉치게 했다. 하물며 우리가 키우던 말썽쟁이 대형견 솔티까지도 조앤 옆에서는 다소곳한 순둥이가 되곤 했다.

그녀가 열정과 용기뿐 아니라 강철 같은 의지를 지닌 사람이라는 사실을 증명하는 사건을 기억한다. 내가 예일 뉴헤이븐 병원에서 내과 인턴으로 일하고 있을 때였다. 당시 1년(1967년 6월~1968년 6월)을 꼬박 하루는 24시간 일하고 다음 날은 12시간 일하고 주말에도 격주로 근무했다. 아픈 동료 인턴을 대신해 닷새 내내 근무하던 날이었다. 그 불가능한 일정이 중간쯤 지났을 때 조앤은 한밤중에 내게 전화해 당시 7개월이었던 아들 피터의 체온이 41도까지 올라간다고 했다. 소아과 의사에게 전화해 보았는데 아마도 풍진일 거라면서 바쁘니 왕진은 올 수 없다고 했단다. 그 병원과 소아과 의사에게 화가 치밀었지만 나 또한 병원을 한시도 떠날 수 없었다. 나 역시 생명을 위협하는 병마와 싸우고 있는 환자들을 책임져야 했다. 조앤은 피터에게 냉수 목욕을 시켰고 결국 열을 내릴 수 있었다. 그 모든 과정 중에도 조앤은 차분했고 민첩했으며 냉정할 정도로 능률적이었다. 반면 나는 두려움, 분노, 죄책감 때문에 노심초사하다 정신이 나갈 지경이었다.

그 힘겨웠던 해에 나 또한 나름대로의 내면적 위기를 겪고 있었다. 정신적으로 고갈되었다고 느낀 것이다. 교대 근무를 마치고 이틀에 한 번 집에 있는 날이면 조앤은 정성스럽게 준비한 푸짐한 저녁 식사를 차려주곤 했지만 저녁상을 종종 무시하거나 아예 거부하고 방에 틀어박혀 의학 서적이 아닌 책들을 탐독했다. 그녀는 얼마 없는 여가 시간을 나의 지적 욕구에 바치는 일이 얼마나 절실한지 눈치채고 나의 이기적인 행동을 눈감아 주고 지지해 주었다. 그렇게 몇 년을 보내며 나도 받은 대로 보답하는 법을 배워가긴 했다. 아내가 언어와 미술사를 공부하고 싶다는 뜻을 밝혀 응원해 주긴 했지만 말로만 했을 뿐 그녀가 나를 위해 해준 그 모든 것과는 비교가 되지 않았다. 그 과정에서 나는 그녀를 실망시켰고 자주 죄책감을 느꼈다.

　1976년 우리 가족이 시애틀로 이사하면서 나는 워싱턴 대학교의 종신 교수로 임용되었다. 그해 나의 양아버지가 돌아가시자 어머니는 닻을 잃은 상태였다. 조앤은 우리 아이들에게도 할머니가 곁에 계시면 좋을 것 같다면서 뉴욕에 있는 어머니를 우리 집으로 모시자고 제안했다. 나는 망설였다. 어머니와의 관계는 이전보다 더 소원했다. 어머니가 우리에게 짐이 될까 봐, 혹시라도 우리 가족에 균열을 일으킬까 봐 겁이 났다. 조앤은 나를 열심히 설득했다. 조앤과 아이들의 기분 좋은 성화에 어머니는 여행으로도 온 적이 없었던 시애틀로 과감히 이사 왔다. 조앤은 어머니가 거주할 집을 마련해 주고 그동안 할머니와의 관계를 어색해했던 우리 아이들과 친해질 수 있는 기회를 만들었다. 아내와 어머니는 곧 깊이 의지하는 친구가 되었고 나는 그 어느 때보다도 우리 어머니와 덜 복잡하고 편안한 사이가 되었다. 어머니의 입장에서는 할머니로서 자신의 이미지를 회복하면서 다시금 내면의 힘과 자원을 끌어낼 수 있었다. 이 새로 시작된 관계가 어머니의 인생을 바꾸었고 우리의 생활에도 긍정적으로 작용했다. 조앤이 없었다면 절대 일어날 수 없는 일이었다.

　시애틀에서 6년을 지내고 캠브리지로 돌아온 후에도 내 건강은 서서히 악화되었다. 축농증, 천식, 고혈압, 통풍이 한꺼번에 오기도 했다. 건강 문제는 대체로 내가 자초했다고 할 수 있는데 나는 거의 광적일 정도로 생산성에 집착하느라 잠을 줄이며 나를 밀어붙였다. 그러나 조앤은 그 시기에 놀라울 정도로 튼튼한 건강을 유지하면서 나를 셋째 아이라도 되는 듯이 돌보아 주곤 했다.

1980년에 나와 우리 가족에게 큰 전환점이 찾아왔다. 그해 우리 가족은 중국 후난성의 성도省都인 창사에서 5개월간 거주했는데 우리가 1949년 이후 이 지역에 산 첫 미국인이라고 했다. 찌는 듯한 무더위에 습도는 숨이 턱턱 막힐 정도로 높았고 낮 최고 기온이 43도까지 올라가기도 했다. 첫 한 달 동안 우리가 지내던 중국 사택에는 작은 선풍기 두 대뿐이었다. 수압이 너무 낮아서 샤워도 못 하고 미지근한 물을 받아놓고 들어가서 씻곤 했다. 우리 가족 모두 땀띠가 났고 중국 동료들도 마찬가지였다. 그들은 강에서 불어오는 약한 바람이라도 쐬기 위해 야외에서 잔다고 했다. 생활환경이 최악이었지만 나는 백 명의 환자들을 대상으로 한 연구 작업을 끝내고 싶었다. 모두 문화혁명의 희생자들로 피로, 통증, 어지러움, 불안, 사기 저하 같은 증상을 보이는 '신경쇠약'에 시달리는 이들이었다. 굉장히 강도 높은 연구였지만 후일 중국 정신의학계에서 우울증과 우울증 치료의 현대적 개념을 최초로 도입했다는 평을 받을 중요한 작업이기도 했다. (미국의 정신의학계에도 정치 트라우마와 문화와의 관계를 알리게 될 연구였다.) 여름이 끝나고 조앤과 아이들은 미국에 돌아가 새 학기를 시작했지만 나는 열다섯 건의 사례를 더 조사해야 했기에 한 달 더 머물러야 했다.

홀로 남아 있다가 이질에 걸렸고 다른 섬뜩한 합병증도 왔으며 고질적인 천식도 악화되고 전반적으로 건강이 나빠졌다. 그 몇 주 동안 몸무게의 5분의 1 정도가 빠졌고 건강에 대한 자신감도 그만큼 사라졌다. 그런데도 나는 연구를 끝내겠다고 고집을 부렸다. 중국 친구들은 내가 살아서 미국으로 돌아가지 못할까 봐 걱정했고 시애틀에 도착했을 때 조앤과 아이들은 나를 알아보지 못할 정도였다. 회복되기까지 몇 달이 걸렸으나 조앤은 이 망가진 남자를 보살피기 위해 마치 맹수처럼 달려들었다. 그리고 결국 나를 되돌려 놓았다.

그로부터 1년 후 내가 악몽에서 깨어 극심한 공포로 떨 때도 조앤은 내 곁에 있었다. 그런 밤이면 얼굴에선 식은땀이 줄줄 흐르고 심장은 요동치고 호흡을 할 수 없을 지경이었다. 조앤은 나를 차분히 달래며 악몽 이야기를 말없이 들어주곤 했다. 꿈에서는 내가 몸에 마구를 채우고 무거운 전차를 연결한 후 하늘까지 끌고 간다. 전차를 모는 사람은 내게 더 빨리 가지 못하겠냐며 채찍질을 한다. 나는 멈춰 서서 더 이상의 속도는 낼 수 없다며 소리를 지른다. 숨을 헉헉대며 분노에 차서 몸을 돌려 이 냉혹한 마부와 대결하려 하지만 고삐를 쥐고 있는 사람이 바로 나라는 걸 알고 아연실색한다. 이때부터 나는 숨넘어갈 듯 기침을 하기 시작하고 과호흡을 보이면서 조앤과 이 악몽을 같이 해석해 보곤 했다. 한번은 완전히 무너져서 엉엉 소리 내어 울었다. "난 당신이 필요해. 당신이 없으면 안 돼. 내 옆에 있어줘." 내가 숨을 헐떡이며 말하면 조앤은 자다가 돌아누워 나를 가만히 안아주었다. 그렇게 몇 달이 흐르며 서서히 그러나 확실하게 나의 자신감이 제자리로 돌아왔다. 우리 부부는 언제나 함께였고 서로를 있는 힘껏 붙잡았고 같은 방향으로 서로를 이끌었고 극진히 사랑했다. 나는 아주 길고도 느린 재생 과정을 거쳤다. 어쩌면 생전 처음으로 내 몸과 영혼을 어떻게 챙기고 돌보아야 하는지를 배웠다. 나는 철저히 고장 나 있었고 혼자서는 위기를 뚫고 나갈 수 없었을 것이다. 조앤을 완전히 신뢰했기 때문에 그렇게까지 나를 내려놓고 약한 모습을 보일 수 있었다. 아내는 내 생명을 구했다. 이렇게나 간단히 설명할 수 있다.

신혼 때 아주 가끔이지만 조앤이 소리 없이 훌쩍이고 있는 모습을 봤다. 그녀는 가끔씩 깊은 우울과 슬픔에 빠지곤 했는데 어머니와 한 번도 친밀한 관계인 적이 없어서 그런 것 같다고 말했다. 어린 시절의 결핍 때문에 아이들과 나와 시어머니를 있는 힘껏 사랑하고 끈끈한 관계를 맺고 싶어 했는지도 모른다. 그녀는 우리 어머니를 항상 '엄마'라고 불렀다. 어머니 또한 마음을 열고 화답하면서 나와 다른 사람들에게 평생 갖고 싶었던 딸이 나타났다고 말하곤 했다.

물론 우리에게도 다른 부부들처럼 갈등이 있었는데 여러 면에서 우리가 음과 양처럼 완선히 반대 성향이었기 때문이었다. 그리고 우리 사이의 문제는 대체로 나 때문에 발생했다. 나는 아이들이 어릴 때 곁에 있어주지 못한 아빠였고 조앤이 대학원 학업과 가사와 육아를 병행할 때도 적극적으로 돕지 못했다. 일밖에 모르는 나는 조앤의 말에 따르면 "불만투성이에" "무뚝뚝하고" "따분한" 사람이었다. 언제 조앤이 나를 못마땅해하는지 알았는데 나를 '아서'가 아니라 '아서 마이클'이라고 부를 때였다. 진심으로 화가 났을 때는 냉랭한 얼굴을 하고 입을 꾹 다물었다. 찬 서리가 내릴 듯한 표정으로 말없이 내 눈을 똑바로 주시하기도 했다. 딱 두 번, 조앤은 내 안경을 벗겨

내 아주 천천히 손으로 부숴버린 적도 있다. 하지만 이런 일들은 몇 안 되는 예외적인 사건으로 어느덧 기억 너머로 사라져 버리는, 인생의 작은 파도일 뿐이었다.

조앤은 나와 아이들을 위해 특별한 세계를 창조했다. 우리는 황금빛 따스함과 단정한 질서가 어우러진, 우리가 당연하게 여기게 된 그 분위기 안에서 살았으며 다른 가족들, 친구들, 동료들까지도 이 세계 안으로 초대되곤 했다. 우리는 조앤이 우리의 미래까지 지켜줄 단단한 지지대를 만들어놓았다는 것을, 그 세계를 창조한 이가 세상을 떠난 후에도 그렇다는 걸 뒤늦게야 이해했다. 그녀가 전달한 무언의 교훈은, 이 특별한 세계는 그저 당연히 찾아오는 것이 아니라 매일 예술 작품을 세공하듯이 만들어가야 한다는 것이었다.

조앤은 내게 두고두고 중요한 경력이 될, 중국에서의 연구 논문을 함께 쓰는 집필자였고 학생들과 동료들 사이에서 그녀만의 관계를 만들었다. 내가 문헌을 찾고 연구하고 전체 과정을 감독하는 동안 그녀는 학계 네트워크를 만들기 위해 힘쓰고 사람들과의 관계를 세심히 살폈다. 그녀가 맡은 일은 학문적 성과만큼이나 중요했다. 직설적인 데다 사교에 능하지 못했던 나는 상대하기 쉬운 사람이 아니었고 30대와 40대에 학생들은 나를 무척 어려워했다. 많은 학생들이 나에게 다가오길 꺼렸고 몇몇은 주눅이 들기도 하고 진심으로 무서워하기도 했다. 그들은 나 대신 조앤을 통해서 의사를 전달했고 조앤은 그들의 입장을 대변해 주었다. 학계나 의료계 동료들조차도, 특히 중국이나 유럽 동료들은 조앤과의 대화를 더 편안하게 여겼고 특히 연구 중 논쟁을 초래할 주제가 나올 때는 조앤과 소통하고 싶어 했다. 그녀의 배려와 따뜻한 감성과 개방성도 충분히 훌륭한데, 중국어나 프랑스어가 나보다 더 유창했으니 당연히 아내와 대화하며 더 잘 이해받는다고 느꼈을 것이다.

조앤은 관계 안에서 돌봄과 보살핌을 그 무엇보다 중요시했고 모든 관계에서 발생하는 감정적, 도덕적 결과를 포용했다. 동료와 학생들은 이 사실은 인지하고 자기 안의 가장 내밀하고 따스한 감정은 그녀를 위해 남겨두었다. 그들은 나를 멘토나 학구적이고 지적인 대담자로 여겼을지는 몰라도 조앤에게서는 훌륭한 인품을 발견했다. 중국에서는 이런 자질을 '렌(ren, 仁)'이라고 부른다. 중국 친구들은 조앤을 '콴시(quanxi, 關係)'를 만들고 지킬 줄 아는 사람이라고 이야기하곤 했다. 콴시는 도덕적 관계를 가꾸는 기술을 말하는데 왜 사람들이 조앤에게서 그런 면을 보았는지 나 또한 바로 이해했다. 나도 조앤의 그런 면을 존경했기 때문이다. 물론 다른 사람과 남편인 내가 그녀를 느끼는 방식이 똑같지 않다는 건 인정한다. 나는 진정한 성취는 그녀의 것이라는 사실을 알았는데 그녀가 사람에게 미친 긍정적인 영향은 학문적 세계보다도 더 위대했다. 나는 저널이나 강연장에서 나의 지식을 전시했으나 조앤의 현명함은 전시할 필요도 없이 그대로 배어났다.

조앤의 친구들은 전 세계에 있었다. 제네바에서, 버클리에서, 나중에는 스탠퍼드에서, 워싱턴 대학교에서 만난 스웨덴, 프랑스, 스위스, 중국 여성들은 조앤에게 가족을 소개했고 시간이 지나며 이 관계에 내가 포함되고 각별한 두 가족과는 우리 아이들, 손주들도 친하게 지냈다. 이 친구들 중 여러 명이 조앤의 마지막 나날에 곁을 지켰다.

조앤은 친구들에게 장문의 솔직한 편지를 쓰고 수시로 전화 통화를 하면서 친구 가정의 중요한 행사에 일일이 답하곤 했다. 결혼할 때, 아기가 태어났을 때, 이직했을 때, 위기를 겪을 때와 세상을 떠날 때 조앤은 이들에게 연락했다. 페이스타임이나 소셜 미디어나 스카이프가 생기기 한참 전이었지만 우리는 연결되어 있었다. 조앤은 이렇게 한결같은 관계를 유지하기 위해 선물을 하고 방문을 했고 친구들이 자신을 필요로 할 때 그 자리에 있기 위해 노력했다.

친구들만 챙긴 건 아니었다. 동료들, 이웃들, 단골 상점 직원들과도 인사하는 사이 이상이었고 우리 집에 왔던 전기 기사, 배관공, 수리 기사와 남다른 사이가 되기도 했다. 조앤은 신뢰를 형성하고 의미 있는 관계를 만드는 재능이 있었다. 신경질적인 고령의 페인트공과 우리 집을 청소해 주었던 수줍음 많은 (아마도 불법 이민자였을) 브라질 청소부와 슈퍼마켓 계산대의 할머니까지도 조앤이 표하는 관심에 고마워했다. 그녀는 그저 미소만 짓지 않았다. 그들의 이름을 기억했고 그들이 누구이고 지금 어떤 일을 겪고 있는지 진심으로 알고 싶어 했다. 그들의 말을 경청하고 각종 서류들을 해석해 주고 은행이나 보험회사나 공공 기관에 대신 전화를 해주고 억울함을 달래주곤 했다. 나는 얼굴조차 몰랐던 이 고용인들 몇 명이 아내의 장례식에 참석했다.

조앤과 함께 살면서 나의 학계 동료들과의 관계와 내가 다른 사람들을 대하는 방식도 서서히 바뀌었다. 나는 따스한 미소, 반가운 인사, 진심 어린 감사의 말이 무엇을 의미하는지 배웠다. 그것은 곧 다른 사람을 인정한다는 것이며 그들이 어떤 사람이고 내가 어떤 사람인지 재확인하는 일이었다. 나 또한 점점 나의 약한 면을 스스럼 없이 내보이게 되었고 사람들이 나를 어렵게 생각하는 것이 느껴지면 먼저 내 사생활 이야기를 꺼내면서 친해지기도 했다. 의대에 다니던 시절 배웠던 가치를 생활 속에서 다시 배우고 있었다. 다른 사람들에게 중요한 일에 적극적으로 반응하는 법도 배웠다. 내 행동이 조금씩 변하면서 나는 더 인간적인 사람이 되었고 남의 일에 더 공감하는 사람, 다가가기 쉬운 사람이 되어갔다. 이 행동이 서서히 습관으로 굳어지자 나는 완전히 다른 사람이 되었다. 나를 방어하던 답답한 갑옷과 나를 무겁게 짓누르던 오만함과 야망을 어깨에서 내려놓는 기분이었다. 이런 행동 안에 깃든 비움의 정신이 나의 행복감을 키우고 스트레스를 받는 관계에서도 긴장감을 내려놓게 했다. 물론 의사로서 환자들을 진찰한 경험, 나이가 들면서 자연스럽게 찾아오는 성숙함, 부모이자 선생으로서의 경험 또한 나를 긍정적으로 변화시킨 요인이었을 것이다. 그러나 지금 확실히 깨닫는 것은 내가 이렇게 크고 작은 방식으로 타인과의 관계를 돌보는 방법을 배우면서 나 자신을 돌보는 법까지 배웠다는 점이다. 30대에 육체적으로 무너졌을 때도 조앤 덕분에 나는 그리 어렵지 않게 변화를 이룰 수 있었다.

조앤 클라인먼은 나를 치유했다. 천천히, 그러나 급진적으로 몇십 년 동안 그렇게 했다. 나를 타인을 신경 쓰는 사람, 돌보려 하는 사람, 돌봄을 주는 사람으로 훈련시켰다. 그 결과 내 안에서 크고 내밀한 행복이 생겨났다. 나는 가족을 소중히 여기게 되었다. 가족과 함께 보내는 시간은 언제나 즐거웠고 우리는 희망과 기대를 품고 미래를 그리곤 했다.

이 새로운 종류의 세상과의 관계는 나의 일과 연구에도 스며들었다. 내 연구 분야의 중심은 처음에는 질병 자체의 인식과 연구였다가 인간의 고통과 질병의 경험을 보다 감정적이고 도덕적인 방식으로 치료하는 법으로 옮겨갔다. 주관적인 맥락에서 개개인의 역사를 살펴보는 일이 질병과 질환의 양적 평가보다 더 중요한 과제로 자리잡기 시작했다. 초기 논문의 주제는 의료 시스템의 새로운 의미와 의료의 문화 체계 모델이었으나 논문 주제도 점차 바뀌었다. 나는 환자와 치료자가 경험하는 질병 이야기에 관심이 많았다. 나의 글쓰기 스타일도 주제의 변화에 따라 달라졌다. 부자연스럽고 틀에 박힌 학문적 언어는 보다 자유롭고 실제의 삶을 묘사하며 사람들의 감정을 고양시키는 문장으로 바뀌었다. 한 예리한 외국 비평가가 내 글을 여성적인 글쓰기의 좋은 예라고 언급하기도 했다. 시간이 흐르면서 내가 가르치는 스타일도 기술을 중시하기보다 인간 존재를 중시하는 쪽으로 변했다. 새로운 수업을 개설하면서 일부러 호기심을 불러일으키는 긴 이름을 붙이기도 했다. '생물학, 민족지학, 소설, 영화, 그리고 정신 요법'이라든가 '사회적 맥락에서 사람을 아는 심오한 방법들' '중국 깊이 알기: 감정적 인간과 윤리적 인간' 같은 이름의 강의를 개설했다. 이후 '지혜의 추구: 함께 살기의 종교적, 도덕적, 미학적 경험'이라는 강의를 동료 교수들인 데이비드 카라스코, 마이클 푸엣, 스테파니 폴셀과 같이 열기도 했다. 의대에 개설되었던 기존의 건조하고 기술적인 의료인류학, 문화 정신의학, 세계 정신 건강과 사회의학 강의가 내 강의로 대체되었다. 내가 추구하는 방향은 명백했다. 특수한 전문 지식보다 보편적인 인간적 지식을, 추상적 개념보다는 실제 사람들의 도덕적 경험을 중시하여 사람들에게 가장 중요한 일을 이해시키는 것이다.

조앤은 나의 논문 프로젝트에서 공식적인 역할을 맡기도 했는데 내가 그렇게 한 이유는 우리 둘이 함께 더 많은 시간을 보내고 싶어서이기도 했지만 조앤이 내 곁에 있어야 우울증 진단과 치료, 특수 장애 연구에만 머물지 않고 가족, 지역사회, 사회라는 큰 맥락 안에서 환자가 겪는 통증, 피로, 비인간화까지 연구할 수 있었기 때문이었다. 조앤은 학문적 연구로만 끝나지 않고 윤리적인 해석을 강조해야 인간 실존의 중요성을 드러낼 수 있다고 믿었다.

나의 임상 실습수업도 이러한 방식을 따랐다. 정신과 상담 회진이나 임상 의료인류학 회진으로 불리던 것들이 도덕, 문화, 심리사회 회진 혹은 클라인먼 회진으로 불렸다. 클라인먼 회진은 의학 진료를 인간화하려는 나의 노력의 총체였다. 나는 종교와 의학을 주제로 한 강의를 세라 코클리와 진행했고 데이비드 존스와 캐런 손버와는 의료인문학 강의를 이끌었다.

1970년대 후반과 80년대에 나는 병원에서 약물 치료보다는 심리 치료를 중심으로 진료했다. 나만의 독특한 접근 방식인 민족지학 심리치료를 도입하기도 했다. 일반 정신과 상담은 환자의 어린 시절 갈등이 현재의 증상에 미치는 영향을 해석하는 데 집중하지만 내가 하는 정신과 첫 상담은 그보다 느슨했다. 현재 환자의 삶에서 가장 중요한 것이 무언지를 듣고 공감하고 이해하는 데 초점을 맞추었다. 우울증의 진단과 치료는 진료의 끝이 아니었다. 진단은 환자가 살아온 과정을 보다 깊이 이해하고 문제를 바로잡는 데 필요한 첫 번째 단계일 뿐이었다. 그 당시 정신의학이 신경학에 관심을 갖기 시작했기에 나의 방식은 시대착오적인 치유자의 행동처럼 보일 수도 있었으나 또 다른 시각에서는 정신의학이 곧 높은 수준의 진료를 의미하게 된 첫 시도처럼 보일 수도 있었다.

나는 환자들이 자신의 병을 경험하면서 돌봄의 의미를 탐험하길 바랐고 그들에게뿐만 아니라 내게도 유용한 삶의 지혜를 찾기를 바랐다. 환자와 나의 관계는 점점 더 상호적이고 평등해졌다. 우리는 같은 자리에서 함께 위기를 공유하고 이 모든 과정이 불완전할 수 있음을 인정했다. 함께 기억의 파편을 꺼내보고 인생의 비탄을 받아들였다. 그것이야말로 치유의 전제 조건이라 할 수 있다. 이 마지막 가치는 이후에, 내가 우리 가정에서 돌보는 사람이 되었을 때 다시 필요한 자리에 들어와 나를 일으켰다.

이러한 변화가 일어나던 시기에 만났던 인상 깊은 환자가 있다. 그는 어촌 마을의 한 작은 신문사에서 일하는 기자였는데 음주 문제를 앓았고 만성적 우울증이 있었으며 결혼 생활은 위태로웠다. 그러나 그의 자신감을 가장 크게 떨어뜨린 것은 앞으로도 영원히 작은 마을에 갇혀 이름 모를 신문에 시시한 기사만 쓰다 죽을 거란 생각이었다. 그는 자신에게 훌륭한 글감이 있으니 그것을 쓰기만 한다면 자신의 명예와 경력이 달라질 거라 믿었다. 그에게 필요한 건 어떻게든 힘을 내고 의지를 끌어모아 나약한 정신 상태에서 빠져나온 다음 대형 잡지사와 신문사에서 기사를 게재하여, 자기가 받아야 마땅한 독자들의 관심을 얻는 것이었다. 키가 크고 턱수염을 기른 잘생긴 그 남자와 나는 엇비슷한 나이였다. 이 환자는 술을 마실 때는 자신감이 급격히 상승했다가 술에 취하지 않았을 때는 좌절감에 빠지는 일을 반복했다. 나는 적어도 얼마 동안은 그의 우울증을 완화시키고 음주 습관을 자제하도록 도울 수 있었다. 과거의 나라면 그 정도면 충분했다고 여겼을 것이다. 거기까지가 정신과 의사로서 내가 해야 할 일이라 이해하고 만족했을 것이다. 하지만 나는 그에게 동지애를 느낀다고 솔직히 털어놓았다. 나 또한 작가로서 그와 같은 열망을 갖고 있다고 말했다. 나도 세상에서 더 널리 인정받게 해줄 작품을 쓰고 싶은데 아직 쓰지 못해서 불안하다고 했다. 그렇게 환자와 의사는 같은 딜레마를 탐험했다. 우리 가족이 나라 반대쪽으로 이주하게 되면서 이 상담 치료는 중단해야 했고 우리의 탐험이 과연 긍정적 결과를 낳았는지 아닌지는 알지 못한다. 하지만 치료자인 내가 환자와 같은 시련을 나누고 우리 두 사람만의 이야기가 아니라 실존적 주제라고 생각한 욕망과 현실 간 부조화에서 의미를 끌어내려 노력하면서 나는 더 편안해졌고 낙관적으로 변했다. 그 환자를 상담한 과정은 이제 기억에서 희미해졌지만 나 자신을 상처 받은 치유자로 설정하며 나 또한 이 관계에서 이익을 얻었다는 사실을 안다.

서서히 그러나 확연히 나는 학생들에게도 마음을 열고 호의를 주고받았다. 교수 생활 초반에는 대학원생이나 의대생 들이 내 관심사 안에 들어왔으나 시간이 갈수록 학부생들을 주로 가르쳤다. 어린 학생들 앞에서는 나에게 가장 중요하고 광범위한 주제를 더 자유롭게 펼쳐 보일 수 있다고 느꼈고 그들도 나처럼 느끼기를 바랐다. 실은 내 머릿속을 차지한 생각들을 정리하고 전달하는 가르침이라는 방식으로만 내가 생각한 주제들이 명확해지곤 했다. 내가 천착한 주제는 내가 이미 글로 기록한 내용과 거의 유사했는데 내 영혼의 느린 변화라 할 수 있었다. 나는 무엇보다 경험을 탐구하고 싶었다. 고통, 부상, 통증의 경험을 탐구하고 치료와 돌봄을 통해 어떻게 변화하는지 알고 싶었다. 치유자이자 저자로서 이 경험에 어떻게 접근해야 할지 더 연구하고 싶었다. 내가 생각하는 경험이란 사회적 조건과 개인의 상황이 결합된 것이다. 고통은 그저 개인의 심리적 상태가 아니라 사회의 결과였고 가장 효과적인 개입은 둘 모두를 통해 이루어져야 했다. 동시에 나는 내면의 치유자로서의 경험도 탐구하고자 했다. 이 내면의 치유자는 번아웃이 되지 않도록 자신을 지키면서 효율과 인내를 유지하기 위해 어떻게 해야 할까? 그러다가 다시 질문했다. 개인의 내면적인 경험과 집단적 경험을 어떻게 결합시켜야 더 큰 힘을 갖게 될까?

사실 이런 자각은 대체로 중국을 비롯한 다른 국가에서 체류하며 형성되었다. 나의 체험과 연구와 독서를 통해 내가 속한 문화와 타 문화를 비교하면서 가치관도 바뀌었다. 물론 내가 이렇게 새로운 관점을 인식하고 받아들일 수 있었던 건 오직 조앤 덕분이라는 사실도 알고 있다. 그녀는 나를 해방시켜 새로운 경험을 준비하고 관심을 기울이게 했다. 강의나 가르침만이 경험이 아니었다. 아내와 외국에서 자리를 잡고 그녀의 애정 어린 성품을 살아 있는 예로 삼으면서 나는 변화했다. 그녀가 다른 사람들과 맺는 관계를 지켜보면서 돌봄과 멘토링의 힘이 얼마나 큰지 확신했다. 또한 우리 부부의 친밀한 관계 속에서 조앤은 계속 나를 수정하고 재정비하여 나라는 사람을 만들어갔다.

조앤 역시 복잡한 인간이다. 학계 세미나에 참석했다가 옆에 있는 사람들에게 냉소적인 말을 툭툭 내뱉기도 했다. 대화를 나눈 모든 사람들을 인정하고 긍정하면서도 어떤 사람들의 관점과 가치관에는 비판적이었다. 그 생각을 표출할 때도 있고 아닐 때도 있었지만 그녀 안에 있었다. 허영과 위선을 굉장히 경멸했고 그 생각을 혼자 간직하는 경우가 많았기에 개인적으로 친하거나 속마음을 털어놓을 사이가 아니라면 그녀의 비판적 관점을 전혀 모를 수도 있다. 우리 부부가 외식을 하거나 집에서 저녁을 먹을 때면 아이들과 나에게는 그런 생각들을 자유롭게 공유하곤 했다. 조앤이 나누고 싶어 하지 않은 딱 한 가지가 있었으니 초콜릿이었다. 그녀는 초콜릿 디저트만큼은 열렬하게 사수했다.

조앤이 떠난 후 여자 친구들이 편지로 조앤이 그들의 삶에 얼마나 중요했었는지 알려주었다. 그녀는 많은 젊은 여성들이 비밀을 털어놓을 수 있는 인생 선배였고 그들의 이야기를 절대 발설하지 않았기에 나조차도 그 여성들이 어떤 생각을 하고 있는지 알 수 없었다. 내 동료들이고 학생들이고 비서들인데도 그러했다. 조앤은 자신과 동시대의 여성들이 학계에서 남성 관리자들과 동료들에게 푸대접을 받거나 모욕을 당한다는 걸 알고 있었다. 조앤의 학계 진출도 내 경력을 지원해 주느라 지체되지 않았는가. 그녀는 학계의 젊은 여성들을 절대적으로 지지했다. 그녀의 페르소나가 너무나 조화롭고 호감을 주기에 동료들은 조앤이 주위에 그저 있기만 해도 분위기가 밝아진다고 말하기도 했다. 그녀의 웃음에는 전염성이 있어 기분이 아무리 가라앉아 있어도 그녀가 웃으면 사람들 또한 미소로 답하면서 그녀의 온기를 나눠 가졌다. "그분 옆에 있으면 햇살에 데워지는 것 같아요." 한 친구는 그렇게 표현했다. 아내가 고용한 한 인부는 내게 이렇게 말했다. "아내분이 정말 긍정적이세요. 아내에게 뭐든지 다 해주고 싶겠어요."

동료와 학생이 아프거나 다치면 조앤은 바로 다가가 현실적이고 실질적인 방식으로 도와주었다. 학생과 학생 가족과의 갈등을 듣고 함께 해결책을 고민했다. 지인들은 그녀에게 부부 문제, 자녀 교육 문제 등의 사적인 문제를 상담하고 현실적인 조언을 구하기도 했다. 나는 정신과 의사였지만 아내는 주변을 돌보는 사람이었다. 가끔은 속이 좁은 줄 알면서도 아내와 사람들과의 관계에 질투를 느끼기도 했다. 아내가 나만 바라봐 주기를 원했지만 모든 사람이 조앤이라는 사람과 그녀가 보이는 친절을 원했기 때문이다. 그녀의 죽음 앞에서 나뿐만이 아니라 수많은 사람이 눈물을 흘렸다. 실제적으로 그녀를 아는 모든 사람이 자기가 조앤의 가장 절친한 친구라고 믿었다.

9

1969년 대만 땅에 발을 딛자마자 나는 충격과 경이로움에 사로잡혔다. 준비도 되지 않은 나에게 낯선 감각들이 폭포수처럼 쏟아졌다. 이질적인 풍경과 소리와 냄새와 왁자지껄한 혼돈의 거리에는 오히려 금세 익숙해졌지만 내가 살던 세계와 판이하게 다른 사회적 문화와 역사, 관례에 적응하는 건 쉽지 않았다. 그러나 시간이 흐르면서 이곳의 문화는 인간의 상호작용에 대한 나의 관점을 근원적으로 바꾸었다. 나는 중국 사회를 50여 년 동안 연구하고 7년 반은 대만과 중국에서 살기도 했다. 그러나 표면적인 차이점과 유사성을 넘어 이 안에서 더 심오한 의미를 끌어내는 작업을 아직도 하고 있는 중이다.

많은 사람이 중국 하면 문자 그대로, 또 비유적으로 벽을 떠올린다. 한번은 나병원에 방문하고 돌아오던 길에 택시 운전사에게 왜 정부는 타이페이에서 이렇게 멀리 떨어진 곳에, 그것도 산을 하나 넘어 높은 벽까지 세운 다음 시설을 지었는지 물었다.

"중국 사람들 관점 아시잖아요. 이 병은 사람들을 헤쳐요. 악한 기운 때문에 생긴 병이죠. 그러니까 무엇으로든 막아야 해요. 이렇게 멀리 떨어진 거리, 벽, 산이 그렇게 해줄 수 있겠죠."

그때까지도 대만 사람들은 보이지 않는 세상에는 부정적인 힘과 에너지가 있고 허기에 찬 귀신, 복수심에 찬 신, 억울한 조상이 있다고 믿었다. 그리고 이런 힘들이 한 사람의 길흉화복에 결정적인 영향을 미친다고 생각했다. 사람들은 집 외부에는 높은 벽을 쌓고, 집 내부에는 보이지 않는 힘을 피하거나 가두기 위해 병풍을 세워놓곤 했다. (벽 끝에는 깨진 유리조각이나 철조망을 설치했는데 이는 보다 실제적인 위협인 도둑을 막기 위해서였다.) 많은 이들이 풍수를 믿었다. 땅 밑에 흐르는 근원적인 힘이 내면의 힘인 '기'를 키워줄 것이고 이 기운이 가정에 행운을 가져다준다고 믿었다. 후손들에게 복을 줄 수도 있지만 화를 줄 수 있는 조상들을 달래기 위해 다양한 의식을 행했다. 이들에게 대대로 전해 내려오는 의식과 관행은 언제든 찾아올 수 있는 위험과 위기의 정체를 알아내고 이에 대면하고 극복할 수 있도록 해줄 구체적이고도 실제적인 도구였다.

그들이 믿는 강력한 힘과 그에 대한 중국인들의 반응을 묘사하기 위해 내가 사용하는 언어들은 그곳에서는 일상적이다. 그러다 보니 당시 나에게는 이 모든 것이 너무나 낯설고, 내가 그전까지 생각해 온 모든 것과 대치되었음에도 불구하고 서서히 수긍하게 되었다. 또한 다른 문화를 무조건 '배제'하는 것이 정치적으로 올바르지 않다는 것도 이제는 안다. 피상적으로는 유사성이 넘치지만 알고 보면

서로 드러내지 않는 차이점이 무수히 많을 수도 있다.

1960년대 미국 성인 남성들은 군대에 강제로 징집되었다. 나는 병역의 의무를 마치기 위해 대만으로 왔고 국립 보건원National Institutes of Health이 나를 미국 공중 보건원US Public Health Service으로 배치해 이곳에서 미 해군 제2 의학 연구소의 연구진들과 함께 일하게 된 것이다. 이곳은 전염병 연구에 특화된 기관으로 베트남 전쟁이 한창일 때는 베트남 다낭에 해군 병원 부설 연구소를 설립하기도 했다. 나는 대체로 농촌과 도시 지역에 파견되어 현지 조사를 했다. 내가 처음 만난 환자들은 주로 사회적으로 낙인찍힌 나병과 결핵 환자들이었다.

대만에 도착한 지 얼마 되지 않아 같은 연구소의 병리학자와 우서霧社의 깊은 산골 마을로 들어갔다. 마을에는 성공회 선교사들이 가난한 원주민 지역사회에서 봉사하기 위해 세운 교회가 있었다. (오스트랄로 말레이인은 원래 대만 원주민이었으나 중국 이민자들이 저지대의 비옥한 농촌 지역을 차지하면서 깊은 산중으로 쫓겨났다.) 동료와 함께 임시 보건소를 세워 이틀 동안 병원 구경은 한 번도 못 해본 사람들을 진찰했다. 수백 명이 줄을 섰지만 시설이 턱없이 열악해 제대로 된 진료를 하기엔 역부족이었다.

작은 촌마을로 왕진을 다니기도 했다. 나무로 지은 농가에 들어가니 땟국이 흐르는 헐벗은 중년 여자가 우리 안에 동물처럼 갇혀 있었다. 가족은 두 가지 이유 때문에 그녀를 가두었다고 했다. 오래전부터 정신병 증세를 보였고 입안에 난 종양 때문에 말도 더듬었다. 그 종양은 웃으면 훤히 보일 정도로 크고 흉했다. 나는 경악하며 같이 간 의사와 함께 이 환자에게는 암이 있으니 격리가 아니라 치료를 받아야 한다고 열심히 설득해 보았다. 하지만 가족은 그녀가 또 미친 짓을 할까 봐 두렵고 그 병은 귀신이 붙은 것이라며 가까이에만 가도 나쁜 일이 닥칠 것이라며 성을 냈다.

그 가족들 모두가 너무 안쓰럽고 가여웠지만 보다 이성적인 관점에서는 이 잔인한 처사에 화가 나서 견딜 수 없었다. 당장 학대를 멈추게 할 수 있도록 내가 힘써야 한다고 생각했다. 그러나 성공회 교회 선교사는 나를 한쪽으로 데리고 가더니 가족에게 여자를 풀어주라고 몇 달째 설득했지만 들은 척도 하지 않는다고 말했다. 그 젊은 시절의 행동은 지금까지 내가 했던 가장 직접적인 반발이었다. 때로 어떤 방식의 돌봄은 심각한 고통을 겪고 있는 사람을 더욱 처참하게 만들 수도 있다.

보건소는 마치 부상자를 분류한 군 병원 같았다. 발병 초기에 발견했다면 충분히 완치가 가능했으나 너무나 오랜 시간이 흘러 이제는 손쓸 수 없는 환자들이 많았다. 환자가 너무나 많아 목사가 환자들의 통증과 문제를 일일이 통역해 줄 시간이 없다 보니 의미 있는 진단을 내릴 수 없었다. 명확한 증상을 보이는 시급한 환자들은 도울 수 있었지만 병력도 없고 아무런 기록도 없고 검진도 할 수 없고 치료의 선택지도 없었기 때문에 만성질환자에게 해줄 수 있는 일이 전혀 없었다. 한 환자당 몇 분밖에 시간도 없고 치료 수단도 갖춰지지 않은 이 보건소에서 환자를 진찰한다는 것이 과연 무슨 쓸모가 있는지 의심하기 이르렀다. 그러나 의사이자 인류학자인 폴 파머가 이후 "진료 사막clinical desert"이라고 부른 이런 곳에서도 의사와 환자 간의 대면은 의미가 있다. 마을 사람들은 한 명씩 다가와 자신들의 문제가 뭔지 살펴주어서, 도와주려고 노력해 주어서 진심으로 감사하다고 절하다시피 허리를 굽히며 말했다. 그들이 이 경험에서 애써 의미를 끌어내는 모습을 보며 의아하기도 했다. 그러나 그들에게는 의사라는 직업이 풍기는 상징적인 힘이 실제적인 결과보다 더 중요할수 있었다. 극단적인 빈곤에 처한 이들은 그저 진료 비슷한 행위에도무조건 고마워했다.

1970년대에 일 때문에 잠깐 방문한 필리핀 마닐라에서도 잊지 못할 경험을 했다. 콜레라가 극성을 부리고 있었고 나는 도시 빈곤 지역의 병원으로 파견되었다. 한 달 내내 24시간 일하고 24시간 쉬는방식으로 근무하며 콜레라 환자들을 보았다. 처음에는 정맥주사를놓고 그다음에는 입으로 물을 흘려 보내면서 몸에 수분을 공급했다.그래도 이 병원에서는 콜레라를 정맥주사와 항생제로 치료할 수 있었고 간호사들도 있어 대만에서의 경험과는 달랐다. 모든 연령의 환자들이 거의 죽기 직전에 도착했다. 몸을 가누지 못하고 반쯤은 의식이 없는 채였고 때로는 맥박이 잘 잡히지도 않았다. 계속된 설사로몸의 수분이 빠져나간 탓에 혈액의 양도 줄어서 정맥주사를 바로 놓지 않으면 바로 사망할 것 같은 환자들도 많았다. 놀랍게도 정맥주사를 놓고 수액이 몸에 들어가기 시작하자마자 상당히 빠른 시간 내에몸을 일으켰고 걸을 수 있었고 물도 직접 마셨다. 입으로 물과 항생제를 먹을 정도가 되면 하루 이틀 후에는 퇴원도 했다. 의료인들은거의 죽다 살아서 나간 콜레라 환자들을 성경의 나사로와 비유하곤했다. 그러나 적절한 치료를 제때 받지 못하면 콜레라 환자의 사망률은 30에서 40퍼센트에 달한다.

마닐라에서 만난 한 환자는 아직까지도 가끔 기억에 출몰한다. 한 여성이 거의 실신한 여섯 살 된 아들을 안고 허겁지겁 보건소에 달려왔다. 맥박을 찾을 수 없었고 청진기를 갖다 대자 희미한 심장 소리가 들렸다. 곧바로 조치를 취하지 않으면 생명의 불씨는 꺼질 것이었다. 수분을 공급해야 했으나 삐쩍 마른 팔에는 주삿바늘을 꽂을 동맥을 찾을 수가 없었다. 나는 '응급실의 인턴'처럼 초집중했고 유일한 희망은 소년의 복부에 가는 튜브를 끼워 곧바로 수액을 주입하는 방법밖에 없었다. 전에 한 번도 시도해 보지 않은 기술이었다.

　아이의 엄마는 내가 무엇을 하려는지 보더니 안 된다고 비명을 지르며 아이에게 손을 뻗었다. 노련한 필리핀 간호사는 내게 이 엄마는 종교적 이유로 주사를 거부하지만 내가 소년의 목숨을 살릴 수 있다면 뭐든지 하라고 말했다. 나는 오직 내가 받은 훈련과 본능만 믿었다. 나는 아이를 붙잡고 간호사에게 엄마를 커튼 뒤로 데리고 가서 아이 침대를 절대 보지 못하게 하라고 말했다. 나는 기도하는 마음으로 튜브를 소년의 복부에 꽂았고 염분이 함유된 수액이 흘러 들어 갔다. 10분도 채 지나지 않아 꼼짝 않던 아이의 몸이 움직이기 시작했고 또 15분이 흐르자 소년은 앉았고 그제야 주사를 팔에 놓을 수 있었다. 진정한 나사로의 기적이 아닐 수 없었다.

　간호사가 엄마를 들여보냈을 때 엄마는 아들을 안더니 간호사에게는 허리를 굽히면서 감사를 표했지만 나는 빤히 바라만 보았다. 내가 아들을 살렸다는 건 이해했지만 자신의 신념을 무자비하게 짓밟은 행동은 용서하지 못하는 것 같았다. 한참 지나서야 나 또한 이 사건을 다른 관점으로 보게 되었다. 나는 분명 목숨을 구했다. 하지만 전문인이 가져야 할 진료 윤리를 말 그대로 배신했다. 환자 부모의 동의 없이, 설명도 없이 독단적으로 행동했다. 가족의 종교적 원칙을 존중하지 않았다. 당시에는 오직 환자의 생명을 살려야 한다는 생각밖에 없었고 지금도 그와 같은 일촉즉발의 상황에서는 똑같이 했을 것이다. 이 경험을 돌봄의 실천과 관련해서 생각해 볼 수 있기까지 많은 시간이 필요했다. 그러나 지금은 확실히 안다. 나는 환자 가족에게 중요한 문제들을 무시하고 오직 전문적인 치료 과정만 우선하면서 조앤과 나를 수없이 화나고 짜증 나게 했던 오만하고 냉정한 전문가들과 똑같이 행동했다. 생명을 위협하는 병을 다룰 때는 이런 방식이 유효할 때도 있지만 만성적인 질환을 치료할 때는 정말 신중해야 한다.

특수한 상황에서 겪은 모든 경험이 소중하지만 이러한 경험들이 나의 세계관을 근본적으로 뒤집지는 못했다. 세상이 어떻게 움직이는지에 관한 나의 생각을 처음부터 재고하게 한 건 이보다는 덜 이국적이니 더 근본적인 차이점들이었나. 첫째, 중국의 세계관 안에서 인간은 태어날 때부터 완전한 인간이 아니며 하나의 스펙트럼이나 연속체 위에 점처럼 존재하며 점차 자리를 옮겨간다. 그러므로 아기는 완전한 인간이 아니며 여성은 이 스펙트럼 위에서 특별하나 열등한 위치에 놓여 있다. 긍정적으로 해석하자면 인간이란 삶이라는 시간 속에서 자신의 인간성을 함양해야 인간으로 나아가며 따라서 계속해서 스스로를 교육하고 좋은 습관을 길러야 한다. 그러나 이 관점은 영아 살해를 정당화하고 아동 체벌을 허용하며 남녀 차별을 당연하게 여기게 만드는 단점이 있다.

두 번째, 중국 문화권에서 인간이란 가족과 사회의 관계 안에서만 정의된다. 개개인은 개성 있고 독보적인 존재가 아니라 집단의 일부이고 따라서 관계가 최우선이다. 개인은 모든 시간을 다른 사람들과 같이 보내야 한다. 개인의 욕구나 소망은 집단의 소망보다 중요하지 않다. 그들은 가족과 친구의 유대 안에서 자신을 표현하는 법을 배워야 한다. 모든 집단이 중요한 것은 아니고 더 큰 집단이 더 중요한 것도 아니다. 인간의 가치는 가족, 그리고 사람들의 네트워크 안에서 구체화된다. 어린아이가 복잡한 도로에서 길을 잃으면 낯선 사람이 아니라 그 가족에게만 책임이 있다. 관련 없는 사람에게는 개입할 권리가 없다. (그때도 그랬지만 이렇게 지나치게 좁은 윤리적 프레임은 지금도 받아들일 수 없다.)

세 번째로 우리의 느낌, 취향, 미학, 때로는 신을 느끼고 해석하는 방식은 보편적 진실이 아니라 지역에 따라 다르게 해석된다. 대만에서 각각 다른 지역에 모여 사는 사람들에게 중요한 것은 — 친지들과의 관계, 도덕적·종교적 원칙 — 나에게 가장 중요한 것과는 다를 수 있다. 이 때문에 나는 그들의 세계에 참여할 수는 있지만 완전히 속할 수는 없다. 반대로 그들 또한 나의 세계에 속할 수 없다.

이러한 두 문화 사이의 상이점은 내가 대만까지 오게 된 이유이자 나의 연구 과제와 맞아 들었다. 과학을 바탕으로 한 서구 의학을 우선하는 의사의 치료법과 전통적인 중국 의학자나 점쟁이, 무당 같은 종교적 치유자의 치료법을 비교하며 유사점을 발견하려고 노력하기도 했다.

물론 이 모든 치료(서구 의학, 중국 전통 의학, 종교적 치유)를 다 합쳐봐야 질병을 경험한 환자들의 4분의 1도 되지 않은 이들만이 치료를 받는다는 걸 발견했다. 대체로 가정 안에서, 자기도 환자인 사람들이 다른 가족을 간병한다. 미국과 다른 국가에서 실시한 병행 조사 결과, 전 세계적으로 많은 문화권에서 가족들이 압도적으로 간병과 돌봄의 짐을 지고 있다.

치료 방식에 따라 환자가 병을 어떻게 경험하는지를 심도 깊게 조사할수록 차이점도 발견되었다. 서구 의학을 따르는 의사는 일반적으로 환자를 짧은 시간만 보고 환자들과는 아주 피상적이고 기계적인 수준의 접촉만 한다. 진단과 치료 설명도 최소한으로 하고 환자가 꼬치꼬치 질문하는 건 꺼렸다. 환자의 성향과 가족들이 경험하는 문제도 거의 존중하지 않았다. 반면 전통적인 중국 의사들은 환자와 환자 가족과 오래 끈끈한 관계를 맺었고 상호 존중의 정신을 공유했다. 이 전통 의학 전문가들은 음식을 약으로 사용하고 운동을 격려하고 약초와 차의 치유 효과를 환자와 가족에게 추천했다. 많은 중국 의사들은 기나 음과 양처럼 동양에서 유래된 문화적 관습을 숭시했다. 그리고 무엇보다 가족 내에서의 돌봄을 가장 익숙하게 여기며 같은 가치를 공유하는 가족은 서로의 곁을 지키고 돌본다.

유행병학자와 함께 연구하면서 만성 질병뿐만 아니라 의학적으로 설명할 수 없는 증상(보통은 심리적·사회적 스트레스로 야기된 질병)에서도 가족들, 중국 의학 전문가들, 종교적 치유자들이 제공하는 간병과 돌봄의 질이 가장 높았다. 경험이 풍부한 생체의학 의사들도 이들에 비하면 가장 낮은 질의 치료를 했다. 더 중요한 것은 전자의 결과가 후자보다 좋았다는 사실이다. 나는 신체화 장애somatization 혹

은 전형embodiment이라 부르는 증상에 큰 관심이 생겼는데 이는 내과
적 이상이 없는데도 다양한 신체적 증상을 반복적으로 호소하며 일
상생활을 하지 못하는 상태로, 이러한 증상은 주로 우울, 불안, 직장
문제나 가정 문제에서 야기된다. 이는 내가 지난 50년간 연구해 온
주제이기도 하다.

조앤과 나는 예상치 못한 수많은 방식으로 이질적인 관점과 화
해해 나갔다. 나와 친해진 대만의 공중 보건 전문가는 미국에서 공
부하고 전 세계를 돌면서 현재는 국제 공중 보건 분야에서 일하는
사람이었다. 그가 암에 걸렸다는 소식을 듣고 그의 집에 찾아갔을
때 가족들은 그 사람 앞에서 절대 암이란 단어를 꺼내지도 말고 치
료에 대해 언급하지도 말라고 당부했다. 병과 관련된 모든 결정은 당
사자이며 의사이기도 한 내 친구가 아니라 가족들이 내렸다. 그는 마
치 자신의 병에 대해 아무것도 모르는 사람처럼 행동했다. 가족들이
그의 간병과 돌봄을 전부 책임지고 있기 때문에 이런 일들을 입 밖
으로 꺼내지 않는 편이 좋다고 말했다. 당시 중국 사회의 기준으로
보더라도 이 정도면 개인보다 관계가 우선시되는 극단적인 예였다.
여전히 가족과 친구와의 관계가 한 사람의 삶의 중심이 되긴 하지만
현재는 개인이 점점 더 목소리를 키우고 있는 추세다.

관계와 상호 작용을 중시하는 문화에서는 우리에게 익숙지 않은
또 다른 관습들이 있었다. 시장이나 상점에서 무엇을 사든 매번 흥
정해야 했다. 일부다처제의 산물인 두 집 살림이나 첩이 아직도 남
아 있었다. 계층 상승과 부의 축적의 사다리인 교육을 극단적으로
강조했다. (그 방면으로는 타의 추종을 불허하는 미국 유대인의 관점에서

도 그랬다.) 그렇게 쟁취한 명예는 자기뿐 아니라 가족에게도 돌아갔다. 엘리트 계급에서 교육열이 특히 심했고 빈곤층은 꼭 그렇지는 않았다. 사회계층은 마치 카스트 제도처럼 세대에 걸쳐 전해지는 생물학적 표지 같은 것이었다. 누군가 자기를 학자 가문의 6대손이나 의사 가문의 5대손이라고 소개한다. 그러면 다른 사람들은 바로 수긍하며 사회 불평등을 비판하려 하지 않는다. 하층민은 무시받고 천대받으며 이들에게 특별히 다른 것을 기대하는 사람들도 없다. 대부분의 사람들이 가족과 친구들에게만 도움을 주려 하기에 기부는 드물다. 외국인은 그다지 환영받지 않는다. 1969년 대만의 엘리트 외성인外省人의 삶을 관찰하면서 왜 중국에서 공산주의 혁명이 일어날 수밖에 없었는지를 바로 이해했다.

대만인의 집단의식 속에는 정치, 민족적·문화적 정체성, 복잡하고 폭력적인 역사 속의 지워지지 않는 상처가 스며 있었다. 수백 년 전 중국인이 이 섬에 정착했지만 20세기 중반까지는 일본 제국의 식민지였다. 2차 세계 대전까지는 일본어와 일본 문화가 우세했고 대만은 일본군에 속해 전쟁에 나갔다. 일본의 패배로 대만은 중화민국의 지배 아래 놓였으며 1947년 중국인들이 대만에 침략해 잔인한 대학살을 저지른다. 2년 후, 마오와 공산주의 혁명이 중국을 잠식하자 국민당은 대만으로 철수했고 장제스가 초대 총통이 되어 억압적으로 다스린다. 이때 건너온 '외성인'은 지배계급이 되어 자신들을 대만 원주민으로 여기는, 인구 다수의 본성인本省人을 다스리는 권력과 특권을 갖게 되었다.

우리가 대만에 도착했을 때는 혁명과 내전이 일어난 지 20년 후였지만 생활 전반에서 정치적 긴장과 역사적 분노가 여전히 생생하게 살아 있었다. 권위적인 외성인들이 여전히 엘리트 계층으로 건재했고, 정치 문제를 공적으로 발언하는 건 위험한 일이었다. 국민당 정부와 함께 후퇴했거나 중국에서 군인이었던, 내가 아는 윗세대 사람들은 중국인들에게 잔인한 짓을 한 일본인에게 강한 악감정을 품고 있었다. 이 외성인들은 조앤이 공부하던 박물관에서 친해진 감정인이거나 그녀가 소개받은 다른 엘리트 서클에 속해 있던 사람들이었다. 반면 내 친구들인 대만 국립 대학병원의 젊은 의사와 간호사들은 대부분 대만 원주민이었다. 어린 시절부터 일본어를 배우며 자란 이들은 부모와 일본어로 대화했고 스스로 일본인으로 느끼기도 했다.

우리 친구들의 배경 차이로 인해 조앤과 나는 1960년대와 70년대에 대만의 분열을 민감하게 의식했다. 조앤과 나는 미국에서는 딱히 정치적이라고 할 수는 없는 사람들이었다. 대만에서는 정치적 억압을 형성하는 역사의 강력한 힘을 느꼈고, 행동하지 않고 바라만 보고 있을 수는 없었다. 나와 같이 일하는 동료들은 독립을 절실하게 원했지만 일본 문화의 영향을 중시하는 교육받은 자신의 가족과 중국에 침략해 2000만 명의 중국인을 학살한 일본을 증오하는 엘리트 외성인들 사이에서 첨예한 정치적 긴장을 느끼고 있었다. 우리는 이 대만 원주민인 언더독들을 응원했고 할 수 있는 한 도움을 주기도 했다. 외성인 엘리트들 사이에 있으면 마치 스파이처럼 느껴졌다. 물론 그들이 우리를 예의 주시하고 있다는 사실도 알았다.

일본 식민지를 거쳐 본토에 지배당한 역사는 대만인들의 정신세계와 행동에 지울 수 없는 자국을 남겼다. 먼저 이들에게 정치적, 경제적, 의학적 위험 같은 고난과 역경을 견디는 능력이 발달했다. 역경을 견디는 정신은 문화적인 특질이 되어 개개인의 상호 작용을 결정했다. 집안의 어른들은 자신의 건강과 재산보다 가족을 우선했고 아내들은 자녀의 더 나은 미래를 위해서 시집살이나 남편의 외도를 참아냈다. 집안의 화목을 위해서 개인의 욕망은 유보했다. 가족 관계와 친인척 관계를 무탈하게 유지하기 위해 최선을 다했고 사랑과 관심은 말이 아니라 행동으로 에둘러 표현했다. 정성스럽게 준비한 식사로, 노력해서 얻은 직업으로, 열심히 계획한 가족 여행으로, 아이들에게 쏟는 교육비로 사랑을 보여주었다. 사랑 자체에 대한 개념이 다르다고 할 수 있다. 사랑은 순간적인 감정이 아니었고, 왔다가 사라지는 일시적인 감정을 신뢰하지 않았다. 사랑과 관심은 오랫동안 이 관계를 위해 최선을 다하겠다는 약속으로, 가족의 유대를 위해 노력하고 가족의 미래를 고민하고 서로를 극진히 돌봐주는 행동이었다. 마치 분재를 솎아주거나 십 연못의 비단잉어에게 밥을 주는 것처럼 정성을 기울이는 일이었다. 사랑은 돌봄과 동의어였고 그러한 돌봄 행위가 그 사람과 가족을 더 나은 인간으로 만들었다. 끈끈하게 연결된 관계에서는 자기 자신을 돌보는 일도 가치 있지만 동시에 주변의 다른 사람들을 돌보겠다는 책임감을 가져야 했다. 사랑을 말로 이야기하지 않듯이 돌봄이나 관심도 말로 하지는 않았지만 일상 속에서 인내, 노력, 신뢰, 용기를 통해 실천했다. 사실 중국에서는 돌봄이라는 뜻을 가진 단어가 매우 많다. (두세 단어로 된 용어도 많다.) 돌봄 행위를 의미하는 여러 단어들을 사용한다. 돌봄care은 규제도 되고, 관리도 되고, 보살핌, 보호, 부양, 세심한 관심, 문제 해결, 걱정, 불안도 될 수 있다. 영어로는 모두 다른 의미를 갖고 있는 단어들이 이 돌봄이란 단어 안에 포함되어 있다.

체류 기간이 길어지면서 우리 가족은 대만 원주민뿐만 아니라 본토 중국인(외성인)들과도 강한 유대감을 갖게 되었다. 내가 8장에서 잠깐 언급했지만 1980년 조앤과 두 아이를 데리고 후난 의대 병원의 사택에서 5개월을 지낸 적이 있다. 조앤과 아이들이 미국으로 돌아가고 나는 이질에 걸려 일평생 가장 공포스러웠던, 자칫 생명을 잃을 뻔한 위기를 겪었다.

몸무게가 단기간에 급격히 줄어서 친구들과 동료들에게 인사를 할 때 바지가 흘러내렸다. 친해진 한 중국의 정신과 선임 교수는 내게 이렇게 말하기도 했다. "당신 건강이 파산 직전이군요! 당신은 전문적으로 다른 사람을 돌보지만 자기 자신을 돌보는 법은 몰라요!" 그의 말이 옳았다. 그 말을 들은 시점부터, 그러니까 35세부터 지금까지 나는 나 자신을 돌보는 법을 배우기 위해 노력하고 있다.

조앤이 희생적으로 날 돌본 끝에 온전한 회복이 가능했지만 내가 조앤에게 돌아가기 전까지 짧지 않은 기간 동안 중국인 동료들과 친구들이 날 헌신적으로 돌봐주지 않았다면 버티기 힘들었을 것이다. 그들이 없었다면 나는 그 시기를 통과하지 못했을 거라고 굳게 믿고 있다. 그들은 내가 그 병원과 의대에 속한 사람이라는 이유로 나를 계속해서 챙기고 보살폈고 때로는 목욕과 옷 입는 것까지 도와주곤 했다. 내 몸에 대한 자신감을 잃고 사기가 꺾여 스스로를 거의 포기할 지경이었지만 그들이 인간적인 관심과 따스함을 보여주며 내 곁에 존재했었기에 어떻게든 버텼고 희망을 가졌다. 나는 트라우마와 트라우마의 여파를 공부하기 위해 중국에 갔지만 결국 나 자신이 트라우마를 갖게 되었다. 중국인 동료들은 아픈 사람을 돌보아야 한다는 도덕적 책임이 내가 단기 체류자라는 사실보다 더 강력하고 영속적이라는 것을 가르쳐주었다. (우리 가족 또한 그러한 돌봄의 행위에서 기대할 수 있는 호혜를 주고받았다. 이 동료들과 몇십 년간 연락을 유지하면서 그들의 자녀들이 미국에 유학 오거나 이민 올 때 기꺼이 도와준 것이다.)

친교에 능한 조앤 덕분에 나도 많은 중국 학생들, 동료들, 친구들을 소개받을 수 있었다. 그들의 말로 콴시라 하는, 깊이 있는 관계를 만들 줄 아는 능력을 가진 조앤을 높이 평가했다. 나는 학문적으로 그들과 공동 작업을 했으나 조앤은 사랑과 관심으로 관계를 돌보았다. 교수 시절 초기에 지도했던 박사 후 연구원은 후난 출신의 젊은 정신과 의사로 보스턴에서 자전거를 타다가 사고를 당해 무릎을 다치고 이마에 큰 혹이 생겼다. 그 모습을 보자마자 나는 그가 용돈을 아껴 가족들에게 보내기 위해서 의료보험을 들지 않아놓고 의료보험이 있다고 거짓말을 했다는 이유로 화를 냈다. 조앤은 그저 그가 다시 걸을 수 있을 때까지 간호해 주었다. 그는 아내가 해준 행동을 잊지 않았고 아내의 따뜻한 마음 씀씀이에 거듭 고마워했다. 내가 다른 중국인 연구자들이 연구나 논문에 최선을 다하지 않는다고 비난할 때도 조앤은 언제나 그들을 지지했고 의학 용어를 번역해 주고 자료 조사를 도왔다. 그들의 일을 자신의 일처럼, 아무 불만이나 기대 없이 해주었다.

조앤이 전통 중국 시와 그림에 조예가 깊었기에 중국인 손님들은 으쓱해져서 조앤과 그들의 문화적 유산에 대한 폭넓은 대화를 나누곤 했다. 조앤은 자연이나 몸의 상징을 통해 뉘앙스를 전달하는 중국인들의 직설적이지 않은 표현 방식을 익혀 친구들이 민망해하지 않고 감정이 상하지 않도록 조심했다. 악수 대신 고개를 숙여 인사했고 시적인 말로 애정을 표현하고 헤어질 땐 말없이 눈물을 흘렸다. 1989년 6월 4일, 한 중국인 연구자가 TV에서 천안문 사태를 지켜보다 눈물을 흘리면서 크게 한숨을 쉬자 조앤은 그녀 옆에 앉아 손을 잡고 말 한마디 없이 마음을 전달했고 나중에 그녀를 우리 집에 초대해 등 마사지를 해주고 맥박을 짚어주고 케이크와 차를 내주고 우리 집 정원에 앉아 화초와 나무와 구름의 모양에 대해서 이야기하며 불안을 달래주었다.

우리 집에 온 중국 손님들은 문화혁명과 그 전의 마오쩌둥 시절의 경험을 말하면서 그때의 두려움과 아픔을 떠올리며 흐느끼곤 했다. 그들 옆에 가만히 앉아 손을 잡아주는 조앤의 눈에도 촉촉한 눈물이 고여 있었다. 조앤은 그들에게 자신을 완전히 내주었다. 그들에게 가장 중요한 일을 경청하고 지지하고 공감해 주었다. 사람들은 나를 찾아와 학문 이야기를 했지만 개인적인 문제가 있을 때는 조앤부터 찾았고 조앤의 전폭적인 응원을 받고 행동으로 옮기곤 했다. 하지만 대체로 그들은 (나처럼) 그저 조앤 옆에 앉아서 돌봄이라는 형태로 자신들에게 쏟아지는 사랑을 흡수했다.

우리는 20세기 중반 이후 중국에서 현지 연구를 한 첫 미국인이었다. 닉슨이 중국을 처음으로 방문하고 6년 이후에 시작된 양국 교류 프로그램 덕분이었다. 중국에서도 대만에서 탐구하기 시작한 것과 같은 연구 주제로 돌아갔지만 새로운 영역도 추가했다. 나는 문화혁명 및 다른 정치 운동이 중국인들의 삶에 미친 영향을 이해하고 싶었다. 그들은 인간성의 어떤 부분을 잃었는가? 그 트라우마가 우울증과 불안 장애의 원인이 되었는가? 체제의 무자비한 만행과 국민이 당한 굴욕이 신체적·심리적 건강에 어디까지 영향을 미친다고 말할 수 있는가? 우리는 지진 같은 격변기에 일어난 일들, 허기와 기아, 투옥과 고문, 강제 이동과 이주, 공개적 망신과 처형 같은 경험이 중국 국민에게 미친 심리적 영향을 연구할 기회를 가졌다. 우울증을 임상학적으로 연구하고 있었기에 역사적 비극에 상처 받은 평범한 중국 노동자들, 간부들, 지식인들, 농부들을 정치적 개입 없이 합법적으로 인터뷰할 수 있었다.

가족과 친구 관계의 중요성에 대해 우리가 배운 모든 것은 파괴적인 정치 변혁 앞에서 무용지물이 되기도 했다. 최악의 시기에 친구는 친구를 배신하고 가족은 가족을 공격했다. 상황을 바로잡기 위해 사람들이 어떻게 힘겨운 노력을 했는지를 알아보고, 다시 관계를 회복하려고 해도 과거의 상처가 여전히 남아 있는 아픈 현실도 이해했다. 1980년대 중국 사람들은 거리에서, 시장과 대기실에서, 공원과 저녁 모임에서 처음 보는 사람들과 사소한 문제로 분노를 폭발하며 싸우곤 했다. 몇 세대에 걸친 증오와 적대감이 부글거리고 있었다.

우울감을 호소하는 환자들을 면담하면서 '하층' 계급 사람들이 입은 상처들, 대만이나 미국에 사는 가족들과 연락이 끊기거나 소통이 안 되는 문제를 겪는 사람들, 외지고 가난한 시골구석으로 '강제

이주된 사람들', 가족들이 중국 각지에 뿔뿔이 흩어져 있는 사람들이 당한 아프고 아픈 이야기들을 듣고 또 들었다. 그중에서도 한 상담이 특히 나를 더 심란하게 했다. 너무나 부당하고 억울한 일을 당했지만 해결은커녕 알려지지도 않았다. 한 청년이 어린 학생일 때 학교 운동장에서 커다란 정치 비판 포스터 한 장을 주웠다. 그 포스터에는 "마오 퇴진"이 적혀 있었다. 지역의 공무원들은 그 학생에게 죄를 뒤집어씌웠다. 그는 학교에서 퇴학당하고 구타당한 후 먼 지방으로 쫓겨났다. 다시 공부를 하거나 인생에서 정당한 기회를 누릴 수 없게 만든 사회를 저주하는 동안 분노는 활화산처럼 타오르는 증오로 변했다.

그 이후 중국에서 전례 없는 경제적 발전이 이어졌고 이제 사람들은 그때 그 시절을 가급적 소환하지 않으려 한다. 손주들은 대체로 과거에 무지하다. 이 과거의 트라우마 속으로 들어가려는 시도는 아직은 많지 않으나 과거의 아픈 기억은 여전히 살아 있는 상처가 되기도 한다. (최악의 경우에는 죽음에 이를 수 있다.) 어차피 봉합되지 않을 상처이니 가능한 자세히 들여다보지 않으려 한다. 놀랍게도 이 내부자들은 관계를 살리거나 죽일 수 있는 위험한 말을 나 같은 외부자에게 털어놓기도 한다. 사람들은 10년이 넘게 외진 곳으로 추방당해 살고 있는 부모님을 둔 아이 이야기를 했고, 공개 인민재판에선 남편을 다른 군중들과 때려 한 눈을 멀게 하고 코를 부러뜨릴 수밖에 없었던 이야기를 했다. 동료의 직업, 가족, 건강, 행복을 망쳐버린 비겁하고 야비한 '친구' 이야기를 했다. 그러나 이런 경우에도 가족과 친지들은 우정과 비슷한 감정으로 함께 견디면서 가끔씩 분노를 표출해도 옆에 있어주고 견뎌주었다. 조앤과 나는 비극적인 이야기 앞에서 마음이 가라앉으면서도 이상하게 용기를 얻기도 했다. 이 사람들은 견뎠다. 망가진 개인으로서 견디고 영원히 상흔이 남은 관계 안에서도 견뎠다. 충성을 맹세했다 거부당하고 배신당하고 복수하고 울분을 터뜨리고 증오를 진정시키지 못하면서도 그 이면에는 웃음이 있었고 행복과 사랑이 깔려 있었다. 다분히 미국적인 개념인 회복 탄력성이라든가 사건 종결, 온전한 회복은 이렇게 말로 할 수 없는 사정을 겪은 사람들에게 적용하기엔 너무도 시시하고 미성숙해 보였다. 조앤과 나는 중국의 현실을 가까이에서 지켜보면서 삶이란 다양한 장소에서 어떻게 펼쳐져야 하는가에 대해 더 깊이 사고하고 진실하게 설명할 수 있게 되었다. 모든 사회는 억압, 진압, 폭력, 정권 장악 등의 아픈 역사를 갖고 있고, 다음 세대를 위해 극복하려 노력한다. 미국에서는 인종, 계급, 젠더 사이에서 비슷한 갈등과 격변이 일어났고 유대인의 경우에는 홀로코스트를 겪었다. 남아프리카 공화국에는 진실과 화해 위원회의 노력에도 불구하고 아파르트헤이트(인종 차별 정책)가 남긴 상처가 있다.

우리는 증오와 분노 안에서도 옆을 지키며 사랑을 주고받을 수 있는 돌봄과 간병이 무엇인지 배웠다. 반면 겉으로는 사랑하는 것처럼 보이는 관계에서 돌봄이 이루어지지 않을 수도 있음을 배웠다.

리 싱웨이란 여성은 나이 많은 남편을 사랑과 정성을 다해 씻기고 먹였다. 문화혁명 당시 부모의 사망에 남편이 연루되어 있다는 것을 알았고 미워하면서도 그렇게 했다. 킨 루오이는 치매에 걸린 언니와 함께 살면서 언니를 극진히 돌봤다. 그 언니가 자신의 남편을 신고해 노동 교화소에서 일찍 죽게 했는데도 그렇게 했다. 우리 친구였던 니 진린은 아버지의 90세 생일 축하 파티를 열고 축하 건배를 했으나 사실 아버지는 어머니를 사람들 앞에서 비난하고 이혼한 후 어머니의 정적과 결혼하였고 그 때문에 어머니가 정신병을 앓고 정신병원에서 몇 년을 고생하다 돌아가셨다. 그런 관계를 유지한다는 것 자체가 불가능한 일로 보였지만 어쩌면 니에게는 그것만이 인생을 살아내기 위해 해야 하는 일로 보이기도 했다. 프리모 레비를 비롯해 다양한 사람들이 묘사한 홀로코스트의 집단 수용소를 생각해 보라. 생존 욕구로 인해 도덕적 신념은 수시로 뒤집힐 수 있다. 혹은 2차 세계 대전 이후에도 지속되던 도덕적 모호성은 어떤가. 나치 협력자들에게 프랑스가 취한 태도는 어떠한가. 정치적 혼돈과 처형의 시대가 끝나고 여전히 같은 동네에서 과거의 적이나 나를 고문했던 사람을 만나기도 한다. 전쟁이 끝나고 정치 운동이 막을 내려도 윤리적인 회색 지대는 남아 있다. 격동의 시대를 겪고 살아남은 한 중국인 친구가 이렇게 결론을 냈다. "우리는 이제 행복합니다. 여기까지 온 것만 해도 대단해요! 나쁜 생각들이 현재를 방해할 순 없어요. 왜 그래야 하죠? 과거는 사라지지 않고 잊어버릴 수도 없죠. 그 과거가 현재 안에 살아 있어요. 우리 관계와 개인에게 따라옵니다. 그렇다고 해서 그 과거에 대해 꼭 말을 하거나 얽매이지 않아도 됩니다. 과거는 그 자리에 있을 뿐. 그러면서도 삶을 살아갈 수 있어요."

중국에서의 경험이 내 세계관을 완전히 바꾸었고 또한 내가 수행한 연구가 중국 사회에 지속적인 영향을 미쳤다는 사실이 매우 기쁘다. 당시 중국 병원에서 가장 자주 내리는 진단이었던 신경쇠약Neurasthenia **은 사실 모든 증상을 아우르는 애매모호한 병명이다. 유럽과 미국에서라면 같은 환자들에게 대체로 우울증이나 불안증 진단을 내렸을 것이다. 1980년대 초반까지도 항정신제나 심리치료 요법으로 치료를 받는 환자들도 가족 문제, 직장 문제, 정치적 이슈에 관한 상담을 병행하지 않고서는 성공적으로 완치되지 않았다. 이런 문제들이 환자의 증상과 밀접한 관련이 있었기 때문이다. 우리는 종종 환자의 증상과 그들의 신체적 통증이 정치적·사회적 트라우마를 대표하거나 상징한다는 사실을 증명할 수 있었다. 환자가 트라우마를 직접 대면하면 치료에 진전을 보여 육체적·정신적 증상이 완화될 수도 있다.

중국의 선임 정신과 의사들은 이러한 발견을 무조건 환영하진 않았는데 그들이 능력이 부족해 우울증 진단을 내리지 못했거나 우울증의 사회적 원인을 밝혀내지 못한다는 비난을 받을까 봐 두려워서였다. 그러나 젊은 의사들은 정신의학 분야의 세계적 추세와 발맞추려 히면서 대의를 위해 노력했고 중국에서 정신과 치료가 어떻게 적용되어야 하는가 고민했다.

이러한 변화에도 불구하고 나는 중국 환자들에게 실제로 전문적인 양질의 치료가 제공되었다고 느끼지 않았다. 중국의 의료 시스템은 의사들을 더 훈련시키고 환자들과 더 많은 시간을 보내게 하고 의사와 환자 사이의 관계를 강조하는 방식으로 의사들에게 힘을 실

●● 이 용어는 1860년대 미국의 신경학자들이 처음 사용하면서 유럽과 아시아에 퍼졌다. 신경 체계가 스트레스에 압도되면서 신경이 무너진다는 개념이다. 미국에서는 20세기 초반에 폐기되었으나 아시아에서는 계속 사용되었다.

어주지 못했다. 내 연구는 의료 시스템의 효율성을 높이기 위한 노력에 박차를 가하려 했지만 전문적인 치료의 질적 변화는 크게 없었다. 안타깝지만 이런 종류의 연구가 잘되어 있는 미국에서도 사정이 크게 다르지 않다. 진료의 수준을 결정하는 기업과 정부가 이에 대해 관심이 부족하기 때문이다.

최근 들어 중국인들은 다른 삶을 살아가고 있다. 이제 사람들 앞에 나가서 마음껏 즐긴다. 외식을 하고 극장에 가고 휴가를 떠나고 TV를 보고 여가와 스포츠를 즐긴다. 내가 머물던 1980년대와는 판이하게 다르다. 그 시절에 대형 호텔이나 고급 레스토랑은 외국인이나 중국 엘리트 정치가만 입장할 수 있었다.

중국에서 일상적이고 단순한 행복의 추구는 비교적 최근에 생긴 개념이며, 영혼에 대한 관심도 그렇다. 마오쩌둥 시대에 종교는 배척당하고 때로는 금지되기도 했지만 오늘날의 많은 중국인들이 불교, 도교, 기독교, 이슬람교, 전통 종교에서 의미와 위안을 찾는다. 다시 불붙은 종교에 대한 관심은 집에서나 지역사회에서나 돌봄과의 관계에서도 새로운 모습을 만들었다. 어지러울 정도의 급격한 경제 변화와 혁명가들의 또 다른 정치적 억압 안에서 돌봄은 아마도 유일하게 자유롭고 해방적인 행동이었을지 모른다. 개인과 가족은 도덕적인 의미를 지닌 돌봄을 실천했다. 중국 공산당 정부는 중국 전통 안에서의 돌봄의 가치를 인정했고 돌봄의 문제와 미래의 필요도 이해했다. 중국 정부는 1가구 1자녀 정책으로 인해 늘어나는 노인 인구를 부양할 젊은 자녀나 노동자가 부족할 것이라 걱정한다. 그러나 중국에는 어떻게든 사랑하는 사람을 돌보려는 개개인이 여전히 많고 가족 돌봄을 사회적으로 인정하는 관습이 있어 부족한 사회 보장 제도를 보완해 준다.

　중국 문화에서 자기 돌봄과 자기 계발을 위한 다채로운 활동은 정신과 육체의 관계를 강화해 건강을 증진시키고 질병을 예방하는 의미를 갖고 있으며, 만성질환자를 보호하고 노화를 늦추는 수단이기도 하다. 신체를 단련하는 데 도움이 되는 태극권, 기공, 무술, 강장제, 식이요법 등이 퍼져 있고 노인들은 춤, 노래, 운동, 성지순례를 통해 몸과 마음을 돌본다. 자기 돌봄과 가족 돌봄을 중시하는 중국의 건강 전통은 일반 시민과 국가, 전통 중국 의학과 현대 공중 보건을 연결한다. 조앤 덕분에 그들의 문화를 존중하고 배우며 이런 관습들이 중국 사람들을 하나로 포용하고 연결하는 사회적 돌봄의 일부라는 사실을 인식했다. 상업화되거나 유행으로 머물긴 해도 미국에서도 자기 관리가 사회적으로 큰 힘을 갖고 있음을 보여주는 흐름이 있다. 건강을 위한 식이요법(채식, 글루텐 프리, 부분 채식)이 유행을 끌고, 사람들은 운동에 열광하고, (아이러니하게도 아시아에서 가져와 세속화된) 마음챙김과 웰니스를 통한 스트레스 완화도 각광받는다. 세계화가 이루어지면서 아시아의 건강 습관과 서구의 건강 습관은 서로 중첩되고 강화된다. 정치와 경제만 세계화되는 것이 아니라 문화도 세계화되며 이는 다시 지역에 따라 각기 다른 양상으로 나타나기도 한다.

　다시 한번 우리가 처음에는 피상적인 문화 차이라고 인식했던 것들이 존재론적인 관점에서는 비슷하다고 이해하게 되었다. 결국 인간으로 사는 방식은 몇 가지 정도밖에 되지 않으며 보편적인 인간의 모습 안에 다양한 버전이 있다는 것을 알게 된다. 어떤 방식은 유사하고 어떤 방식은 그렇지 않다. 인간의 본성이란 무엇인가에 대해 논쟁할 수도 있고 합의에 이르지 못할 수도 있지만 인간이 고통을 느끼고 아파하고 기쁨을 느끼며 서로 돌보는 존재라는 사실은 모두 인정할 수밖에 없다.

거의 반세기 동안 중국과 중국인에 깊이 관여했다. 나는 앞으로도 영원히 아웃사이더이겠지만 중국 문화 속에서 살면서 내 주변 세상과 나라는 개인에 대한 감수성이 이 문화 덕분에 훨씬 확장되는 경험을 했다. 조앤 또한 그러했다. 중국인들의 관계를 살펴보고 의미를 고찰하면서 우리 세계와 삶에 대한 관점이 더 풍부해지고 예리해졌다. 그 과정을 통해 우리 부부는 서로에게 더 가깝게 존재하는 법을 배우기도 했다. 우리는 다른 사람들이 어떻게 살고 다른 사람들에게 무엇이 중요한지를 지켜보면서 그들의 가치와 관습을 존중하고 아끼게 되었고 그것은 우리의 중심적인 가치가 되기도 했다. 중국에 다녀온 후 우리 가족은 더 강해졌고 유대감은 끈끈해져서 마치 세상의 압박과 위험을 막아주는 보호막을 쓴 것처럼 자신 있게 세상으로 나아갈 수 있었다. 하지만 이 또한 환상에 불과했다. 운명은 우리에게 언제나 다른 길을 마련해 놓는다.

1979년 대만에서의 마지막 프로젝트를 마치고 떠나기 직전 조앤과 유명한 역술가를 찾아갔다. 노인은 큰 절의 한구석에서 한낮의 뜨거운 햇살을 온몸으로 맞으며 꾸벅꾸벅 졸고 있었다. 우리는 의식을 치르고 그에게 우리가 고른 종이 한 장을 건넸다. 그는 고개를 흔들어 잠을 쫓은 다음 안경을 쓰고 종이를 바라보았다. 한참 보더니 우리 둘을 번갈아 보고 고개를 흔들었다. 우리는 우리 미래가 어떤지 물었다. 그는 또다시 고개를 젓더니 이번에는 말없이 우리에게 가라고 손짓했다. 대학교에서 손금을 배웠던 조앤은 내게 속삭였다. "점괘가 별로 좋지 않은가 봐. 내가 친구 손금을 보다가 불운이 낀 걸 보고 해석을 안 해준 적이 있거든." 노인은 웃음기 없는 얼굴로 우리를 보더니 종이 뭉치를 가리키며 조용히 말했다. "다른 거 뽑아 봐." 이건 별로 달갑지 않은 징후라 할 수 있다.

나의 진료로 우울증을 완치한 한 중국 환자의 말이 떠올랐다. 그는 내 중국 이름을 부르며 말했다. "카이 선생님, 선생님은 우리 문화에 속한 사람이 아니지만 우리 문화에 대해서 많이 아시죠. 중국 문화가 선생님에게 어떤 영향을 미쳤는지 제 눈에는 보여요. 선생님 문화가 선생님을 어떻게 만들었는지는 선생님에게 보이지 않으시겠지만요. 지금 선생님은 두 문화의 영향을 골고루 받으신 것 같아요. 그래서 선생님이 저와 다른 사람을 도울 수 있었고요. 카이 선생님, 어쩌면 우리 문화가 인젠가 **선생님 자신**을 노울 날도 있을 거라 생각해요."

10

의대 수학 중 환자와 대면하면서부터, 모두 특별한 삶의 조건을 가진 살아 있는 인간들을 만나며 나에게 새로운 열정이 타올랐다. 교실에서 의학과 과학 이론 수업을 배우다가 현장에 나가 내 손으로 직접 진료를 하면서 내가 놓치고 있는지도 몰랐던 일의 의미를 깨달아갔다. 환자를 진료하면서 받는 에너지도 컸지만 내가 지금 하고 있는 연구를 학문적으로 보강하고자 하는 열의도 있었다. 질서와 패턴을 찾아서 정보와 지식으로 정리해 다른 사람에게 전달하고 싶었다. 나는 진료하는 의사이기도 했지만 학자이자 연구자이자 이론가이기도 했다. 1970년 첫 대만 체류를 마치고 돌아온 다음 한동안 연구 활동에 주력했고 문화 간 비교 경험을 보다 체계적인 이론으로 완성해보고자 했다. 그때도 그랬지만 50여 년이 지난 지금도 인간의 질병과 치유 연구는 인문학을 통한 인간 존재의 이해가 바탕이 되어야 하고, 인문학 연구로 치료와 치료의 중요성까지도 발전시킬 수 있다고 믿는다. 나는 확신을 갖고 하버드로 가서 일반 임상 훈련에서 잠시 벗어나 문화 간 의료 체계 비교 연구를 시작했다.

때마침 변화의 에너지가 넘치던 시대였고 사회, 정치, 지적 혁명에 대한 열망으로 팽팽하게 긴장되어 있었다. 늦여름 오후 캠브리지에 도착해 보니 헬멧을 쓰고 진압복을 입은 수백 명의 경찰들이 하버드 광장에 일렬로 서서 단체 시위 중인 학생들과 대치하고 있었다. 아시아에서 2년 동안 머물렀던 우리에게는 처음 보는 낯선 광경이긴 했지만 이 사회에 무슨 일이 일어나고 있는지 즉시 이해했다. 사람들은 그동안 당연시해 왔던 사회의 관습, 가치, 행동 들을 전부 의심의 눈초리로 지켜보다가 한 번에 터트린 것이다. 체제에 대한 무조건적인 신뢰라든가 권위, 계급, 인종차별, 위계질서에 대한 막연한 존중, 공부하고 일하고 결혼하고 가족을 만드는 순서로 진행되는 획일적인 모습에 대대적으로 반기를 들기 시작했다.

1970년대 초반은 지식인과 교수 들에게 큰 자극을 주는 시대기도 했다. 급진주의 학파와 분석적 방법론이 어느 날 갑자기 대세가 되었다. 귀국 후 몇 주 지나지 않아 나는 인류학 분야에서 중요한 연구 활동을 접했고 깊이 공감했으며 그 분야와 단숨에 사랑에 빠졌다. 특히 현지 조사를 통해 다른 사회의 문화와 관습을 심층적으로 연구하는 민족지학은 마치 나를 위해 마련된 학문 같았다. 당시 사회인류학, 문화인류학은 미국과 서유럽을 뒤흔들고 있었던 문화 혁명에 휩쓸리지 않는 얼마 안 되는 학문 분야였고 그 혁명의 윤리적 지렛대로 기능하던 반전운동과 인권 운동과도 어느 정도 거리를 유지하고 있었다. 인류학자들을 흥분시킨 건 문자 사용 이전 부족 사회의 사회구조와 신비로운 문화적 관습이었다. 파푸아뉴기니 고지대와 중앙·북오스트레일리아, 아프리카와 남미의 우림 지대에서 관련 연구가 활발히 진행되고 있었다. 부족 사회의 구조 분석과 상징체계 연구는 인간이 사회와 어떻게 접속해 왔는지에 대한 보편적인 관점을 제시했다. 우리는 의식이 집단적 기억을 어떻게 형성하는지 배웠고 법적, 종교적, 경제적 때로는 성적인 관계조차도 특정 사회 안에서 제도화된다는 사실도 배웠다. 인류학은 당시 폭발적인 인기를 누리며 철학자, 언어학자, 과학사 연구자와 종교학자, 민속음악학자는 물론 평범한 인문학도들을 끌어들였다. 그러면서 한동안 사회인류학과 문화인류학은 상당히 전망 있는 분야로 인정받았고 인류 발전이라는 주제에 있어 학제 간 연구의 중심을 차지하기도 했다.

　나 또한 이 학문에 매료되었고 시카고 대학교의 클리퍼드 기어츠 교수를 중심으로 연구가 진행되던 상징체계 문화인류학에 특별히 공감했다. 그의 방법론에서는 일상 속 의미의 역할을 강조한다. 일상생활 속 의미는 문화에 의해 제도화되면서 이미지와 개념을 감정과 가치로 연결시킨다. 이러한 사고 안에서는 이 세계가 물리적·유형적으로 실재하지만 그와 동시에 정치와 경제를 아우르는 문화에 의해 정의되고 분류되고 규제된다. 문화 시스템은 사람들의 의미, 감정, 행동을 지역사회의 가치와 융합시켜 우리가 나의 몸을 어떻게 경험하고 표현하는지, 관계를 어떻게 형성하는지, 이 사회의 도덕과 상품을 어떻게 평가하는지에 긴밀한 영향을 미친다. 나는 상징 연구에서 배운 개념을 건강과 의료에 적용하면서 지역사회의 문화와 윤리가 병에 걸리거나 건강이 안 좋은 사람들에게 가장 중요한 것이 무엇인지를 결정한다는 것을 깨달았다. 병원이든 연구실이든 환자의 집이든 사람들은 문화적 맥락에 따라서 자기 몸의 상태를 정의하고 파악했다.

조앤과 나는 자연스럽게 이 흥미로운 시대 분위기 속에서 새롭고 재미있는 사람들을 만날 수 있었다. 그중에서 내 인생에 가장 큰 영향을 미친 인물은 사회의학자이며 소아 정신의학 분야를 개척한 레온 아이젠버그Leon Eisenberg였다. 레온은 하버드 의대 정신과 교수이자 당시 시대정신을 이끈 대표 지식인이었다. 의학 분야에서 뛰어난 업적을 거두었을 뿐 아니라 사회 정의 운동과 인권 운동에도 앞장섰다. 품위 있는 아르헨티나 출신 아내 또한 정신과 의사로, MIT 학생처장을 역임했고 이후 하버드 의대 학장에 위임되기도 했다. 이 놀라운 부부는 주류와는 다소 동떨어진 세계에서 핵심적이고 매력적인 네트워크를 만들었다. 캠브리지에 도착하고 몇 주 후 우리는 아이젠버그의 집에서 열린 칵테일파티에 초대되었다. 대화와 웃음, 활기가 넘치는 자리였다. 레온은 단번에 눈에 띄었다. 셔츠 소매를 걷어 올린 채 그에게 넋이 빠져 있는 사람들에게 둘러싸여 맥주잔을 높이 들고 파티의 모든 사람들이 들을 수 있을 만큼 우렁찬 목소리로 이야기하고 있었다. 나 또한 그 주변을 서성대다가 그가 말하는 태도와 내용에 마법에 걸린 듯 빠져들었다. 어떤 면에서는 그 순간부터 그의 반경에서 절대 떠나지 못했다고 할 수 있다.

내 인생에 멘토와 아버지 역할을 해준 분들이 적지 않았지만 레온은 그중에서도 가장 폭넓은 영향을 미친 사람이다. 멈추지 않는 대담함과 지칠 줄 모르는 호기심을 가진 박학다식한 인물로 그는 방대하고도 세밀한 지식의 저장고와 같았다. 기지가 넘치고 언변이 뛰어나며 순발력이 좋아 모든 정보와 지식을 결집시켜 온갖 종류의 논쟁을 이끌 줄 알았다. 그의 동료와 친구 들은 어떤 주제로든 그와 열띤 토론을 즐길 수 있었다. 1972년에 그의 '주니어(후배)' 자격으로 독일의 컨퍼런스에 참석한 적이 있었다. 제약 회사가 주최한 '과학과 창의성'이라는 주제의 컨퍼런스로 노벨 생리의학상 수상자인 프랑스 생화학자 자크 모노와 니콜라스 틴베르헌 같은 과학자들도 자리했다. 세계에서 가장 저명한 행동생물학자(동물 행동을 연구하는 학문)인 틴베르헌은 레온과 한참 동안 점박이 송어의 행동과 인간 행동의 유사점을 주제로 대화를 나눴다. 레온이 화장실에 가기 위해 자리를 비우자 틴베르헌은 감탄과 존경이 가득한 얼굴로 자기가 왜 레온처럼 물고기에 정통한 행동생물학자를 몰랐는지 의아하다고 말했다. 내가 레온은 행동생물학자가 아니라 정신과 의사라고 말하자 입을 다물지 못했다. 하지만 이보다 더 놀라운 일은 따로 있었다. 유대인인 모노와 레온은 이 제약 회사의 회장인 독일인 주최자에게 다가가 나치 시대에 이 회사에서 어떤 제품을 생산했는지 물었다. 회장의 얼굴이 하얗게 질려서 나는 그가 쓰러지는 줄 알았다. 사실 그 회사는 집단 수용소에서 독가스로 사용되던 화학약품인 치클론$_{Zyklon B}$을 생산한 적이 있었던 것이다. 그 사실이 밝혀지자 축제 같던 분위기는 곧 찬물을 끼얹은 것처럼 바뀌기도 했다. 레온이 그 사태를 예상했는지 아닌지는 모르지만 주저 없이 사회의 어두운 진실을 드러내는 점이 그의 성격을 이루는 특징이었다.

레온은 1940년대와 50년대의 좌파 지식인들과 어울렸고 그 때문에 여러 종류의 불길한 블랙리스트에 오르내리곤 했다. 그는 정치가

249

모든 경제적 조건을 결정짓는다는 의견을 고수했다. 의학도 사회학의 관점으로 접근했고, 그를 통해 의학 분야를 이끈 많은 인물들이 사회주의적 가치를 대변하고 있다는 사실을 알게 됐으며 이들 모두 나의 사고와 작업에 직접적인 영향을 미쳤다. 그중 한 명인 19세기 독일의 의사이자 병리학자인 루돌프 피르호는 의학을 사회학으로 인식하고 접근했다. 그는 빈곤으로 인한 열악한 위생 등 다양한 사회적 조건이 질병을 일으키는 요소라고 주장했다. 나 또한 그의 연구 업적을 보면서 사회적 고통을 인식하는 것이야말로 의학자의 기본 태도라고 믿게 되었다. 정신과 의사이자 인류학자였던 W.H.R. 리버스에게도 크나큰 영감을 받았다. 정신의학을 민족지학과 결합시킨 연구 방식은 리버스가 남태평양에서 개척한 방법으로, 그는 이 방법으로 1차 세계 대전에서 트라우마를 입은 많은 군인들을 치료했다. 마치 인류학자가 외부 전문가로서, 말하자면 '주변부의 원주민'이 되어 지역사회에 직접 들어가는 것처럼 정신과 의사 또한 환자의 세계에 입장해야 한다. 치료자는 그 안으로 깊숙이 들어가 환자가 이 실병 체험에서 가장 두려워하는 일이 무엇인지 알아내고 치료 중 가장 위태로운 과정을 대면하도록 옆에서 돕는 역할을 한다.

전 세계에서 연구자와 이론가 들이 의학과 사회과학의 교차점을 찾으며 보다 넓은 사회적 맥락 안에서 보건과 의료를 재평가하려 시도했던 시기였다. 남아프리카 공화국에선 시드니 카크, 존 카셀, 머빈 수서가 반아파르트헤이트 운동가들과 협력하여 의료 서비스가 부족한 지역에 공공 의료 기관을 설립해 저렴한 비용으로 의료를 제공하고 날로 심각해지는 경제적·사회적 불평등을 막아보려 애썼다.

그들은 사회 정의와 공중 보건 분야의 위대한 주역으로, 남아프리카 공화국 정부에 의해 추방된 후에도 전 세계로 흩어져 맡은 바 일을 해나갔다. 그 과정에서 사회역학social epidemiology이라는 분야를 개척하기도 했다. 그들의 연구 방법이 사회의학의 일부가 되었고 레온이 하버드에서 부활시킨 것이다. 그리고 하버드는 나의 학문 방향을 결정지은 지적 고향이 되었다.

　나는 레온 아이젠버그 밑에서 공부하며 학계에서 돌풍을 일으켰던 사회 구조와 문화적 상징이라는 세부 요소에 깊은 관심을 갖게 되었다. 레온 덕분에 나는 사회제도들이 난폭한 식민주의와 제국주의, 그리고 궁극적으로 자본주의의 게걸스러운 힘에 의해 어떻게 길들여지는지 파악했다. 나와 내 세대의 의료 문화인류학자와 우리 학생 들에게 주요 어젠다는 정치경제학과 사회문화적 변화가 가난한 주변부 사람들의 신체적, 심리적, 감정적 삶에 영향을 미친다고 가정하고, 이 요소들을 어떻게 조화시킬 수 있는지 연구하는 것이었다. 레온은 우리 연구 주제의 범위를 최대한 넓혀 일반인과 전문가 들의 삶을 통하여 사회적 고통을 이해하는 데 그치지 않고 이를 통해 사회 변혁, 적어도 사회 변화를 위해 노력해야 한다는 점을 분명히 했다. 공공 보건소와는 달리 병원에서의 진료는 예방의 수준까지 끌어올려야 한다고 했다. 다시 말해서 의료의 궁극적인 목표는 질병 예방이지만 이미 고통 받고 있는 이들을 위한 진료 또한 중요한 목표다. 적극적인 치료는 진정 예방으로 가는 길이 될 수 있다. 나의 제자였던 폴 파머와 짐 킴이 몇십 년 후 에이즈와 결핵을 주제로 한 논문을 발표할 때도 동일한 주장을 했다.

레온은 이 세상의 모든 것이 서로 관련되어 있다고 보았다. 하찮은 일은 하나도 없었다. 우리가 세상에 대해 더 많이 인지하고 깨칠수록 모든 상호 관계 안에서 의미와 공감을 발견할 수 있었다. 그는 학교에서나 병원에서나 최고의 실력을 발휘하면서 소아 정신의학에서 최초로 통제하에서 임상 시험을 실시했고 자신의 지적 호기심을 건드리는 모든 분야에 열정을 쏟았다. 그중에서도 레온이 가장 열렬하게 활동한 분야는 사회 정의와 인권이었다. 그는 내가 열망하는 모든 것의 표본이라 할 수 있었다. 비판적인 정신을 지닌 학자이며 체험을 통해 배우는 연구자이고 사회혁명을 부르짖는 사상가이자 현명한 의사이기도 했다. 그는 교사이자 롤 모델이자 고해 신부이자 치어리더이고 돌보는 사람이었고 그 이상이었다. 그분이 없었다면 내 경력은 어떻게 되었을지 상상조차 할 수 없다.

그의 모습을 따르며 나는 경험하고 공부하고 토론한 끝에 사람들을 돕고 사회를 발전시키기 위해 무엇을 해야 하는지 이해할 수 있었고 이 모든 경험과 자료를 취합하고 정리하고 통합하는 방법 또한 그에게 배웠다. 그는 세부 사항에서부터 거대한 개념까지 모든 비판적 탐구를 의료와 사회에 어떻게 적용하는지, 실제로 그 과정에서 어떻게 재고하고 개혁하는지까지 지도해 주었다. 자신의 사상과 이론이 이론으로 끝나지 않고 실질적인 경험으로 이어져야 의미가 있다는 사실도 가르쳐주었다. 그는 나의 고질적인 문제를 말없이 짚어주면서 조앤과 마찬가지로 이 세상에서 더 나은 인간으로 존재하는 법을 보여주었다. 또한 나에게도 분명 존재했던 허영과 가식을 비웃게 했고 남자로서 어떤 자세로 살아야 하는가도 알려주었다. 그는 한없이 진지하면서도 가벼웠고 이상을 꿈꾸었지만 현실이라는 땅에 발을 단단히 딛고 있었다. (아직까지도 학생들 앞에서 무거운 주제를 조금 더 가볍게 만들기 위해 레온에게 들은 농담을 던지곤 한다!)

하버드에서 몇 년간 공부하며 인류학 석사 학위를 받았고 기본적으로 임상에 초점을 맞춘 의료인류학이라는 새로운 종류의 학문을 수련했다. 매사추세츠 종합병원에서는 레온 밑에서 정신과 레지던트를 마쳤다. 그 병원 또한 그 시대 가장 급진적이고 인습 타파적인 장소로 모든 분야의 남녀 연구자들은 기존의 사고에 이의를 제기했고 나도 문화 정신의학이라는 새로운 개념을 발전시킬 수 있었다. 나는 주류 정신의학 이론을 전복하고자 했는데, 그 당시의 주류는 전 세계 인류의 20퍼센트밖에 차지하지 않는 백인에게만 초점을 맞추고 있었다. 이 세상의 80퍼센트를 차지하는 유색인들의 자료에서 상이한 결론을 추출하는 일은 최소로 제한되었다. 그런 면에서 본다면 정신의학이 오늘날 국제 심리 보건이라고 알려진 이론과 발을 맞추기 위해서는 하루 빨리 우선순위와 접근 방식을 바꾸어야만 했다. 나는 미국과 대만에서 문화가 우울증에 미치는 영향과 정신 건강 문제가 있는 사람들이 의료 시스템 때문에 어떻게 더 악화되는가를 주제로 박사 후 연구를 계속 진행했다.

정신과 의사로도 일했다. 최초로 상담 치료를 맡은 환자는 병원에서 골치 아픈 환자로 소문이 자자했던 30대 중반의 여성이었다. 경계성 인격 장애라는 진단을 받았는데 이 환자는 조현병과 노이로제 사이를 몇 분이나 몇 시간 만에, 때로는 며칠 만에 오갈 수 있다. 그녀를 처음 대면한 곳은 테이블 하나 사이에 의자 두 개가 마주보고 있는 작은 상담실이었는데 탁자 위에는 꽃병이 놓여 있고 사람들이 많이 지나가는 병원 복도로 난 작은 창이 있었다. 나를 소개했더니 그 환자는 정체를 알 수 없는 묘한 눈길로 나를 뚫어지게 바라만 보았다. 아마도 30초 정도 그렇게 침묵 속에 앉아 있었을 것이다. 그러다가 갑자기 꽃병을 들더니 복도 창문으로 던져버렸고, 창문 유리와 꽃병이 깨지면서 병원 직원들과 환자들이 소스라치게 놀랐다.

그 환자는 나를 도전적으로 바라보더니 비아냥댔다. "당신은 내가 만난 정신과 의사 중에서 최악이에요."

나는 나 스스로도 놀랄 정도의 침착함으로, 내심 얼마나 화가 났는지를 숨기고 대답했다.

"네. 그럴 수도 있죠. 하지만 우리가 만난 지 몇 분 되지도 않았는데 절 안다고 하실 순 없습니다!" 상담실에 들어온 병원 경비원에게 이 환자를 다룰 수 있다고 말한 다음, 실은 나에게 있다고 확신하지 못한 권위를 바닥에서부터 끌어내 말했다. "나는 앞으로도 환자분을 계속 볼 겁니다. 하지만 절대 오늘 같은 행동을 하면 안 됩니다. 환자분이 내가 거부할까 봐 먼저 거부하는 방식으로 두려움을 표시하신 거라면, 나는 거부하지 않을 겁니다. 하지만 그보다 먼저 기본 원칙에는 동의하고 시작하죠. 이런 짓은 절대 하지 마세요. 네?"

"알았어요." 그녀는 대답했다. 우리는 그 후 3년 동안 일주일에 한 번씩 상담 치료를 했고, 그 시기에 그녀가 정신과 응급실에 나타나는 일은 그 전 몇 년과 내가 보스턴으로 떠난 후의 몇 년보다 훨씬 적었다고 한다. 이 환자는 그 후로도 결코 쉬워지지 않았다. 종종 조현병 증상을 보였고 머리카락이 쭈뼛 서는 에피소드들을 들려주곤 했다. 이를테면 저녁을 먹다가 같이 있던 사람에게 너무 화가 나서 테이블보에 불을 붙였다고도 하고 자신이 뒤를 돌아볼 때마다 은식기들이 그녀를 찌를 거라고 믿는다고 했다. 나는 아무런 비판이나 판단 없이 그 환자의 경험을 인정해야 한다는 것을 배웠고 아무리 대하기 어렵다 해도 최대한 연민의 감정으로 나와는 다른 한 명의 인간으로 받아들이려 노력했다. 우리는 이 고통스러운 장애와의 싸움에서 이길 수 있게 해주는 일들에만 집중했다. 또 한 가지 알게 된 것은 이 과정을 함께 겪으며 그녀의 예측 불가한 행동을 내가 끝까지 견딜 수 있는 사람이 되었다는 점이다. 돌봄은 한쪽이 다른 쪽에게 베푸는 방식으로 일방적으로 이루어지지 않고 호혜적인 속성이 있다.

이 여성과 같은 수많은 환자들이 나에게 돌봄과 진료의 핵심 가치를 가르쳐주었다. 환자가 전문 의료진을 아무리 힘들게 해도 언제나 환자의 고통이 의사의 고통보다 우선시되어야 한다. 나는 지금 가장 깊은 고통을 안고 있는 사람과 마주 앉아 있다. 화상 흉터로 뒤덮인 어린 소녀처럼 육체적 통증을 호소하는 환자일 수도 있고 경계성 인격 장애를 앓고 있는 이 여성처럼 정신적 고통에 처해 있을 수도 있다. 이 끔찍한 경험 안에서 그들과 같은 자리에 있어야 한다. 그래야 그 고통 한가운데에서도 당신이라는 존재가 강력한 돌봄의 원천이 될 수 있다. 환자의 고통과 치유에 대한 갈망이 이 관계가 유지되는 '레종 데트르(raison d'être, 존재의 이유)'가 될 수 있다는 것을 알지만 이 안에서 의사인 나의 욕구와 상처는 스스로 인식하고 극복해야 한다. 대치 상황이 아무리 극단적으로 흘러도 나의 분노와 좌절은 나 스스로 조절할 수 있고, 해야만 한다. 환자의 행동이 내게 주는 압박을 견뎌내야 한다. 적대감과 울분까지도 흡수해야 한다. 하지만 돌봄에서 가장 중요한 것은 두 사람이 상호적인 관계라는 점이다. 따라서 상대의 어떤 반응도 관계가 이어지게 하는 노력으로 이해해야 한다.

정신과 의사 초기에 만난 가장 인상적인 환자는 내가 《질병 이야기》에서도 언급한 바 있는 두뇌가 비상한 연구원이다. 그는 (자신이 직접 연구실에서 개발한) 항응고제를 자기에게 주사로 놓아서 어떤 전문가도 알아낼 수 없는, 이상 출혈 증상을 보였다. 그는 어린 시절의 비극적인 이야기를 내게 해주었다. 정신병이 심했던 엄마에게 상처받고 버려진 후 자해에서만 위로를 찾았다고 했다. 자해를 하면 살아 있다는, 마땅히 받을 벌을 받고 있다는 확신이 들었기 때문이다. 외롭고 고립된 그에게 유일한 '친구들'은 그가 집에 보관하고 있던 뱀과 해골이었다. 그와 마주 앉아 한 사내의 공포와 절박한 외로움에서 비롯된 기이한 이야기들을 들으면서 나의 연민과 상상력의 한도 내에서, 판단이나 거부감 없이 그가 견디고 있는 지독한 현실로 나 또한 깊이 들어갔다. 나와 상담하던 시기에 그는 자해를 그만두었고 가명의 병들을 만들어내지 않게 되었다. 그러나 이렇게 위험한 행동을 하는 다른 많은 환자들처럼 그도 치료를 중도에 포기했고 그 후로 소식을 듣지 못했다. 이는 끝까지 유지되지 못한 돌봄의 관계였다고 할 수 있다.

나의 전공이 자문조정정신의학consultation-liaison psychiatry이었기 때문에 병원의 내과 환자나 수술 환자 들의 섬망, 정신병, 우울증 등의 심리학적 증상을 진찰하곤 했는데 내가 본 대부분의 환자들이 전부다 기억나는 건 아니지만 나에게는 모두 똑같이 중요한 공부가 되었다. 나는 환자들의 인생 이야기가 어떻게 그들의 증상을 형성하거나 얼마나 치료를 앞당기거나 지체시키는지에 여전히 큰 관심이 있었다. 한번은 내과 레지던트의 연락을 받고 아무래도 정신적인 문제가 있다고 생각한 환자를 보게 되었는데 그 여성은 신체적 원인이 없는데도 소변을 너무 자주 보고 잦은 구토를 했다. 나는 그녀에게 그 문제를 어떻게 이해하고 있는지와 어떻게 생활하고 있는지를 물었다. 그녀는 어린 시절 학교를 전혀 다니지 못하다 배관공의 아내가 되었고 자연스럽게 자신의 몸을 배관공의 관점으로 보게 되었다. 물이 들어가면 물이 빠져야 한다. 자신이 울혈성 심부전(심장 기능 상실)이며 그것은 폐에 '물'이 차 있다는 병이라는 설명을 듣고서는 최대한 자신의 몸에서 수분을 빼내려고 했다는 것이다. 그것이 자신의 몸이 어떻게 작동하는지 이해하는 방식이었다.

불안 장애에 사로잡히거나 우울증으로 고통 받거나 심각한 질병이나 무시무시한 치료법 때문에 기력과 희망을 잃은 환자들도 있었다. 그들의 두려움은 종종 일, 가정, 돈과 관련된 개인적인 문제 때문에 더 가중되곤 했다. 레지던트와 주치의 들은 상세한 의료 기록은 갖고 있었지만 대체로 환자의 생물학적 병리학과 약물 치료와 수술에만 집중했다. 내가 볼 때는 환자를 돌보기 위해서는 그들의 삶을 깊이 이해하고 환자 스스로 자신의 병에 대한 관점을 서술하게 하는 것이 치료만큼이나 중요했다. 나는 그동안 해왔던 임상 경험을 바탕으로 대부분의 의사들이 무관심으로 일관하는 분야에서의 임상 연구 체계를 구성했다. 여덟 개의 질문으로 이루어진 '설명 모델'을 완성했는데 환자와 가족이 이 병의 원인, 과정, 치료를 어떤 관점으로 보는지와 이 문제에 대해 그들에게 무엇이 가장 중요한가를 알아내기 위한 질문들이었다. 처음에는 이 질문들이 많이 읽히고 교육된다고 해서 기뻤지만 이후 일상적인 체크리스트처럼 되어버렸다는 점에서 실망했다. 아마도 상담의 빠른 진행 속도와 부족한 시간 때문에 축소되었을 것이다. 설명 모델은 내가 처음 의도했던 대로 의사와 환자 사이의 대화의 물꼬를 트는 시작점이 되지는 못했다. 처음 그 모델을 구상할 때는 그것이 환자와 의사를 보다 근본적이고 인간적으로 연결시켜 주는 도구가 되길 바랐다. 나에게는 의사가 환자의 세계와 환자의 네트워크를 이해하는 민족지학자가 되어야 한다는 비전이 있었고 일반 진료에 인류학과 사회학을 접목할 수 있다고 믿었다. 이것이 바로 앤 패디먼이 나의 접근 방식을 이용해 쓴 영향력 있는 저작 《리아의 나라: 몽족 아이, 미국인 의사들 그리고 두 문화의 충돌》에서 말하는 내용이다. 이 책에는 캘리포니아의 몽족 사회에서 환자와 가족을 대하는 방식이 소개되어 있다.

당신이 치료를 거부하는 소아 당뇨병 환자를 앞에 둔 의사나 간호사라고 상상해 보자. 이 소녀는 식습관 관리도 하지 않고 인슐린 주사 치료도 받지 않는다. 왜 그럴까? 이 문제의 근본 원인을 밝히지 않고 그저 환자의 행동만 교정하려 든다면 치료자로서 역량을 발휘하지 못하고 환자의 건강에 부정적인 결과를 미치는 행동을 바로잡을 기회를 얻지 못할 수도 있다. 소녀의 자아상, 가족이나 친구들과의 관계, 학교생활과 방과 후 활동, 개인적 소망과 두려움 등 이 모든 것으로 말미암아 소녀는 부담스러운 식이요법을 따르지 않기로 결심하고 의료적 개입을 거부하는 건 아닐까? 사회적 원인, 개인적 원인과 때로는 호르몬 영향까지 꼼꼼히 살피다 보면 이 환자의 파괴적인 행동을 멈추고 다른 방향으로 가도록 만들 수도 있다. (결국 10대 소녀에 불과하지 않은가.) 물론 생각보다 시간이 오래 걸릴 수도 있다. 진심 어린 관심도 있어야 하고 원인을 분석하느라 집중해야 한다. 하지만 이 요인들을 받아들여야만 긍정적인 결과를 기대할 수 있다면 그렇게 해야만 하지 않을까. 이런 환자 수백수천 명의 사례를 수집해 보자. 비용과 효율만 우선시하는 보건 경제학자들과 정책 입안자들의 의견에 근거를 갖고 반박할 수도 있다.

돌봄과 진료에 대한 나의 생각은 지금까지도 진화 중이다. 예일대학교의 유행병학자인 앨번 파인스타인에게서 **질병**(illness, 환자가 경험하는 증상과 신체 기능의 한계)과 **질환**(disease, 신체에 영향을 미치는 생리학적 요인)의 차이를 듣고 내 나름대로 다듬어보았다. 내가 이해한 대로 표현하자면 질병은 환자와 가족이 처음 어떤 증상을 접하고 이해하고 반응하는 방식을 가리킨다. 반면 질환은 치료자(생체의학 전문가, 척추 지압사, 전통적 중국 의학자, 치유자)가 이해하는 병리학적 증상의 원인과 속성과 결과이다. 이 분야는 거의 유일하게 레온과 나의 의견이 일치되지 않은 부분으로 그에게는 생체의학이 신성불가침의 학문이었고 그 학문은 과학에 기반하지 않은 다른 치료 체계보다 훨씬 더 높은 위치에 있었다. 반면 나는 모든 과학은 인간의 프로젝트라고 주장한 토마스 쿤의 혁신적인 저서《과학 혁명의 구조》에 영향을 받았고, 생체의학 연구 실험실에서도 원주민 마을 연구처럼 인간이 관여하여 결론을 도출한다고 주장한 브뤼노 라투르 같은 과학 인

259

문학자들에게 감명받았기에 우리가 객관적이고 과학적인 현실이라고 주장하는 것도 사회적으로 구성된 진실에 의해 점검을 받아야 한다고 믿는다.

시간이 흐르면서 질병과 질환의 임의적인 구분은 점점 덜 옹호되는 추세다. 근래의 환자들은 생체의학적 지식에도 눈을 뜨고 있으며 다른 치유 시스템의 관점을 적극적으로 이용해 자신의 건강 문제를 확인하고 다루려 한다. 환자들은 새로운 힘을 얻었다고 느끼고 더 많은 정보에 접근하게 되었으며 가족들은 병에 대한 나름대로의 이해와 생각을 정부와 기업이 배포한 사실에 추가했다. 물론 의사들의 과학적인 이해 역시 끊임없이 진화 중이다. 내가 의대에 다니던 시절에는 무조건 인슐린의 부족이 당뇨를 초래한다고 배웠다. 하지만 연구자들이 인슐린 수용체의 장애로 인슐린이 너무 많아서 발생하는 당뇨도 있다는 사실을 발견하면서 오랫동안 믿어왔던 개념을 재고해야 했다.

생물학, 사회학이 융합되고 징지경세적 발전이 이루어지면서 내가 임상 진료에 적용하려고 했던 단순한 구분들이 더 이상 유일무이한 지식으로 인정되지도, 진료에 유용하지도 않다. 각각의 시기마다 새로운 개념과 틀이 생겨서 전문 의료진들이 환자의 질병과 치료의 경험에 집중하는 방식을 바꾸는 것만 같다. 한편 환자와 가족들은 치료에 대해 더 소상히 알고 싶어 한다. 그래야 더 적절한 요구를 할 수 있고 조금 더 효과적인 변화를 지지할 수 있기 때문이다. 환자들에게 궁극적인 목표는 — 아마도 의학 교수, 정책 입안자, 의료보험 설계자 들이 전부 동의할 수 없을지라도 — 병원과 의사가 그들의 요구 사항에 조금 더 집중해 주고 그들의 삶을 보다 더 폭넓게 살펴주는 것이다.

클리닉과 종합병원에서의 경험을 통해 의료의 정신이 무엇인가에 대한 나의 관점이 여러 차례 도전을 받기도 했다. 어느 날 신경외과 레지던트의 콜을 받아서 가보니 나에게 수술 대기실에 가서 환자 가족들에게 환자가 수술 중에 사망했다는 사실을 전달해 달라고 하는 것이었다. 당황한 나는 환자도 그 환자의 가족도 모른다고 말했다. 내가 아는 한 가지는 가족들에게 이 비극과 이 일이 어떻게 일어났는지 설명하는 것은 그의 도덕적 책임이라는 사실이다. 그는 애원하듯이 말했다. "선생님은 정신과 의사시잖아요. 사람들에게 어떻게 말해야 하는지 저보다 더 잘 아시잖아요." 나는 대답했다. "알았네. 이번엔 자네를 도와주겠네. 우리 같이 해보도록 하지. 하지만 이건 이해하게. 나는 자네를 옆에서 도울 거야. 이 가슴 아픈 상황을 대면하고 그 환자 옆에 앉아서 그들의 고통을 나누는 건 자네의 의무야. 힘들겠지만 자네는 해야만 하고, 할 수 있어."

다행스럽다고 해야 할지 나에게 이런 일은 단 한 번밖에 일어나지 않았다. 그러나 이 단 한 번의 경험으로도 일부 의사들, 특히 고도의 기술 훈련을 받은 전문가들이 실제 진료할 때 얼마나 무능력할 수 있는지 알 수 있었다. 마치 내 눈 바로 앞에서 의사의 **관심과 돌봄의 정신**이 감쪽같이 사라지는 광경을 본 것만 같았다. 나는 1차 진료에서 일어난 의사와 환자의 대화 녹취록을 들은 적이 있다. 이상행동 때문에 가족을 걱정시키는 환자가 있었고 전문 통역사가 아닌 가족이 통역자로 나섰다. 의사는 통역자인 가족에게 혹시 환자에게 무슨 목소리가 들리지 않느냐고 물었다. 의사는 환자가 환청을 듣는지 알고 싶어서 질문을 한 것이다. 환자는 중국어로 대답했다. "난 네 목소리와 의사 선생님 목소리가 다 들리는걸." 환자의 가족은 의사에게 영어로 이렇게 해석했다. "할머니가 선생님 목소리 잘 들린다고 하세요." 웃길 수도 있는 상황이지만 자칫 잘못했다가는 정신병도 아닌 환자에게 부작용이 있는 정신병 약을 처방 할 수도 있었다. 나중에 밝혀진 바로는 그 환자가 이상행동을 한 이유는 돈 문제를 너무 걱정해서였다고 한다. 나 또한 중국어-영어 통역이 어려울 수 있다는 건 알았고 의사에게 이 사실을 알려서 심각한 문제를 낳을 수 있는 상황을 막았다. 하지만 아직까지도 왜 그 의사가 전문 통역사를 쓰지 않고 가족에게 자신의 질문이 청각이 아니라 환자에게 환각 증세가 있는지 알고 싶어서였다고 설명하지 않았는지 궁금하다.

내가 진단하게 된 수많은 환자들이 자신의 병이나 진료에 관해 구체적인 설명을 하나도 듣지 못했다고, 지금 무슨 일이 일어나고 있는지 전혀 알지 못한다고 말하곤 했다. 병원에 가면 마치 수의사에게 치료받는 동물이 된 것 같다고 말하기도 했다. 나는 한 라디오 프로그램의 인터뷰에서 이렇게 말했다가 수의사들에게 큰 비난을 받기도 했다. (받아도 마땅한 지적이다.) 수의사들 또한 치료하는 동물에 대해서 잘 파악하고 있고 주인에게 문제가 무엇이고 어떻게 치료해야 하는지 상세히 설명한다. 내가 잘못된 비유를 들었을지는 모르지만 내가 하고 싶은 주장은 여전히 유효하다. 환자와 의사 간 의사소통에 심각한 문제가 있다는 건 새로운 뉴스가 아니다. 몇십 년 동안 이어진 일이다. 최근 몇 년 간 더 심각해졌다고 감히 말하고 싶다. 점점 더 복잡해지는 테크닉이 환자와 의사 사이에 끼어들고 데이터를 입력해야 하는 요구가 가중되면서 의사가 환자의 생활이나 환자의 고민에 대해 질문할 시간도 없고 의지 또한 사라진다. 의사들의 회진 횟수와 속도를 보면 환자, 환자의 가족과 깊게 대화할 시간이 주어지지 않는 게 당연하다. 환자의 진료와 회복 과정을 같이 따라갈 수가 없다. 의욕이 있는 젊은 의사들은 이런 일로 좌절하곤 한다. 병원의 자원 부족과 압박과 가차 없는 이 세계의 속도 때문에 양질의 진료가 어렵다는 걸 체감하게 되기 때문이다. 노인병 전문의가 되겠다고 열정적으로 말하던 한 젊은 레지던트는 숨 한번 쉴 틈 없고, 밥 먹을 시간도 없고, 선배 의사의 지도도 받을 수 없이 오직 콜만 받았던 하루를 보내고 분노와 좌절과 절망에 빠져서 눈물을 흘리며 말했다. "전 예전에 할머니 할아버지 들을 정말 좋아했거든요. 그런데 이제 신경도 안 쓰여요." 어쩌면 이런 비인간적인 경험 때문에 의사와 간호사 들은 방어적으로 변하고 불안, 우울, 자살에 이르게 되는 건지도 모른다.

환자들이 전보다 더 잘 지내는 것도 아니다. 특히 요구에 비해 자원이 현저히 부족한 공립 병원의 경우에는 더욱 그렇다. 국립 의료협회National Academy of Medicine의 연구에 따르면 수술 환자의 가정 간병에 대해 의사, 간호사와 환자 간 의사소통이 너무 적어서 발생하는 문제들이 많다. 환자가 수술 후 하루 이틀만 입원했다가 혼란과 걱정 속에서 퇴원하고, 가족들이 환자의 몸에서 흐르는 고름을 보고 어찌할 바를 모르는 일도 있다. 환자 가족들은 집에서 환자를 어떻게 보살펴야 하는지 설명을 듣지 못했다고 말한다. 이보다 더 최악인 침묵이 있을 수 있을까? 50년 전에 내가 의대를 다닐 때도 심각했던 문제는 더욱 악화되었다. 병원에서의 진료가 실망과 좌절만 안기는 경우를 수없이 목격했다.

1974년 각각 다른 의학 저널과 사회학 출판물에 네 편의 글을 발표했는데, 이것은 이후 40년간 내가 몸담을 돌봄에 대한 연구를 정의했다고 할 수 있다. 한 편의 글에서는 문화 시스템으로서의 의료를 살펴보면서 의사들은 어떤 문제는 문화라는 관점 때문에 명확하게 보고 어떤 문제는 모호하게 보는지 질문했다. 다시 말해서, 의료 문화 자체가 이 문제들을 만드는 건 아닐까? 또 다른 글에서는 가족과 지인이 포함되는 상대적인 진료 모델을 제시했다. 가족과 지인의 참여는 당시 공공 진료에서 간과되었지만 실질적으로 매우 중요하며, 전문가의 진료는 물론 전통 의학도 더 넓은 돌봄 시스템의 중요한 요소로 보아야 한다고 강조했다. 병원이나 클리닉, 공중 보건 전문가는 가족과 지인의 돌봄 시스템을 중요하게 여기지 않지만 환자와 가족의 이익에는 무엇보다 중요하다. 따라서 환자와 가족은 이 돌봄 시스템에 필요한 자원을 적극적으로 찾는다. (사실 제약 회사와 의료 장비 회사는 공중 보건 전문가는 보지 못하는 환자와 가족의 필요를 알고, 점점 더 직접적으로 이들에게 광고하기 시작했다.)

이 글에서 나의 경력을 형성할 주장들을 더욱 구체적으로 명시했다. 가장 먼저, 의료 활동은 더 폭넓은 간병과 돌봄 형태의 한 가지 예일 뿐이라는 것이다. 두 번째로 진료와 돌봄은 환자와 의사에게 병의 치료에서 가장 중요한 것을 바탕으로 이루어져야 한다. 무엇이 중요한지는 전문적, 개인적, 사회적 이유에 따라 다를 수 있다. 세 번째로, 환자 중심적인 접근 방법이 보스턴과 미국 전체의 병원에서만 적용되어야 하는 것이 아니라 내가 대만에서, 이후 창사에서 관찰하고 연구한 분야에도 적용되어야 한다고 했다. 문화 간 비교를 도입하여 돌봄의 문제가 전문가와 비전문가의 영역일 뿐만 아니라 사회 문제가 되어야 한다고 주장했다. 나는 질병과 치료는 이 사회의 모습과 뗄 수 없는 관계라고 믿었다. 미국과 판이하게 다른 사회를 체험하고 관찰했고 책과 자료를 통해 다른 사회들을 탐험한 결과 나는 어떤 면에서 돌봄이야말로 이 세상 어느 곳에서나 인간 실존의 조건이라는 사실을 깨달았다. 또한 전 세계 공통으로 나타나는 의료 시스템의 변화도 초기 단계부터 목격했다. 관료적 규제가 증가했고, 공적 자본과 개인 자본이 유입되었으며, 전문가들의 자율성이 사라지고 의사들의 프롤레타리아화●가 이루어졌다. 빅 파마(글로벌 거대 제약사)와 의료보험 회사의 영향력이 크게 증가했다. 이런 변화들은 현재 전 세계에서 비슷한 문제를 유발하고 있다.

내가 지금 쓰고 있는 이 글은 현재의 지식인들에게는 급진적이지도 않고 대단한 비밀을 폭로하고 있지도 않다. 하지만 50년 전에는 나의 주장이 상식으로 통하지 않았다. 돌봄 분야와 우리가 돌봄을 어떻게 이해하고 실행하는가는 세월이 흐르며 근본적인 변화를 겪었다. 나는 그 변화의 전후를 모두 겪었다.

1976년 나는 두 가지 일을 제안받았다. 먼저 하버드 공중 보건 대학원에서 비종신 부교수직을 제안받았고 보건·행동사회학 분야의

● 독점과 자본주의의 필연적 논리에 의해 집단이나 계급이 임노동자가 되는 과정.

부서장도 병행해 달라고 했다. 나를 지속적으로 성장시키는 멘토들과 함께할 수 있는 자리였다. 시애틀의 워싱턴 대학교에서도 제안이 왔다. 정신의학·행동과학 부서의 종신 부교수로 일하면서 인류학 부교수도 겸해달라고 했다. 시애틀은 연고도 없고 한 번도 살아본 적 없는 도시였다. 하버드의 제안이 매우 끌렸지만 이 일에는 나의 새로운 사랑인 인류학을 더 학문적으로 깊이 연구할 기회는 포함되지 않았다. 조앤은 딱 2분 만에 우리 가족의 운명을 결정지었다. 시애틀로 가자고, 워싱턴 대학교의 종신 재직권을 받아들이자고 했다. 우리 가족의 생활이 더 안정되고 자율성도 있을 것 같다고 했다. 당시에는 언어로 표현하지 못했지만 이 또한 매우 중요한 돌봄의 하나가 아닐 수 없다. 가족의 미래를 돌보고 나의 개인적인 발전도 돌보는 일 말이다.

11

시애틀에 도착했고 우리 가족이 가장 안정적으로 살던 시기가 시작되었다. 조앤과 내가 높은 생산성을 보인 기간이기도 하다. 성인으로서 전성기라고도 할 수 있었다. 하지만 처음 며칠 동안 나는 내가 과연 옳은 선택을 했는지 확신할 수 없었다. 새 사무실로 가는 엘리베이터 안에서 우연히 나를 채용한 정신의학과 학과장을 만났다. 그는 인자하게 웃으며 나에게 종신 재직권 조건에 만족하냐고, 자신이 내 채용을 성사시키기 위해 애썼다고 말했다. "그럼요." 나도 밝게 웃으며 대답했더니 자기 사무실로 가서 '세부적 문제들'에 대해 더 이야기해 보자고 했다.

그는 나를 채용하기 위해 바삐 움직이다가 그리 사소하지 않은 내용을 빠뜨린 것이 확실해 보였다. 나에게 사회문화정신의학 부서의 부장을 맡으면서 자문조정정신의학 서비스의 장까지 역임해 달라고 말한 것이다. 자문조정정신의는 병동의 다른 전문의들이 환자에

267

게 정신과적 진단이나 관심이 필요하다고 판단할 때 자문을 부탁하는 정신과 의사들을 말한다. 하버드대 병원에서 내가 한 일이 거의 이 일이었다고 할 수 있다. 순간 나는 얼굴이 딱딱하게 굳었고 심장이 빠르게 뛰기 시작했다. 나는 여기서 인류학 교수로 일하면서 여름마다 대만에서 리서치 작업을 하기로 이미 약속했고 투자도 받았는데 환자 상담과 관리까지 감당할 수 있을까. 내 안에는 하루 빨리 꺼내서 책으로 만들어야 할 원고도 있다.

그는 싱글벙글 웃으며 말했다. "걱정 마세요. 금방 적응하실 겁니다. 생각만큼 그렇게 부담 가는 일은 아니에요. 여섯 개 병동을 관리합니다만 각 병동에 훌륭한 전문 정신과 의사들이 상주하고 있으니까요. 선생님은 교육과 리서치와 임상 서비스 수준만 관리하시면 됩니다." 여섯 개 병동의 임상 서비스 감독이라니! 불가능한 업무로 보였다. 도저히 그 모든 일을 할 자신이 없었다.

심장이 죄어오는 것 같은 상태에서 학과장 사무실 밖으로 나오니 내 부서 소속의 레지던트 여섯 명이 나를 기다리고 있었다. 나는 그들의 지도 교수가 될 예정이었으나 나 또한 레지던트를 마친 지 1년 밖에 되지 않았다. 그들은 나를 데리고 병원 곳곳을 안내했고 내과 병동까지 갔고 그곳에서 4년 후에 내가 중국에서 얻은 병을 치료해주기도 했던 저명한 전문의이자 소화기내과 과장을 만났다. 그가 나와 레지던트들에게 다가오더니 자신을 소개했다.

그는 진지한 표정으로 엄숙하게 말했다. "매사추세츠 종합병원과 하버드 병원에서 오셨죠. 그런 곳에서는 정신이 위 건강에 영향을 미친다고 하지 않습니까만 이곳에서는 절대 그런 걸 믿지 않습니다!"나는 충격 속에서 내 귀를 의심했다. 스트레스가 위장과 소화기에 아무런 영향을 주지 않는다니 완전히 어불성설이며 절대 근거도 없는 생각이다. 수십 년 동안 수백 편의 연구 논문에서 이 둘 사이의 강력한 연관성을 주장해 왔다. 나는 고개를 흔들고 이 사내는 원시인이라고 생각하면서 내가 대체 어떤 세계로 들어온 건지 걱정하기 시작했다. 나중에야 앞서 만난 정신의학과 학과장과는 달리 이 사람은 나를 그저 놀렸다는 사실을 알게 되었다. 그래도 여전히 내게 새롭게 맡겨진 중책이 준 충격에서 깨어나지 못한 채로 이식수술 전문의를 마주쳤다. 후일 친한 친구가 된 그는 집게손가락으로 나를 찌르면서 소리치듯이 말했다. "클라인먼 교수군요! 정신과 레지던트가 내 마음에 안 들어서 불만이 많았어요. 이제부터 내 환자는 무조건 선생님한테 맡기겠습니다."

나는 거의 공포에 휩싸인 얼굴로 저항했다. "하지만 이곳은 의대부속병원이 아닙니까. 저는 가르쳐야 합니다. 또 모든 이식 환자들은 정신과 진단을 받아야 하고요. 그 환자들을 제가 다 볼 수 없습니다. 레지던트들도 다른 업무들 때문에 버거워하는 일이잖아요."

"아니에요. 선생님만 믿겠습니다." 그 말만 남기고 그는 총총 사라졌다. 이 시점에서 나는 미약한 정신적 충격 증세를 보였던 것 같다. 말이 나오지 않아 그날 내내 거의 입을 다물고 지냈으며 내 인생 최악의 날이라고 굳게 믿었다. 내가 연구하고 싶은 학문을 파고들고 교수 활동을 하면서 이 병원에서 살아남을 수 있을까? 그날 밤 조앤에게 진지하게 짐을 다 풀었냐고 물었고 조앤은 아직 다 풀지 않았다고 대답했다. 나는 잠시만 보류해 달라고, 오늘 하루가 너무 나빴고 아마도 다시 보스턴으로 돌아가야 할지 모른다고 했다.

"너무 걱정 마." 조앤은 내 어깨와 등을 어루만지며 웃었다. "나아질 거야. 내일은 당신이 좋아하는 인류학의 날이잖아!"

그렇긴 했다. 다음 날 인류학과에 도착해서 관리자에게 내가 강의할 세미나실이 어디냐고 물었다. "아니에요!" 그 여직원은 웃으며 말했다. "세미나실에서 강의 안 하세요. 일반 강의실도 아니고요. 맞은편 강당이에요." 또 다른 하루, 또 다른 충격. 나는 대략 서른 명 정도의 학생들과 의료인류학 입문 강의를 하게 될 거라 막연히 예상했었다. 하버드에서도 그렇게 했었기 때문이다. 심화 강의를 해본 경험이 전무했다. 강당 문을 열었을 때 400명이 넘는 학생들이 모여 있다는 걸 알았다. 아마 내 얼굴에는 당장 도망가고 싶다고 쓰여 있었을 것이다. 대학원생 한 명이 내 팔을 붙잡고 구석에 모여 있던 대여섯 명의 동료들에게 소개하면서 이렇게 말했다. "학생들이 너무 많이 와서 돌려보냈어요." 그녀가 조용히 말했다. "이 강의를 수강하고 싶다고 한 학생들이 너무 많네요."

어찌어찌 나는 강연을 무사히 마쳤다. 그리고 그다음 날, 그리고 그 이후의 미친 몇 주에서도 살아남았다. 나는 과도한 업무에서는 초보자가 아니었지만 이토록 많은 업무 부담은 나를 다른 수준으로 밀어붙였다. 서서히 빡빡한 일정과 부산한 속도에도 적응을 해나갔다. 시간이 더 흐르면서 흔들리는 배에서도 균형을 잡고 걸을 수 있게 되었다. 나는 조앤이 말한 것처럼 훌륭히 해냈고 나날이 발전했다. 나의 프로그램과 프로젝트를 주도적으로 만들었고 내 소신대로 일을 끌고 나갔다.

조앤은 중어중문학과 대학원을 다니며 우리 가정의 대소사들을 처리했고 시애틀에서의 6년 동안 내 경력과 명성은 그야말로 꽃을 피웠다. 대만에서의 연구 프로젝트를 계속 진행하고 정리하여 첫 책《문화적 맥락에서 본 환자와 치유자》(1980)를 펴냈고 이 책은 의료인문학 입문서로 쓰이기도 했다. 그 전에는《문화, 의학, 정신의학》(1977)이라는 저널도 창간했다. 이 저널은 아직까지도 출간 중이며 비록 절판되었으나 이 저널을 바탕으로 한 도서 시리즈도 출간했다. 나는 대학생, 대학원생, 의대생, 레지던트 등 모든 학년과 수준의 학생들을 다 가르쳤다. 그러면서도 적지 않은 시간 직접 진료를 하며 수백 명의 환자를 만났다. 통증 클리닉에서 온 환자도 상담했고 정신과 환자들도 보았고 내 개인 환자들도 있었다. 지금이라면 그 일의 반도 해낼 수 없었을 것이다. 특히 임상 실무에 깊이 관여한 건 최고의 경험이었다. 시간이 흐르면서 나는 환자들의 증상과 그들의 사회생활과 환자 본인에게 가장 중요한 것이 무엇이고 사랑하는 사람들에게 무엇을 바라는지를, 피상적인 수준이 아닌 실존적 단계에서 연결 지을 수 있었다. 자신이 나고 자란 문화에 따라 사람들이 불평하는 내용과 불평하는 방식이 어떻게 다른지를 새로이 발견했다. 각각의 질병은 어떤 특정한 사회적 진화 과정을 거치는지를 배우고 환자의 인생사는 모두 독특한 주제와 동기를 갖고 있다는 사실도 알았다. 심리치료사는 환자의 말을 집중적으로 경청하면서 환자 내면의 삶에 감응하며 언어 뒤에 숨겨진 미세한 뉘앙스와 목소리의 변화를 알아차려야 한다. 이 커졌다 작아지는 목소리를 잘 들으면 환자가 말하려고 하는 비인간적인 대우와 우울증까지도 들린다. 이상적으로 이렇게 정성을 다한 집중 치료는 위험하고 파괴적인 병적 행동의 사이클을 깰 수도 있다. 식이요법을 따르려 하지 않는 환자라든가 관심을 얻기 위해 과장된 불만을 표출하거나 그 반대로 문제의 심각성을 부인하고 필요한 치료를 거부하는 환자들의 마음을 열 수도 있다. 나는 이 임상적 접근법을 학생들에게 어떻게 전달해야 할지 배웠고 박사 후 학생들이나 수습생들과 회진 때 활용하며 도움을 주기도 했다. 통증 전문으로 유명한 워싱턴 대학교 종합 통증 클리닉보다 만성 통증 환자들에 대해 많은 공부를 할 수 있는 곳은 없었다.

제니퍼 윌리엄스는 미혼의 중년 여성 회계사로 2년 넘게 요통을 느껴 전국에서 가장 유명하다는 이 통증 클리닉까지 찾아오게 되었다. 그녀의 주치의나 세 명의 정형외과 의사와 신경외과 전문의들은 통증의 원인을 밝혀낼 수 없었다. 영상 검사를 해도, 그 어떤 테스트를 해도 유의미한 질환이 발견되지 않았다. 그녀는 설명할 수 없는 증상/만성 통증 환자로 분류되었다. 가족과 친구들마저도 거의 포기했고 그 통증이 '진짜'가 아니라며 의심하기도 했다. 그녀는 "만성 불평론자"라는 이름만 얻었다고 말했다. 그녀의 회사도 인내심을 잃었고 제니퍼는 회사와의 협상 끝에 장애 노동자 보상금을 받고 휴직 중이었으나 집에 있으니 통증이 더 심해질 뿐이라고 했다. 주치의에게 오피오이드 진통제를 요구하면서 갈등을 빚기도 했다. 제니퍼는 약 없이 못 살았고 약에 의지하면서 우울장애 증상도 보이게 되었다.

그녀는 요통이 얼마나 심한지 호소해도 아무도 믿어주지 않는다고 하면서 이대로는 아무 의욕도 없고 살고 싶지 않다고 말했다. 내가 환자의 말을 전적으로 믿는다고 말하자 그녀는 눈을 동그랗게 떴고 내 주변에 모여 있던 인턴들도 충격을 받은 듯 표정이 바뀌었다. 나는 지금 심각한 허리 통증을 경험하고 있다는 그 말을 믿는다는 뜻이라고 설명했다. 의사들은 통증의 원인을 밝혀내지 못했기에 그녀의 통증 호소에 대해서도 회의적인 것 같았다. 하지만 이 환자는 분명 아파하고 있다. 나는 의심하지 않았다. 우리는 장시간 대화를 나누었고 그녀는 의료진 어느 누구에게도 하지 않은 말을 꺼내기 시작했다. 젠이라고 불러달라고 하던 그 환자는 혼자 살았고 가까이 지내는 친구가 없었다. 눈을 바닥에 내리깔고 얼굴을 붉히더니 어린 시절부터 비만 때문에 괴로웠다며 말하며 소리 내어 울기 시작했다. 자기 몸이 수치스러웠고 모욕을 당했고 친구들에게는 왕따도 당했다. 또한 선배 남학생들에게 맞기도 하고 성폭행도 당했다. 비참한 사건들이 겹치면서 자살 시도를 했고 잠시 비자발적으로 정신병원에도 입원했었다. 퇴원 후에는 자기를 위로해 주지 않았던 가족을 원망하고 집에서 나와 되도록 멀리 살았다. 아직까지도 가족과는 거의 연락을 하지 않고 있다고 했다. 그녀는 내 손을 잡더니 반복해 말했다. "저는 망했어요. 실패자예요. 내 삶에서 제대로 된 건 하나도 없어요. 선생님. 내 등만 아픈 건 아니에요. 내 머릿속 생각이 날 항상 때리는 것 같아요."

나는 말했다. 그런 스트레스 속에서도 지금까지 잘 살아온 당신이 존경스럽다고. 인턴들은 이 말을 듣고 놀라 숨을 들이쉴 정도였다. "환자분은 온갖 역경 속에서도 이룬 게 정말 많지 않습니까. 특별한 사람입니다. 용감한 분이에요. 우리가 도와드릴 수 있어요." 나는 간곡히 말했다. "환자분의 우울증과 통증에 맞는 적절한 치료를 해

드리겠습니다. 그렇게 아픈데 어떻게 우울하지 않을 수 있겠습니까. 등뿐만 아니라 머릿속으로 들려오는 말들, 스스로 자기 인생에 대해 하는 말들 때문에요."

젠은 내게 감사하다고 말하고 내가 자신의 삶 전체를 이해해 준 첫 의사였다고 말했다. 우리는 그녀를 보내고 근처 회의실로 가서 그녀의 병증에 대해 논의했고 인턴들은 몇 년 동안 그녀를 진료했던 의사도 꺼내지 못한 말을 내가 몇 분 만에 꺼냈다는 점에 놀라워했다. "마법은 아니야." 나는 그들에게 말했다. "이제껏 사람들이 자기편이라고, 자기에게 진정한 관심이 있다고 느낀 적이 없었을 뿐이야. 의사와 병원은 통증에만 관심이 있었지. 만성 통증 환자들과 상담할 때 명심해야 할 건 그들의 관계를 봐야 한다는 거야. 사람들과의 관계가 망가졌을 수 있어. 본인에게는 통증이 느껴지는데 의사와 가족에게 의심을 받으면 서로에 대한 신뢰가 무너지고 치료도 불가능해지지. 이때 꼬인 실타래만 잘라내면 돼. 환자들에게 그 고통을 믿는다고, 다시 말해서 그들을 믿는다고 말해봐. (실제로 꾀병은 아주 적다는 가정에 기초하며 실제로 그렇기도 하다.) 그 고통이 진짜이지만 그 원인은 불확실하다고, 그래서 그 원인을 밝히기 위해서 더 노력해 보겠다고 말할 수도 있지. 내 경험상, 대부분의 환자들은 고마워하고 우울증 치료를 받아들이고 개인적인 문제나 관계의 문제를 고백하지. 또 치료를 받으면서 정신적 상태와 사람들과의 관계가 나아지고 동기 부여가 되어서 병원이 추천하는 치료 요법을 따르기도 해. 그러다 보면 (내 경험상, 신체적 통증과 정신의 고통) 통증은 점점 약해지고 어느새 활동적으로 변하고 증상도 완화되지. 최선의 경우 통증에서 완전히 벗어나 전처럼 살아가겠지. 하지만 대부분의 환자는 통증을 느끼긴 하지만 덜 심각하게 느끼고, 가정에서나 직장에서 생활이 안정되기도 해."

　실제로 젠은 정신과 상담과 항우울제를 통해 우울증과 다른 문제들을 치유하게 되면서 물리치료사를 만날 정도로 회복되었고 영양사의 도움을 받아 체중 감량을 하고 트레이너와 운동도 했다. 우울증이 나아지자 심리치료사를 만나 자신의 트라우마, 성폭력, 자아 이미지, 성 정체성, 긴장된 가족 관계 등에 대해서 깊은 이야기를 나누었다. 마지막에 그녀 소식을 들은 날은 첫 만남 후 3년여가 흘렀을 때로, 그녀는 몸무게를 엄청나게 감량하고 자기 이미지를 개선하고 열심히 요가를 하고 있었으며 더 크고 자신을 배려해 주는 회사로 옮겨 책임감 있는 일을 하게 되었다고 한다. 사랑하는 여인과 사귀고 있기도 했다. 젠은 나에게 거듭 감사하면서 잊지 못할 말을 남겼다. "선생님만이 유일하게 저를 믿어주셨어요. 그때 얼마나 우울했는지 이해하셨어요. 그때 제가 자살 충동은 없다고 했지만 거짓말이었어요. 하지만 그 비참한 상황이 조금만 더 지속되었다면 아마 자살을 시도했을지도 모릅니다. 선생님에게 배우는 모든 학생들이 선생님처럼 훌륭한 의사가 되기를 소망합니다. 감사합니다."

　내가 학생들에게 이 환자의 실례를 들면서 하고 싶은 말은 관료주의적인 병원 시스템으로 인해 전문가들 사이에서 진정한 돌봄과 치료의 기회들이 사라지지 않도록 주의하자는 것이다. 의사들은 아주 많은 시간을 지루한 요식적인 의무들을 처리하는 데 쓴다. 문서를 작성하고, 검사 결과를 검색하고, 보험 회사 직원들과 통화하고,

케이스 매니저case manager*들과 싸우면서 보낸다. 모두 환자들과 보내야 할 시간이다. 의사들은 되도록 단순한 진단을 내리고 단순한 진단이 요구하는 단순한 치료 방법을 제시하고 돈을 받는다. 환자는 의사가 청구하는 비용을 지불할 수 있거나 없거나 둘 중 하나다. 우리 의사들은 사람들을 이해할 때 필요한 그들 삶의 미묘한 뉘앙스, 모호함, 복잡함을 발견하지 못한다. 의사가 환자의 고통에만 집중하고, 고통을 병적인 측면으로만 보려 한다면 고통 받는 사람의 삶이라는 맥락을, 환자들이 보내는 결정적인 신호를, 환자가 겪고 있는 근본적인 고통을 이해할 기회를 놓친다. 대화에 적극적으로 임해야 임상적으로도 도움이 되고, 고통을 증가시킨 관계를 변화시켜 부정적인 결과를 축소시킬 수 있다.

나는 오늘날 의료의 개념을 관료주의적 관점으로 이해하려 한다. 독일 사회학자 막스 베버는 관료주의는 **효율성**과 관련이 있고 효율성은 인간의 행위를 단순화하거나 단순화된 이성으로 보아 모든 자발적이고 감정적이고 도덕적으로 중요하고 심오한, 다시 말해서 인간적인 모든 면을 제거하려 한다고 말한다. 이 시대에 의료계에서 일어나는 일이 막스 베버의 이론을 그대로 반영한다고 할 수 있다.

워싱턴 대학교에서 인턴들과의 티칭 회진은 이후에 하버드 의대와 의대 부속 병원에서도 계속 실시했다. (캠브리지 병원에서도 했다.) 나의 리서치 경력 덕분에 전문화된 인터뷰 기술을 가르칠 수 있었고 — 어쩌면 나에게는 유일하게 특화된 기술일지도 모른다 — 동시에

• 병원에서 상주하며 환자의 입퇴원을 조율하는 간호사나 사회복지사.

인류학과 윤리학을 가르치면서 때로는 특별한 임상적 과제를 해결하도록 도왔던 세계보건적 관점을 지도하기도 했다. 이러한 교수법은 환자와 의사와 병원 진료 시스템에 영향을 미치는 인종, 민족, 젠더, 계층, 빈곤, 노숙 같은 더 큰 사회문제를 다루기도 한다.

학생들에게 나의 인터뷰를 관찰하게 한 후에는 학생들과 대화하며 현재 처한 문제를 비판적 관점으로 보도록 했다. 이러한 대화를 통해서 학생들이 역사, 사회 이론, 민족지학을 진료에 직접적으로 적용할 때 필요한 학문적 용어를 구축할 수 있게 했다. 이는 의료 시스템과 시스템을 이용하는 사람들에게 영향을 미치는 사회 변화와 사회 구조를 폭넓게 이해하는 기본 틀이 되기도 한다. 이때 사회학자인 로버트 머튼Rober Merton의 이론을 돌아보게 된다. 사회적 행동의 의도하지 않은 결과라는 이론은 한 가지 증상에 한 가지 답만 제시하는 방식, 이를테면 수술 같은 것이 통증을 악화시키거나 연장시키는 부작용을 낳을 수 있다는 사실을 이해할 때 유용한 이론이 된다. (이때는 팀 접근법이 필요하다. 한 사람이 아니라 한 팀이 관련된 모든 요소의 상호작용을 고찰하는 것이다. 통증 병원이 개척한 방법으로 이후 암 진단에 필수 과정이 되었다.) 미국 사회학자인 머튼은 우리 '습관의 강직함'과 '고압적인 속도' — 둘 모두 환자의 고통을 빠르게 제거해야 한다는 압박 속에서 벌어지는 의료진들의 행위를 정확히 묘사하는 단어 — 가 우리 행동이 낳는 예상치 못한 결과를 보지 못하게 한다고 말한다. 예를 들어서 만성 통증을 오피오이드 진통제로만 처방 한다고 생각해 보자. 미국에서는 대체로 이 처방만 인정받고 여기에 대형 제약 회사의 이윤이 개입하고, 보건 분야가 이 처방에서만 이득을 본다. 의료보험을 감당할 수 없는 열악한 조건의 환자들은 어떻게 되겠는가? 이렇게 거슬러 올라가면서 우리는 오피오이드 진통제 사태의 원인을 이해할 수 있을 것이다.

미셸 푸코의 '생체권력biopower' — 의학이 정부 권력의 수단이 될 수 있다는 주장 — 을 통해서도 학생들은 진통제를 규제하는 정책의 의도적인 효과에 대해서 생각해 볼 수 있다. 정부는 병원 진료에 개입하고 혹은 고통과 장애 사이의 관계에 개입한다. 그러다 보니 현재 노동자 계층에 가장 큰 영향을 미치는 미국의 장애 복지 체계는 최소한으로만 제한되어 있다. 초기의 의료화medicalization•가 빈곤과 빈곤이 생활에 미치는 영향 같은 사회복지의 문제로 정의됐다는 사실은 의료 시스템을 통해 우리 사회가 어떻게 통제되고 지배되는가를 보여준다. 나아가 학생들과 현대 의사들의 좌절에 대해서 이야기해 볼 수도 있다. 왜 의사들이 사회적 자원 사용 여부를 결정하는 사람이 되고 빈곤처럼 개인적으로 해결할 수 없는 문제인 사회적 고통 앞에서는 실패한 치유자가 되어버렸을까. 왜 의사들이 짜증 나는 관료주의 때문에 전문적인 치료에 대한 관심을 놓치고 환멸을 품게 되는지 학생들이 이해하면 후일 병원 현장에서 번아웃이 되지 않도록 스스로를 보호할 수 있을지도 모른다.

같은 방식으로 학생들에게 지역사회의 윤리에 대한 개념을 소개해 주려 했다. 우리가 속한 네트워크와 조직, 그룹에게는 매우 소

• 기존에는 의학적 문제로 여겨지지 않았던 증상이 질병이나 질환 같은 의학적 문제로 정의되고 치료되는 일련의 과정.

278

중한 가치가 우리가 내적으로 옳다고 생각하는 가치와 일치하지 않을 수 있다. 이윤만을 우선하려는 병원, 최선의 치료를 하지 않고 최소한의 비용으로 주주를 만족시키려는 병원에서 의사 생활을 할 수도 있다. 이 학생들은 보건 정책의 윤리, 환자 개개인의 불만이 치료의 양적 기준보다 덜 중요하게 취급되는 분위기가 치료의 수준을 낮추고 치료의 의미를 왜곡할 수 있다는 사실에 눈을 뜨게 될 수도 있다. 혹은 행정가들이 강조하는 효율성 극대화에 매달려 의사들이 환자와 멀어져 컴퓨터나 보험 회사 직원과 시간을 더 보내면서 진료를 어떻게 저해하는지를 환자의 눈으로 배울 수도 있을 것이다. 나는 이 티칭 전략을 통해 학생과 의사 들의 눈을 열어 전문 직업인으로서 자신들의 삶이 얼마나 더 큰 사회경제적·정치적 힘에 의해 좌우되는지를 보여주었고, 의료보험 제도 안에서 진료를 보호하고 싶다면 이 사회의 민주적 제도들 안에서 시민으로서 적극적인 역할을 해야 한다는 사실을 일깨웠다. 학생들은 지역사회의 정책 입안에 깊이 관여해야 한다고, 우리 시대의 지배적인 사회의 힘, 예를 들어 진료를 약화시키는 정부의 법에 대항하기 위해 실질적인 행동을 해야 한다고 느끼기도 했다.

나는 인류학 대학원생들과 같이 병원 회진을 하기도 했다. 우리는 그 수업에 다분히 어색한 이름을 붙였다. "임상 실습을 적용한 인류학 회진"(우리의 '인류학 회진'을 받는 어머니를 보고 자녀인 약사가 웃으며 이렇게 물었다고 한다. "우리 어머니가 혹시 동굴에서 산 여성이라고 생각하는 건가요?") 나는 민족지학과 사회이론과 심리치료라는 다양한 분야를 융합하여, 병원 내에서 인류학적인 접근을 시도하고 싶었다. 특히 환자가 관절염, 천식, 당뇨, 만성 심장병 같은 만성 비감염성 질환을 앓고 있을 경우에 그러했다. 이런 환자들은 신체 기능의 10퍼센트만 향상되어도 삶이 완전히 달라진다. 이 10퍼센트가 거동을 못 하고 집에서만 생활하는 삶과 세상으로 나가는 삶을 결정할 수 있다. 정신적·도덕적 동기 부여를 통해 환자가 스스로 움직이게 하고 가족의 간병과 환자의 생활 조건이 병원의 치료 방식과 맞을 때 이런 일이 일어난다.

앞으로 내가 윌리스 존스 박사라고 부르게 될 분은 동부 워싱턴주의 시골 마을에서 일하는 노년의 1차 진료 의사다. 그는 10년 이상 경추의 퇴행성 관절염으로 등 위쪽 통증을 앓았다. 통증을 줄이기 위해 다양한 약을 시도해 보았지만 모두 실패했다. 네 번의 수술도 거쳤지만 그 수술로 인해 팔의 사용 능력만 제한되었을 뿐 통증에 차도는 없었다. 그는 세상에서 가장 피곤한 사람 같은 표정을 짓더니 만약 통증의 단계가 1부터 10까지라면 자신에게 찾아오는 최악의 통증은 15라고 말했다.

70대 후반인 아내와 성인인 두 딸들이 통증 클리닉으로 왔다. 가족들이 기다리고 있는 면담실에서 내가 본 장면을 기억한다. 존스 박사는 딱딱한 의자에 앉아 목 보조기와 어깨 베개를 하고 팔은 스펀지 고무 지지대에 얹고 있었다. 헐렁한 체크 셔츠를 입었는데 앙상하고 각진 얼굴은 침울했고 두려움이 가득했다. 그의 아내와 딸들도 딱딱한 의자에 등을 똑바로 세우고 앉아서 아버지와 비슷한 두려움과 불안함의 기운을 풍겼다.

방에는 팽팽한 침묵만이 떠돌았다. 마치 그들 네 명 모두 끔찍한 일이 터지길 기다리고 있는 중인 듯했다. 내가 받은 첫인상은 가족 모두가 통증이라는 감옥에 갇혀 있고 이보다 더 최악으로 흐를까 봐 두려워한다는 것이었다. 대화를 나누어보니 내 예상이 틀리지 않았다. **통증은 그 가족 자체였다.** 그들은 반복해서 그렇게 말했다. 아내와 딸들은 아버지의 목과 등과 팔로 옮은 극심한 통증에 대해 계속 이야기했고 모든 가족들이 그 통증에 사로잡혀 있었다. 그들은 깨진 유리 위를 걸으면서 이보다 더 큰 위기 상황이 어느 순간에라도 자신들을 덮칠 것이라 확신했다. 그들은 그 긴장을 견딜 수 없었으며 나 또한 마찬가지였다. 그 공간에서 한 시간 동안 대화하면서 그들의 고통이 스멀스멀 기어 나와 내 몸까지 전해지는 것 같았다.

존스는 자신의 통증과 공포에만 몰입하고 있어 가족들이 어떤 상황을 겪고 있는지 전혀 의식하지 못했다. 가족의 입장에서는 아버지의 상황을 더 악화시키고 싶지 않아서 그들이 느끼는 불안감을 털어놓지 못했다. 그들에게 간병이란 실제로 통증의 일부가 되는 것이었다. 그러한 반응은 통증을 약화시키기는커녕 통증의 지배력을 강화시켰다. 보통은 간병이 이런 것이 아니라고 생각할지 모른다. 그러나 여러 세대의 가족 간병인들을 보면서 이런 일이 자주는 아니지만 일어날 수 있다는 사실을 알았다. 가족 관계가 너무 가깝고 끈끈하다 보면 그 관계의 친밀함 때문에 증상도 전염되고 환자와 가족의 질병 경험이 거의 한 덩어리가 되어버리는 것이다. 한번은 이 현상을 설명하기 위하여 다소 이상한 용어인 소시오소마틱sociosomatic을 소개하기도 했다. 이 용어는 보통 심신증psychosomatic●에서 자주 쓰이는데 나는 이 용어가 그리 탐탁지는 않았다. 이 단어는 오직 환자에게만 집중하고 환경은 무시하면서 그 사이에 존재하는 사회적 맥락은 빠뜨리기 때문이다. 이 현상을 무슨 용어로 부르건 간에 어떤 증상이 심화되는 일은 실제로 일어나고 영향력이 크며 증상이 완화되는 일 또한 실제로 일어난다. 이 가족의 경우 우선적으로 존스 박사의 우울증을 약물로 치료하고 가족이 함께하는 심리치료가 병행되면서 그의 통증에 약간의 차도가 있었다. 미미한 변화처럼 보였지만 이는 큰 변화를 만들어냈다. 존스과 가족들은 악순환을 끊을 수 있었고 가족의 정상적인 기능을 회복해 보다 나은 생활을 하게 되었다.

나는 만성 통증 환자들 수백 명을 진단했고 그중 15명 이상은 직접 치료하기도 했다. 통증 전문가, 심리학자, 간호사, 사회복지사, 물리치료사 들과 협력했다. 통증 환자들에 관한 리서치도 수행했고 만성 피로 증상을 보이는 환자, 신체화 장애로 인한 우울증 환자(대체로 신체적 통증만을 호소한다), 낙인으로 고통 받는 환자, 죽음을 앞둔 환자 등 다양한 종류의 심각한 질병에 걸린 환자들을 연구했다.

나는 환자들의 출신과 배경에 상관없이 만성 통증, 피로감을 비롯한 여러 증상과 질병을 가진 환자들에게 한 가지 공통점이 있음을 배웠다. 그 환자들은 자신의 의사가 질병이나 장애의 정도를 자기들이 이해할 수 있게 설명해 주지 않는다고 믿는 편이었다. 제니퍼 윌리엄스 같은 환자는 존중과 신뢰를 받지 못한다고 느꼈다. 이런 환자들은 의사나 다른 의료 전문가들이 자신의 질병 경험을 인정하려 하지 않거나 할 수 없고, 자신들이 느끼는 생생한 고통을 받아들이려 하

● 불안과 같은 심리적 증상이 신체적 반응으로 나타나는 현상.

282

지 않는다며 분노했다. 환자들은 전문가들에게 관심과 치료를 기대했지만 전문가들은 비정상과 정상을 구분하는 데만 관심이 있어 보였다. 이들이 진정한 치유자로 기능하기 위해서는 환자, 환자가 경험하는 고통, 성공적인 치료를 받고자 하는 그들의 욕구를 확인하고 인정해야 한다. 이런 종류의 존중만이 신뢰를 회복할 수 있다. 그들은 문지기가 아니라 보호자처럼 행동하며 환자와 가족을 정신적으로 도덕적으로 움직일 준비가 되어야 한다.

28살의 린다 하우는 2년간 만성 피로로 고통 받고 있었다. 그녀 또한 병원에서 의료기사로 일했기에 가능한 모든 진단명을 고려해 보았다. 라임병, 조발성 다발성 경화증, 섬유 근육통, 꾀병까지 고려하다가 우울증을 떠올렸고 이 때문에 나와 만나게 된 것이다. 가족 주치의와는 관계가 상당히 나빠졌는데 그 의사는 그녀를 신뢰하지 않았고 "뭔가 잘못되었다"는 말을 믿지 않았다고 한다. 의사의 의심과 의문은 가족들에게 전달되었고 이제 가족으로부터도 진정한 위로와 실질적인 지원을 받을 수 없다고 느꼈다. 그런데 내가 그녀의 말을 믿는다는 단순한 사실 하나가 린다를 깜짝 놀라게 했다.

"환자분의 증상은 진짜죠." 내가 말했다. "환자분이 경험하고 있으니까요. 의사가 의학적 근거를 찾지 못한 것이 환자분 잘못은 아닙니다. 그동안 얼마나 힘드셨을지 잘 압니다. 그들이 당신의 말을 믿지 않는다고 느낀다는 건 당신이 겪고 있는 현실을 부정한다는 뜻입니다. 고통은 실재합니다. 우리가 아직 어떤 진단을 하거나 어떤 의학적 용어를 붙일지 모를 뿐입니다."

그 환자가 울음을 터뜨렸을 때 나는 놀라지 않았다. 내가 그 주치

283

의와 가족에게 환자의 형편, 불만, 증상, 그것들이 일으킨 문제들을 인정하고 믿으라고 말하는 동안 그녀의 불만과 증상이 서서히 가라앉았을 때도 놀라지 않았다. 생체의학적 문제가 무엇으로 밝혀지는지와 상관없이 린다는 돌봄의 부재로 고통스러워했던 것이다. 관심과 돌봄이 답이었다.

나는 수없이 많은 환자를 만났다. 그러나 이 환자들에게 이토록 단순한 바람인, 인정과 확신이 너무 적거나 늦는 경우가 많았다. 내가 앞서 여러 차례 지적했듯이 만성질환 관리의 가장 큰 문제는 진료자와 환자와의 관계가 환자의 증상에 영향을 미친다는 점이다. 적절한 진료와 돌봄의 실패는 심각한 약물 남용의 원인이기도 하다. 의사의 의욕 저하와 그래도 환자에게 무엇이든 해주어야 한다는 책임감이 만나면 의사는 강한 약을 처방해 주고 또 해주고 또 해주게 된다. 그 결과 약물의존이 발생한다. 이 처방의 실패가 통증 완화 실패로만 끝나는 건 아니다. 기본적으로 모든 만성적인 조건을 결정짓는다. 의사가 진정성 있는 진료에 필요한 시간과 관심을 투자하는 대신 편의를 선택하고, 그 나쁜 선택이 환자의 문제에 더 큰 문제를 추가하는 사례는 어렵지 않게 찾을 수 있다.

환자들은 진료에서 생길 수 있는 또 다른 결함을 알려주었다. 환자를 너무 자주 정신과 의사에게 보내는 건 곧 의료 전문가가 기본적으로 피해자를 비난하고 있다는 의미일 때가 많다. 진짜 문제는 형편없거나 부적절한 진료일 때가 많은데도 말이다. 물론 의사와 보건 전문가가 모든 비난을 짊어져서는 안 된다. 돌봄과 진료라는 문제 안에서 가족에게도 문제가 있을 수 있고 가족의 문제가 환자에게 짐이 될 수 있다. 그러나 가족의 간병이나 돌봄도 병원 안에서 개선될 수 있다.

　65세의 건축가이며 손주를 둔 할머니인 버네사 잭맨은 열 살 연상의 남편 로버트가 뇌졸중으로 쓰러지면서 언어능력과 보행 능력에 문제가 생겼다고 말했다. 버네사는 솔직히 남편 로버트의 병약한 상태에 적응이 되지 않는다고 털어놓았다. 남편의 행동과 말이 느려지면서 교외의 큰 주택에서 나가 다른 공간으로 갈 때마다 인내심을 잃는다고 했다. 로버트의 언어 능력 퇴화와 느린 걸음 때문에 신경질이 나고 자신의 날카롭고 쌀쌀맞은 반응에 남편도 예민해지고 남편의 상태가 더욱 두드러진다고 했다. 그녀는 이 불안한 양상을 자각하고 있기에 죄책감도 느끼며 그 죄책감을 로버트가 느끼면서 관계는 더욱 악화되었다. 돌봄의 관계는 고통스러운 악순환으로 흐르다가 이제 아내는 남편과의 외출을 완전히 중단하기에 이르렀고, 남편은 더욱 고립되었다.

　두 사람 모두에게 우울증 진단을 내리고 약물 처방과 상담을 병행하도록 했다. 하지만 다시 한 번, 그들 세계에서만 통하는 솔직한 대화를 통해 동굴 끝의 빛이 보이기 시작했다. 대화 치료는 돌봄과 그들 관계의 요소들이 변할 수 있다는 점에 초점을 맞추고 구체적으로 어떤 면이 개선되어야 하는지에 집중한다. 버네사는 휴식이 필요했다. 잠깐이라도 타임아웃을 하고 홀로 있어야 했다. 또한 남편의 한계에 대한 자신의 감정적 반응을 조절해야만 했다. 로버트 또한 부부 사이의 긴장을 줄일 수 있도록 다양한 방법으로 노력해야 했다. 6개월 후, 버네사는 이 작은 변화가 그들의 삶에 큰 변화를 이끌었다고 말했다. 돌봄의 관계가 환자 질병 체험의 결정적인 부분이라는 점을 의사가 분명히 밝혀야 환자와 가족의 재활을 도울 수 있다.

불안은 전염성을 지닌다. 심하게 불안한 사람이 가족과 함께하거나 병원으로 오면, 그와 접촉한 모든 사람이 불안해지기 시작한다. 우리는 윌리스 존스 박사가 경험한 통증의 악순환과 버네사 남편의 문제에서 이 현상을 보았다. 불안은 천식으로 고생하는 10대 청소년을 기침으로 숨을 쉬지 못하게 할 수도 있다. 그러나 불안을 조절할 수 있으면 호흡도 조절할 수 있다. (어린 시절 우리 집 주치의 벤 선생님은 역시 틀리지 않았다!) 우울증도 비슷한 방식으로 작용한다. 상실과 실패의 경험은 무력감과 무능함이라는 감정을 불러오고 자신감을 갉아먹는다. 자기 의심과 무력감의 시간들이 다시 정신적 자원을 고갈시키고 우울증을 악화시킨다. 돌봄에서도 이러한 양상이 정기적으로 일어난다. 시애틀에 있는 동안 가족 간병인들의 우울증 치료를 많이 했다. 이들은 만성 울혈성 심부전, 신부전증, 말기암 같은 치명적이 말기 질환을 갖고 있는 가족들을 사랑으로 보살피는 사람들이었다. 악순환이 계속되면 가족을 돌보는 능력도 점차 떨어지고 간병인은 중간에 포기하거나 지쳐 나가떨어지게 된다. 버틴다 해도 간병은 훨씬 더 고되고 버거운 일이 된다. 1970년대에도 환자의 우울증을 치료하면 통증과 고통을 약화시켜서 더 난도 높은 치료에 도전할 수 있게 된다는 사실은 알려져 있었다. 하지만 내가 배운 건 우울증 치료가 가족의 간병도 나아지게 하고, 그 결과 죽음을 앞둔 환자의 상황까지 나아진다는 것이다. 나 같은 전문 의료인이 우리가 맡은 환자 한 명이 아니라 환자가 아픔을 견디고 현실을 견디게 하는 돌보는 사람들까지 치유할 수 있음을 확실히 깨달았다.

~

6년 동안 더 많은 환자들을 보면서 가족 간병의 다양한 양상을 살펴보았고 서로를 어떻게 강화시키지도 알게 되었다. 게다가 나는 전문가로서 치료와 돌봄에 접근하며 강점과 약점을 두루 살필 수 있는 좋은 위치에 있었다. 이때 환자의 우울증과 불안증을 치료하고 돌봄 관계의 질을 향상시키는 방식으로 만성질환자의 치료 수준까지 높일 수 있다는 주제의 논문을 써서 발표하기도 했다. 그렇게 인류학을 임상에 적용함으로써 당시 부상하던 의료인류학이라는 분야가 더욱 발전할 수 있도록 노력했고 가족 간병이나 돌봄 또한 임상학적으로 접근할 수 있도록 했다. 당시 '일반' 진료라고 했던 1차 진료가 지금의 '환자 중심' 모델로 바꾸는 데 힘을 보탰다. 나의 별은 뜨고 있었고 내가 가진 모든 것을 다해 그것을 좇았다. 레온 아이젠버그가 나를 다시 하버드로 손짓했다. 그는 대학을 설득해 종신 교수직을 제안하게 했고 나는 하버드 의대와 문리대 두 곳에서 일할 수 있었다. 의대에서는 미국과 아시아에서의 작업을 바탕으로 사회의학과를 개설해 달라는 요청을 받았다. 문리대에서는 의료인문학 학부, 대학원, 박사 과정, 박사 후 과정에서 탄탄한 교육 프로그램을 조직할 권한을 주었다. 수십 년간 '하버드 스쿨'에서 접목시키려 했던 의료인류학, 사회의학, 세계보건이라는 학문을 정식으로 보강할 수 있는 자격과 자원을 부여받은 것이다. 나는 훌륭한 동료들인 바이런과

메리-조 델베치오 굿에게 하버드로 가서 나와 같이 일하자고 제안했다. 학자들과 지속적이고 다층적이고 협력적으로 리서치를 하고 교육 프로그램을 만드는 일은 임상 진료만큼이나 나에게 강력한 동기 부여가 되었다.

나는 운 좋게도 하버드로 돌아와서도 병원 진료를 계속할 수 있었고 점점 더 많은 환자를 보았다. 그중에는 같은 교수들도 있었다. 영어를 못하는 중국인들도 있었다. 어떤 환자들은 병원과 가정에서 돌봄의 문제를 경험하고 추천받아 오기도 했다. 그즈음 나는 진료 환경과 돌봄에 관심이 매우 많은 의사로 정평이 나 있었기 때문이다. 물론 우울증과 불안증과 트라우마가 결합된 다양한 만성 정신과적 질환 때문에 나를 찾는 이들도 있었다. 이들을 만나면서 미국의 의료보험 제도에 대해서 더 넓고 깊게 이해할 수 있었고 보험 제도의 변화가 환자와 의사, 환자, 가정 간병인 모두에게 큰 혼란을 야기하고 있다는 것을 알았다.

네기 만난 수많은 환자들은 보험 회사가 환자들이 계약서상으로 받기로 한 진료를 받지 못하도록 갖은 수를 쓴다고 불평했다. 아무리 문의해도 보험 회사는 시간을 끌며 답이 없고 의료 기관은 진료보다는 의료보험의 사업적 측면이나 법적 책임에 대해서만 관심을 보인다고 했다. 의사들이 환자에게 투자하는 '양질의' 진료 시간이 점점 줄어든다고 불평했다. 질병의 양상과 치료 옵션에 대해서 잘 설명해 주지 않는 것도 문제로 꼽았다. 또한 어떤 이들은 의사들이 마치 우체국이나 법원의 공무원, 대기업의 직원처럼 고객에게 무관심하고 서두른다고 말했다.

중년의 전기 기사인 빌 브라이트는 몇 년째 병원과 보험 회사와
싸우고 있었다. 담낭 수술을 했는데 예상보다 훨씬 많은 병원비가 부
과되어 큰 빚을 지게 되었기 때문이다.

　　엘리자 크로즈비는 남편을 잃은 중년의 흑인 여성으로 낙상으로
인해 골반뼈가 부러져 재활 병원에서 회복 중이었다. 그는 변호사에
게 보험 회사와 재활 병원과 협상해 달라고 재차 요구해야 했는데 지
팡이를 짚고 걸을 수 있을 때까지는 입원해야 했기 때문이다.

　　30대 초반의 칼라 마일스는 중서부 농촌에서 사는 30대 초반 여
성으로 계단에서 떨어져 뇌에도 손상을 입었다. 인지 능력 장애도
생기고 균형 감각도 잃으면서 걷기도 힘들어졌다. 장기적으로 머물
면서 치료와 돌봄을 받을 장소는 없었고 노인과 암 환자들이 들어
가는 창고 같은 요양원뿐이었다. 아직도 건강한 편이었고 대화를 하
고 관계를 만들어갈 수 있었기에 요양원에서 살아야 한다는 상상만
해도 눈물이 나왔다. (부모님도 울었다.) 젊지만 거동이 불편한 환자들
을 위한 생활 지원 시설, 복지 시설은 없었다. 부모님 두 분 다 일을
했기 때문에 부모님 집에서 신세를 질 수도 없었다.

　　그렉 매슈는 고등학교 중퇴자로 공사 현장 인부로 일하고 있었다.
보험은 없었고 메디케이드가 고비용의 암 치료비 지급을 거절하면
서 파산에 이르러 일시적으로 노숙자가 되었다. 그는 거절당한 보험
청구비 때문에 주 관료들과 싸우느라 너무나 많은 세월을 낭비했다
고 말했다. 이런 이야기들은 끝도 없었다.

　　그 이후 몇 년 동안 수백 명의 환자와 가족 들이 병원과 집에서,
리서치 인터뷰 중, 또는 온라인상에서 의사들과의 대화가 너무 부족

하다고 내게 불평을 쏟아냈다. 존 세일즈는 60세의 교사로 병원에서 대장암 수술을 받았다. 수술한 지 나흘 만에 병원이 강제 퇴원을 시켰고 복부에서 액체가 흘러나왔다. 의사와 간호사는 그나 그의 가족에게 배에서 액체가 나올 수도 있다는 말을 하지 않았다. 가족들은 당황했지만 조치를 취할 수 없었다. 집에서 남편을 간병하는, 내가 우울증 치료를 해준 아내는 자신의 실수로 남편이 감염되거나 죽기라도 할까 봐 두려워했다.

세라 카는 성숙기 발병maturity-onset 당뇨병과 울혈성 심부전, 만성 불안 장애를 앓는 노년의 여성으로 아무도 경고해 주지 않은 약물 치료의 부작용인 공황 발작 때문에 고통 받고 있었다. 그 문제가 약 때문임이 밝혀졌는데도 아무도 책임지지 않았고 무슨 일인지 설명조차 않았고 바꾼 약에 대한 정보도 주지 않았다.

이다 슈워츠는 55세의 간호사로 만성적인 등 하부 통증 악화로 고생하고 있었는데 정형외과 의사는 수술을 권하면서도 왜 수술을 해야 하고 위험 요소가 무엇인지 설명해 주지 않았다. 반면 척추 지압사는 한 시간 넘게 그녀의 문제에 대해서 이야기해 주었다고 한다. 정형외과 의사가 더 과학적인 지식이 있다는 건 의심하지 않지만 척추 지압사가 치유자에 더 가깝다고 생각했다. 이 목록에 나의 경험도 추가할 수 있다. 갑상선 스캔을 했는데 다행히 암이 아니었지만 그 과정을 지켜보던 의료기사나 그 화면을 해석했던 방사선 전문의 둘 다 나의 갑상선 상태에 대해 설명해 주지 않았다.

이는 의사들 또한 애통해하는 문제이기도 하다. 결국 이것은 오늘날 의료계에서 치유적 관계와 의사소통이 얼마나 쇠퇴했는지를 보여주는 슬픈 그림이다. 그러나 이러한 상호 관계의 질 — 의사들이 어떻게 듣고 설명하고 질문에 답하고 환자들에게 반응하고, 그 이후의 소통을 어떻게 처리하는지 — 은 사실 환자들이 받는 치료의 질을 결정할 때 가장 중요한 기준이 된다.

1940년대와 50년대의 의학은 작은 단위의 자영업으로, 주로 개인이 운영하거나 소수 그룹의 의사들이 진료를 맡았다. 나의 어린 시절 주치의인 벤 의사 선생님을 떠올려보면 그는 항상 우리 집에 왕진 와서 우리 식구들을 개인적으로, 혹은 가족으로 대면했고 우리 지역사회의 일부가 되었다. 진료는 진료를 지배하는 거대한 시스템 없이 주로 집무실에서, 병원에서, 집에서 직접적으로 이루어졌다. 1960년대와 70년대부터 대기업과 정부가 병원을 인수하고 경영하면서 병원이 대기업화되고 1차 진료 의사, 전문의, 다양한 기술 서비스와 거의 모든 치료자 단위들이 모여 강제적으로 하나의 제도가 되었다. 이러한 강력한 기관은 의사와 간호사를 포함한 건강 분야 전문가들을 독립적인 전문가에서 임금 노동자 집단으로 바꾸었다. 의료는 상품이 되었다. 병원들은 상품을 생산하고 환자는 소비한다. 제약회사는 제약–법률 제도를 형성하며 보험 회사에 불평하는 환자들을 상대했다. 소송이 수시로 일어나면서 의사들은 겁을 먹었고 보험에 수백만 달러를 쓰면서 알고리즘으로 완성한 최상의 진료 가이드라인 안으로 피신했다. (이는 단순하기 그지없는, 한 가지 방법으로만 하는 요리법 같았다.)

1990년대와 2000년대에는 컴퓨터로 정리하는 사례와 증거 수집 기반의 리서치가 실제 환자들을 만나 진료하는 경험 기반의 방식을 대체했다. 통계가 지혜보다 더 중요하게 여겨졌다. 의사는 환자와 만나는 시간보다 보험 회사 직원과 의료보험 관리자와 통화하는 시간을 늘렸다. 제약 회사는 대기업의 방식을 차용해 불편한 고객을 응대하고 새 고객을 유치했다. 항공사 승무원과 식당 종업원을 훈련시킨 트레이너가 의료 전문가들에게 연민과 같은 감정을 어떻게 만들어내고 흉내 내는지 가르쳤다. 환자와 가족이 아무리 강력한 육체적·감정적 공격을 받더라도 다시 원래대로 돌아가는 고무 밴드라도 되는 것처럼 '회복탄력성'에 대해 떠들어댔다. 고객으로 여겨지는 환자들은 오직 효율성과 비용 같은 용어를 사용해 의료 서비스를 평가하도록 길들여졌다. 그에 반응하여 의사들도 같은 용어를 가져왔으며 의학계에서 윤리적 소명이라든가 도덕적 책임이라는 단어는 점차 사라져갔다. 그런 변화가 반복적으로 지속되면서 우리가 지금 현재의 끔찍한 상황에 도달하게 된 것이다. 한때 가장 인간적이고 중요하게 여겨졌던 돌봄의 행위가 이제 전문적인 의료 기관에서 사라질지 모른다는 공포를 갖게 되었고 이전에는 안전한 공간이었던 가족과 친구 사이에서조차도 돌봄이 억지로 강요되고 부자연스러운 무언가가 될지도 모른다고 생각하게 되었다. 환자와 간병인 모두 안전망이 사라진 것처럼, 20세기 미국의 역사인 크리스토퍼 래시가 말했듯이 "비정한 세상에서의 안식처"가 사라진 것처럼, 포위당한 기분에 휩싸였다. 무언가 불길한 일이 빠르게 일어나면서 미국의 의료 체계는 점점 더 해체되고 혼란스럽고 기능마저 마비되어 버리고 있다.

조앤과 나는 이렇게 큰 세계의 힘과 이 힘이 세상에 미치는 영향을 대체로 의식하지 못하고 지냈다. 이 시기는 내 인생의 전성기라

할 수 있었다. 우리 아이들은 알아서 잘 자라고 있었다. 조앤은 하버드 엔칭 인스티튜트에서 중국 문학과 역사를 유일하게 가르치던 아킬레스 팽을 스승으로 삼고 공부 중이었다. 팽을 통해 조앤은《천자문》번역을 시작했다.

조앤은 나와 가족들을 돌보고, 내 경력이 모든 방향으로 뻗어나가는 와중에도 자신의 지적인 영역을 개척해 나갔다. 나는 사회의학과·인류학과의 학과장이자 대표 교수였다. 책과 논문을 놀라운 속도로 써 내려가면서 각종 이사회, 위원회, 패널, 전 세계의 다양한 조직에서 활동했고 그러면서도 매년 시간을 내어 중국에 가서 일했다. 캠브리지에 있던 2년 동안 나는 하버드와 연계된 병원에서 클리닉 티칭 회진을 돌았고 밤이나 주말에는 대학교 교수실과 집 사무실에서 개인 환자들을 보았다. 단순하게 말해서, 내가 맡은 업무량은 상상을 초월했고 어쩌면 시애틀에서보다 더 과로했다. 여기에 새로운 행정 업무와 수업도 추가되었다. 인정사정없이 일만 했지만 나는 다른 방식을 원하지도 않았다. 이렇게 흥미진진하고 보람 있는 일을 하면서 경력이 궤도에 오르다 보면 과연 내가 버틸 수 있을지 없을지의 문제가 다시 올라온다. 먹구름이 모여들기 시작한다. 나는 성공과 만족이 꼭 같이 가지 않아도 된다는 사실을 받아들일 준비가 되지 않았다. 새로운 성취는 더 많은 성취를 하라고 밀어붙일 뿐이었고 '더 많은' 일은 만족을 주지 못했다.

언젠가는 대가를 치르게 될 수밖에 없다. 피할 수 없으나 역설적이게도 나는 학계에서의 성공과 인정을 받는 대신 나에게 가장 소중한 무언가를 내주어야 했다. 건강이다. 나는 온갖 종류의 다종다양한 병을 키웠고 대부분은 스트레스 관련 질환이었다. 천식, 고혈압, 통풍, 축농증, 비정형 색소 모반, 만성 피부염 등은 스스로를 돌보지 못해 더욱 심해졌다.

하지만 그 시절 모든 짐을 지었던 건 내가 아니라 조앤이었을지 모른다. 내가 어린 시절에 왕자님처럼 자란 건 절대 아니었다. 적어도 설거지를 하고 식탁 정리를 했다. 그래도 지금 와서 생각해 보면 나의 특권 의식은 여전히 평균 이상이었다. 나는 침대를 정리하지도 공과금을 내지도 집안을 살피지도 않았다. 세탁기와 건조기가 어디 있는지도 몰랐으니 사용법은 당연히 몰랐다. 나는 모든 학문적·전문적 여정을 동일한 열정과 진심으로 추구했지만 그렇게 할 수 있었던 건 조앤이 내 주변의 모든 것이 수월하게 흘러가도록 유지시켜 주었기 때문이다. 그 모든 시간 동안, 돌봄이라는 주제에 대해서 글 쓰고 가르쳐 오면서도 나는 내 가족, 심지어 나 자신을 돌보는 일에 무지했다. 나의 세계에서 질병의 경험에 기여한 사회적 요소는 고려하지 않았고 내 질병은 대체로 무시했다. 내 학생들과 동료들에게 가혹했고 기대가 높았으며 더 잘하라고 압박했으나 그들의 성과에 영향을 미칠지도 모르는 문제를 같이 고민할 시간을 내지 않고 인내하지도 않았다. 처음부터 나의 성공을 위해 나처럼 노력하고 헌신했던 조앤은 여전히 나의 완충제이자 중재자였다. 시애틀에서처럼 하버드에서도 그녀는 나의 무심함이 만들어낸 문제들을 조용히 해결하고 매만졌다.

우리는 청소부나 다른 도우미를 고용할 만큼 수입이 넉넉하진 않았다. 아이들의 사립학교 학비를 내기도 벅찼다. 그래서 조앤이 가사노동을 전부 도맡았다. 시애틀의 집을 팔기 전에는 매수자에게 더 매력적으로 보이게 하기 위하여 온 집의 가파른 계단을 둘러싼 벽의 벽지를 벗긴다면서 기계를 빌려 직접 수리하기도 했다. 그러다가 유독성의 화학약품에 노출되어 기침을 하고 어지럼증을 호소하기도 했지만 끝까지 하겠다고 고집해서 완성했다. 바로 직전까지 그녀는 우리의 논문을 중국 심리학 저널에 발표하기 위해 6개월 동안 집중적으로 서머리를 쓰기도 했다. 그러면서도 여전히 나를 위해, 피터와 앤을 위해 언제나 우리 곁에 있었다. 우리 어머니 곁에 그리고 우리의 커다랗고 말썽 많은 개 솔티 옆에도 항상 있었다.

조앤은 나의 삶에서, 우리 가족의 삶에서 주 보호자 역할을 했다. 그녀는 마치 접착제처럼 우리를 붙여주었고 나는 오직 나만의 방향으로 가면서 부지불식간에 그 모든 것을 흔들리게 하곤 했다.《질병 이야기》같은 책을 쓰고 사람을 돌보는 일에 대해서 수없이 강의를 하고 다닌 사람의 가슴 아픈 아이러니를 직면하고 있다. 나는 돌봄을 공부하고 가르쳤지만 우리 삶의 이야기를 만들어가고 경험을 소중한 기억으로 남게 하는 건 모두 조앤에게 맡겼다. 오랫동안 고정된 역할이었다. 그러다 조앤이 아프게 되었고 우리의 작은 세계는 완전히 뒤바뀌고 말았다. 우리 가정의 일은 환자의 고통과 돌봄 자체에 대한 사회의 태도가 변화를 겪기 시작할 때 일어났다. 조앤과 내가 기록하고 비판한 바로 그 문제를 우리도 직접 경험하게 될 것이다. 우리가 몸 담고 있던 물은 끓고 있었지만 아직은 끓는점까지 도달하지는 않았다.

EPILOGUE

조앤이 죽고 3년이 흐른 뒤 다른 대학의 젊은 박사 후 과정 학생
이 나에게 찾아와 논문 문제로 조언을 얻고 싶다고 했다. 솔직히 그
다지 만나고 싶지 않았다. 그 시간에 다른 할 일도 많았다. 짧은 전화
통화를 통해서 내 전문 분야와 그 학생의 논문 주제가 딱히 관련이
없다는 것도 알았다. 나는 되도록 만남을 짧게 끝내겠다는 생각으로
대화를 시작했다. 그런데 그의 목소리에 깃든 무언가, 슬픔이나 좌절
이라 할 수 있는 무언가 때문에 나는 조바심을 내려두고 마음을 열었
다. 그 학생이 안쓰러워지면서 그에게 논문은 부차적이고 자신의 답
답한 심정을 풀어놓을 데가 없어 여기까지 찾아왔다는 생각이 들었
다. 과거 내가 이런 직감을 가질 수 있었을까? 적어도 병원 밖에서는
아니었을 것이다. 학교에서 나의 페르소나는 언제나 시급한 업무에만
집중하기 바빴다.
　　내가 그 학생의 불안과 동요를 알아챘다고 해도 평일 빡빡한 스

297

케줄 속에서 학생에게 그에 대해 물어볼 시간을 낼 순 없었다. 이미 그다음 일정으로 넘어갔을 것이기에 시간이 없다는 생각조차 하지 않았을지 모른다. 그날 처음 만난 사람에게 내가 몇 달 동안 보아온 환자나 내 인생에서 가까운 사람에게 내줄 법한 종류의 관심을 주지 않았을 것이다. 하지만 지금의 나는 학생에게 질문을 한다. 학생은 기다렸다는 듯이 하고 싶은 말을 쏟아냈다. 이 젊은이는 결과를 신중히 고려하지 않고 나이 많고 병든 친구를 돌보겠다고 약속했다가 그 과정에서 엄청난 피로와 감정 고갈을 경험하고 있다고 했다. 원래는 친구가 심각한 상태에 빠졌을 때만 도우려고 했었다. 이제는 원하지도 않고 끝도 나지 않을 것 같은 책임감이라는 덫에 갇힌 기분이며, 어떻게 빠져나와야 할지 모르겠다고 말했다. 그러면서 자기 가족 이야기와 내적 갈등까지 다 털어놓았다. 우리는 아주 긴 시간 동안 마주 앉아 이 고된 시절을 헤쳐나가는 방법에 대해서 이야기했다. 나와의 대화가 그에게 매우 뜻깊은 시간이 되리라는 것을 알았으나 나에게도 매우 긍정적인 영향을 미쳤다. 이야기하면서 나는 시간이 느리게 흐르고, 상대에 대한 진정한 관심이 생기면서, 중요한 일에 집중하는 나의 좋은 모습이 내 안에서 나오고 있다고 느꼈다.

그가 외롭다는 말을 꺼내자 나는 아픈 조앤을 간병하던 시절 내가 느낀 감정들이 떠올랐다. 돌보는 관계 안에서 그가 느끼는 양가감정은 내가 조앤을 돌볼 때 나를 지배했던 감정은 아니었다. 그러나 나는 경험을 통해 그 감정이 어떤 모양인지 잘 알았다. 그는 예전에 한 약속과 지금 그가 느끼는 의무감 사이에서 갈등하면서 정신적 압박에 시달리고 있었다. 그의 심리적 욕구에는 원인이 있고, 짧은 대화 속에선 다 파악할 수는 없었던 근거들이 있었겠지만 나는 그저 그가 할 말을 하도록 내버려 두었다. 그는 자신의 이야기를 끝까지 들어주어 감사하다면서 자신의 상황을 보다 객관적으로 볼 수 있게 되었다고 말했다. 나는 이 고통스러운 관계에 대해서 더 심도 깊은 대화를 나눌 수 있는 내 동료를 소개해 주었고, 내면의 갈등을 더 탐구해 보라 말하고 돌려보냈다. 그러나 그가 내게 한 말들이 계속 남아 어떤 장면을 자꾸 소환했다. 내가 지금 언제나 하고 있는, 기억을 돌보는 일이 무엇인지를 다시 생각하게 한 것이다.

돌봄에는 실존적인 무언가가 있다. 우리가 누군가를 돌보겠다는 마음을 가질 때 우리 안에서 온유한 자비심이 생기면서 그에 따라 행동하고 싶어진다. 당신은 할 수 있는 것을 한다. 그리고 그 행동은 다른 사람들의 삶에 깊이 들어가 그들의 욕구에 반응하는 일이 된다. 항상 모든 사람에게 이렇게 반응할 수는 없지만 그리 큰 문제는 아니다. 그렇지 않은가? 진짜 중요한 건 당신이 어떤 시간에, 언제라도 어떤 사람에게 돌봄을 베풀고 싶다고 생각한다는 것이다. 다른 사람의 고통이 내 안으로 들어와 나의 고통을 건드릴 때도 견딜 수 있나? 기억이 쏟아져도 괜찮은가? 타인의 아픔을 돌보는 일은 곧 당신 자신을 돌보는 일이 되기도 한다. 놀랍게도 내가 찾지도 않았고 기대하지 않았던 방식으로 나는 대화 끝에서 나를 다시 일으킬 힘을 얻기도 한다. 그러니 내가 이제껏 수백 번 했던 것과 비슷한 학생 면담을 끝냈을 때, 그날 나의 하루 일정을 꼬이게 한 그 대화가 끝났을 때 나는 이상하게도 기분이 가벼워지고 상처도 아문 기분이 들었던 것이다.

나아가 사이클이 완성된 기분마저 들었다. 내가 학생과의 만남에서 한 모든 말과 행동은 조앤에게서 배운 것이다. 한 명의 인간인 조앤에게 배우고 조앤의 돌봄 안에서 배우고, 내가 조앤을 돌보는 사람이 되면서 또 배웠다. 어쩌면 이것은 돌봄의 핵심, 돌봄의 영혼에 관한 달콤 쌉쌀한 미스터리일지도 모른다. 우리는 돌보기 위해 여기에서 있다. 그러나 돌봄은 우리의 의심과 불안을 불러일으킨다. 절대로 깔끔하게 정리되지 않는다. 불편하다. 웬만하면 피하고 싶은 일들을 한다. 절대 유쾌하지 않다. 받는 것보다 주는 것이 너무 많아 보인다. 가끔 우리를 무너뜨린다. 그럼에도 불구하고 우리 인간이 할 수 있는 일 중 가장 숭고한 일이다. 다른 사람으로부터 시작되지만 결국 우리에 관한 일이다. 누군가를 돌보고 살피면서 자신 또한 돌봄과 보살핌을 받아야 하는 존재라는 걸 깨닫는다. 우리는 다른 이에게 헌신하면서 인간의 원초적인 성질이라 할 수 있는 실존적 불안마저도 부정할 수 있게 되고 그에 덜 위협받으며 인생은 더 살 만해진다. 우리는 함께 모든 인간이 맞는 마지막 날을 향해 여행한다. 어쩌면 이런 과정을 거쳐 마침내 돌봄의 영혼은 영혼의 돌봄으로 전환되는 것일지도 모른다.

너무나 오랜 시간 나를 붙잡고 있던 이 책을 쓰면서 조앤을 돌보던 기억들은 곧 나를 돌보는 일로 번역되곤 했다. 조앤의 페르소나를 소중히 여기고 조앤을 다시 살리며 나는 이 이상하고 어려운 시간을 내 방식대로 살아갈 수 있는 존재가 되었다. 어떤 면에서는 이제야 조앤을 보내줄 수 있을 것 같다. 길고 힘겨웠던 애도의 과정을 거쳐 조앤을 보내고 이제는 다른 살아 있는 증거를 남길 수 있을 것 같다. 또 다른 의미에서 나는 달라졌다. 이 글을 쓰면서 나의 오래된 자아가 사라지고 이 책의 저자, 즉 기억을 소중히 간직한 사람이자 예전과는 달라지기로 결심한 한 인간이 되었다.

감사의 글

이 책은 가정의 주 간병인이자 돌보는 사람으로서 10여 년간의 경험을 바탕으로 썼지만 나의 평생의 이야기가 들어간 자서전이라고도 할 수 있다. 나의 개인적, 학문적, 의사로서의 모든 삶이 이 안에 담겼다. 한 인간의 성장기이자 나의 가족과 일을 설명하는 의사의 이야기이기도 하다. 수천 시간의 대화, 관찰, 진료, 독서, 지난한 몸부림들이 이 책 안에 모두 녹아 있다. 따라서 그간 나를 도와준 그 모든 고마운 사람들, 가족, 병원, 클리닉, 요양원을 전부 나열하기는 불가능할 것 같다. 돌봄에 대한 나의 생각을 전달할 수 있었던 대학교, 컨퍼런스, 세미나도 마찬가지다. 이러한 경험들이 이 책에 중요했다는 건 분명하다.

무엇보다 조앤이 없었다면 이 책은 존재하지 않았다. 또한 앤, 피터, 토머스, 켈리, 나의 손주들, 이제 고인이 된 어머니 마샤, 동생 스티브, 그의 아내 리, 사촌 로라와 파트너 잰도 빼놓지 않으려 한다. 조앤에게 도움을 준 우리의 요양 보호사이며 내가 여기서 가명으로 적은 실라에게도 감사를 전한다. 내가 얼마나 깊이 고마워하는지 몇 번이고 말하고 싶다.

내가 고치고 또 고쳤던 이 책의 초안은 피터 지나의 세심한 편집

302

을 통해 더 명료해졌다. 책의 후반부는 유능한 편집자인 데이비드 소벨에게 큰 도움을 받았다. 그는 돌봄의 정의와 실천에 대해 진지하게 이해하는 모습을 보여주었다. 피터와 데이비드에게 시작되어 앤와 젠에게 이어진 편집에도 감사한다. 에이전트인 질 니어림은 나에게 남아 있는 음악을 끌어냈고 몇 년 동안 열정이 꺼지지 않게 했으며 내안의 음악과 열정을 이상적인 독자에게 향하게 했다. 펭귄 출판사의 캐스린 코트는 이야기보다 의미를 더 많이 보여달라고 했다. 빅토리아 사반은 제작 단계부터 정성껏 이 책을 지켜주었다. 여러 조언을 따르려 노력했지만, 그럼에도 부족한 부분은 전적으로 나의 탓이다.

자료 조사를 도와준 하버드 대학원생들은 가장 실질적인 도움을 주었다. 수많은 하버드 대학 학부 졸업생들, 의대생들은 비판적인 관점을 유지하면서 내가 수업 중에 밝힌 시작 단계의 여러 생각들을 여유와 유머로 참아주었다. 박사 후 과정 학생들과 박사 과정 학생들은 멘토링 또한 상호 돌봄임을 보여주었고 돌봄의 내용과 범위는 언제나 열린 문제라는 사실도 알려주었다.

훌륭한 어시스턴트인 린다 토머스의 도움도 컸다. 알아보기가 힘든 내 손 글씨를 — 아직까지도 내가 생각하고 글을 쓸 수 있는 유일한 방식이다 — 전부 컴퓨터로 옮겨주었고 원고에 대해 예리하면서도 겸손한 조언을 해주었다. 나의 기운이 시들지 않고 계속 쓸 수 있게 해주었다. 그녀 전에는 메릴린 굿리치가 같은 일을 우아하고도 효율적으로 해주었다. 클레어 드 포크랜드는 마지막 원고를 위한 자료 정리를 도와주었다.

가장 큰 마음의 빚은 미국, 중국, 대만, 일본, 필리핀, 영국, 케냐,

탄자니아, 남아프리카 공화국 등 세계 각지에서 지난 50년 동안 만나 함께 일할 기회를 준 수천 명의 환자, 그들의 가족, 의료 전문가 들에게 졌다. 내가 돌봄에 대해 가까스로 표현할 수 있었던 지혜는 모두 그들로부터 나왔다.

하버드 의료인류학과에서 가장 오래 후원해 준 이는 고 마이클 크릭턴이다. 그는 이 책을 쓸 수 있도록 연구 기금을 마련해 주었다. 그가 나에게 요구한 유일한 대가는 이것이었다. "언제나 의학의 정상에 반하라."《케어》에서 끌어낸 연구 결과들은 지난 수십 년간 여러 곳의 지원을 받아 이루어졌다. 미국 국립 보건원, 국립 과학 재단, 록펠러 재단, 맥아더 재단, 카네기 재단, 프리먼 재단, 사회 과학 연구 협회, 구겐하임 재단 등의 도움을 받았다. 그들의 지원에 깊이 감사한다.

지난 40년간 하버드 대학의 소속으로 일했다. 문리학부 인류학과와 의학부 사회의학과는 나의 집과 같았다. 동료 교수들과 대학에 큰 감사를 보내고 싶다. 하버드는 조앤이 나와 함께 연구한 마지막 해에 실질적 지원을 해주었기에 조앤이 내 연구실에 머물고 내가 그녀를 지켜보면서도 수업을 준비할 수 있었다. 하버드는 내 관심 분야를 지속적으로 지원하면서 훌륭한 협력자, 학생 들과 함께할 수 있게 했다. 의료인류학과가 중심이 될 수 있도록 시간과 공간과 자원이라는 특별한 선물을 주었다.

마지막으로 정직히 인정하건대,《케어》는 아직 끝맺지 못한 책이다. 나는 계속 돌봄에 대해 쓰고 또 쓰겠지만 완성하지 못할 것이다. (사실 이 책의 집필을 마무리하면서 약간 두려워졌고 궁금해졌다. 다음에는 무엇을 해야 할까?) 왜냐하면 이 주제는 여전히 살아 있고, 적절하면서도 설득력 있는 단어로 돌봄의 경험을 옮기고자 하는 나의 씨름은 계속될 것이기 때문이다. 돌봄은 인생 자체와도 같다. 불완전하고 끝나지 않는다. 하지만 이 페이지들에 실린 나의 노력이 전해져 우리 모두에게 돌봄이 얼마나 소중한지 가슴 깊이 깨닫게 되기를 소망한다.

참고문헌

Abel, Emily K. *The Inevitable Hour: A History of Caring for Dying Patients in America*. Baltimore: Johns Hopkins University Press, 2016.

Abraham, Laurie Kaye. *Mama Might Be Better Off Dead: The Failure of Health Care in Urban America*. Chicago: University of Chicago Press, 1994.

Alterra, Aaron [E. S. Goldman]. *The Caregiver: A Life With Alzheimer's*. Hanover, NH: Steerforth Press, 1999.

Bayley, John. *Elegy for Iris*. New York: Picador, 1999.

Bellini, Lisa M., and Judy A. Shea. "Mood Change and Empathy Decline Persist During Three Years of Internal Medicine Training." *Academic Medicine* 80, no. 2 (2005): 164-167.

Biehl, Joao. *Vita: Life in a Zone of Social Abandonment*. Berkeley: University of California Press, 2005.

Boris, Eileen, and Jennifer Klein. *Caring for America: Home Health Workers in the Shadow of the Welfare State*. Oxford: Oxford University Press, 2012.

Brodwin, Paul E. *Everyday Ethics: Voices from the Front Line of Community Psychiatry*. Berkeley: University of California Press, 2012.

Buch, Elana D. "Anthropology of Aging and Care." *Annual Review of Anthropology* 44 (2015): 277-293.

Cassidy, Sheila. *Sharing the Darkness: The Spirituality of Caring*. New York: Orbis Books, 1992.

Coakley, Sarah, and Kay Kaufman Shemelay, eds. *Pain and Its Transformations: The Interface of Biology and Culture*. Cambridge: Harvard University Press, 2008.

Culture, Medicine, and Psychiatry: An International Journal of Cross-Cultural Health Research. New York: Springer US.

Das, Veena. *Affliction: Health, Disease, Poverty*. New York: Fordham University Press, 2015.

Didion, Joan. *The Year of Magical Thinking*. New York: Alfred A. Knopf, 2005.

Fadiman, Anne. *The Spirit Catches You and You Fall Down: A Hmong Child, Her American Doctors, and the Collision of Two Cultures*. New York: Farrar, Straus and Giroux, 2012.

Farmer, Paul, Arthur Kleinman, Jim Kim, and Matthew Basilico, eds. *Reimagining Global Health: An Introduction*. Berkeley: University of California Press, 2013.

Foner, Nancy. *The Caregiving Dilemma: Work in an American Nursing Home*. Berkeley: University of California Press, 1994.

Foucault, Michel. *Discipline and Punishment. The Birth of the Prison*. Translated by Alan Sheridan. London: Allen Lang, 1977.

Frankl, Viktor. *Man's Search for Meaning*. Boston: Beacon Press, 2006 [1946].

Fry, Erika, and Fred Schulte. "Death by a Thousand Clicks." *Fortune*, March 18, 2019.

Fuchs, Elinor. *Making an Exit: A Mother-Daughter Drama with Alzheimer's, Machine Tools, and Laughter*. New York: Metropolitan Books, 2005.

Garcia, Angela. *The Pastoral Clinic: Addiction and Dispossession along the Rio Grande*. Berkeley: University of California Press, 2010.

Gawande, Atul. *Being Mortal: Medicine and What Matters in the End*. New York: Picador, 2015.

_____. "The Upgrade: Why Doctors Hate Their Computers." *New Yorker* 94, no. 36 (2018): 62.

Geertz, Clifford. *Local Knowledge*. New York: Basic Books, 1987.

Glenn, Evelyn Nakano. *Forced to Care: Coercion and Caregiving in America*. Cambridge: Harvard University Press, 2012.

Good, Byron. *Medicine, Rationality, and Experience: An Anthropological Perspective*. Cambridge: Cambridge University Press, 1994.

Good, Mary-Jo DelVecchio. *American Medicine: The Quest for Competence*. Berkeley: University of California Press, 1995.

Grant, Karen R., Carol Amaratunga, Pat Armstrong, Madeline Boscoe, Ann Pederson, and Kay Wilson, eds. *Caring For/Caring About: Women, Home Care, and Unpaid Caregiving*. Toronto: University of Toronto Press, 2004.

Groopman, Jerome E. *The Measure of Our Days: A Spiritual Exploration of Illness*. New York: Penguin, 1998.

Gross, Jane. *A Bittersweet Season: Caring for Our Aging Parents-and Ourselves*. New York:

Alfred A. Knopf, 2011.

Hampton, J. R, M. J. Harrison, J. R. Mitchell, J. S. Prichard, and C. Seymour. "Relative Contributions of History-Taking, Physical Examination, and Laboratory Investigation to Diagnosis and Management of Medical Outpatients." *British Medical Journal* 2 (1975): 486.

Heaney, Seamus, *Opened Ground: Poems, 1966-1996*. London: Faber and Faber, 1998.

Hojat, Mohammadreza, Salvatore Mangione, Thomas J. Nasca, Susan Rattner, James B. Erdmann, Joseph S. Gonnella, and Mike Magee. "An Empirical Study of Decline in Empathy in Medical School." *Medical Education* 38, no. 9 (2004): 934-941.

Institute of Medicine Committee on Pain, Disability, and Chronic Illness Behavior. Marian Osterweis, Arthur Kleinman, and David Mechanic, eds. *Pain and Disability: Clinical, Behavioral, and Public Policy Perspectives*. Washington, DC: National Academies Press, 1987.

Jackson, Stanley W. "Presidential Address: The Wounded Healer." *Bulletin of the History of Medicine* 75, no. 1 (2001): 1-36.

Jamison, Kay Redfield. *An Unquiet Mind: A Memoir of Moods and Madness*. New York: Vintage Books, 1996.

Kalanithi, Paul. *When Breath Becomes Air*. New York: Random House, 2016.

Kaptchuk, Ted. "The Placebo Effect in Alternative Medicine: Can the Performance of a Healing Ritual Have Clinical Significance?" *Annals of Internal Medicine* 136, no. 11 (2002): 817-825.

Kaptchuk, Ted J., and Franklin G. Miller. "Placebo Effects in Medicine." *New England Journal of Medicine* 373, no. 1 (2015): 8-9.

Kaufman, Sharon R. *And a Time to Die: How American Hospitals Shape the End of Life*. New York: Scribner, 2005.

Kleinman, Arthur. *Patients and Healers in the Context of Culture: An Exploration of the Borderland between Anthropology, Medicine, and Psychiatry*. Berkeley: University of California Press, 1980.

_____. *Social Origins of Distress and Disease: Depression, Neurasthenia, and Pain in Modern China*. New Haven: Yale University Press, 1986.

_____. *The Illness Narratives*. New York: Basic Books, 1988.

_____. *What Really Matters: Living a Moral Life amidst Uncertainty and Danger*.

Oxford: Oxford University Press, 2007.

_____. "Catastrophe and Caregiving: The Failure of Medicine as an Art." *Lancet* 371, no. 9606 (2008): 22-23.

_____. "Caregiving: The Odyssey of Becoming More Human." *Lancet* 373, no. 9660 (2009): 292-293.

_____. "Caregiving as Moral Experience." *Lancet* 380, no. 9853 (2012): 1550-1551.

_____. "From Illness as Culture to Caregiving as Moral Experience." *New England Journal of Medicine* 368 (2013): 1376-1377.

_____. "Caring for Memories." *Lancet* 387, no. 10038 (2016): 2596-2597.

_____. "Presence." *Lancet* 389, no. 10088 (2017): 2466-2467.

Kleinman, Arthur, and Joan Kleinman. "How Bodies Remember: Social Memory and Bodily Experience of Criticism, Resistance, and Delegitimation following China's Cultural Revolution." *New Literary History* 25, no. 3 (1994): 707-723.

_____. "The Appeal of Experience; The Dismay of Images: Cultural Appropriations of Suffering in Our Times." *Daedalus* 125, no. 1 (1996): 1-23.

Kleinman, Arthur, Yunxiang Yan, Jing Jun, Sing Lee, Everett Zhang, Pan Tianshu, Wu Fei, and Jinhua Guo. *Deep China: The Moral Life of the Person.* Berkeley: University of California Press, 2011.

Kuhn, Thomas. *The Structure of Scientific Revolutions.* Chicago: University of Chicago Press, 1970 [1962].

Lasch, Christopher. *Haven in a Heartless World: The Family Besieged.* New York: W. W. Norton, 1995.

Levitsky, Sandra R. *Caring for Our Own: Why There Is No Political Demand for New American Social Welfare Rights.* New York: Oxford University Press, 2014.

Lewis-Fernandez, Roberto, and Naelys Diaz. "The Cultural Formulation: A Method for Assessing Cultural Factors Affecting the Clinical Encounter." *Psychiatric Quarterly* 73, no. 4 (2002): 271-295.

Mattingly, Cheryl. *Healing Dramas and Clinical Plots: The Narrative Structure of Experience.* Cambridge, UK; New York, NY, USA: Cambridge University Press, 1998.

Mda, Zakes. *Ways of Dying.* New York: Picador, 2002.

Mechanic, David, Donna D. McAlpine, and Marsha Rosenthal. "Are Patients' Office Visits with Physicians Getting Shorter?" *New England Journal of Medicine* 344 (2001): 198-

204.

Merton, Robert K. "The Unanticipated Consequences of Purposive Social Action." *American Sociological Review* 1, no. 6 (1936): 894-904.

Miles, Ann. *Living with Lupus: Women and Chronic Illness in Ecuador.* Austin: University of Texas Press, 2013.

Mol, Annemarie. *The Logic of Care: Health and the Problem of Patient Choice.* New York: Routledge, 2008.

Morris, David B. *The Culture of Pain.* Berkeley: University of California Press, 1993.

Mukherjee, Siddhartha. *The Emperor of All Maladies: A Biography of Cancer.* New York: Simon & Schuster, 2010.

Mulley, Albert G., Chris Trimble, and Glyn Elwyn. "Stop the Silent Misdiagnosis: Patients' Preferences Matter." *British Medical Journal* 345 (2012): e6572.

National Academies of Sciences, Engineering, and Medicine. Richard Schulz and Jill Eden, eds. *Families Caring for an Aging America.* Washington, DC: National Academies Press, 2016.

Nelson, Sioban, and Suzanne Gordon, eds. *The Complexities of Care: Nursing Reconsidered.* Ithaca, NY: ILR Press/Cornell University Press, 2006.

Nightingale, Florence. *Notes on Nursing: What It Is, and What It Is Not.* New York: Appleton, 1860.

Ofri, Danielle. *What Patients Say, What Doctors Hear.* Boston: Beacon Press, 2017.

O'Reilly, Dermot, Michael Rosato, and Aideen Maguire. "Caregiving Reduces Mortality Risk for Most Caregivers: A Census-Based Record Linkage Study." *International Journal of Epidemiology* 44, no. 6 (2015): 1959-1969.

Osterman, Paul. *Who Will Care for Us? Long-Term Care and the Long-Term Workforce.* New York: Russell Sage Foundation, 2017.

Patel, Vikram, Harry Minas, Alex Cohen, and Martin J. Prince, eds. *Global Mental Health: Principles and Practice.* Oxford: Oxford University Press, 2013.

Peckins, Christopher S., Leila R. Khorashadi, and Edward Wolpow "A Case of Reduplicative Paramnesia for Home." *Cognitive and Behavioral Neurology* 29, no. 3 (2016): 150-157.

Poo, Ai-jen, and Ariane Conrad. *The Age of Dignity: Preparing for the Elder Boom in a Changing America.* New York: New Press, 2015.

Puett, Michael, and Christine Gross-Loh. *The Path: What Chinese Philosophers Can Teach Us About the Good Life*. New York: Simon & Schuster, 2017. First published 2016.

Richardson, Robert D. *William James: In the Maelstrom of American Modernism*. Boston: Houghton Mifflin Harcourt, 2006.

Sankar, Andrea. *Dying at Home: A Family Guide for Caregiving*. Baltimore: Johns Hopkins University Press, 1991.

Sherr Klein, Bonnie. *Slow Dance: A Story of Stroke, Love and Disability*. Toronto: Vintage Canada, 1997.

Simmons, Philip. *Learning to Fall: The Blessings of an Imperfect Life*. New York: Bantam Books, 2003.

Slaughter, Anne-Marie. *Unfinished Business: Women Men Work Family*. New York: Random House, 2015.

Solomon, Andrew. *The Noonday Demon: An Atlas of Depression*. Scribner, 2014.

Stevenson, Lisa. *Life Beside Itself: Imagining Care in the Canadian Arctic*. Berkeley: University of California Press, 2014.

Swift, Jonathan. *A Modest Proposal for Preventing the Children of Poor People from being a Burthen to their Parents or Country, and for Making them Beneficial to the Publick*. Dublin: S. Harding, London: J. Roberts, 1729.

Taylor, Janelle S. "On Recognition, Caring, and Dementia." *Medical Anthropology Quarterly* 22, no. 4 (2008): 313-335.

Tronto, Joan. *Moral Boundaries: A Political Argument for an Ethic of Care*. New York: Routledge, 1993.

——————. *Caring Democracy: Markets, Equality, and Justice*. New York: New York University Press, 2013.

Verghese, Abraham. *My Own Country: A Doctor's Story*. New York: Vintage Books, 1995.

Weiming, Tu, and Mary Evelyn Tucker, eds. *Confucian Spirituality*. Spring Valley, NY: Crossroad, 2003.

Witchel, Alex. *All Gone: A Memoir of My Mother's Dementia*. New York: Riverhead Books, 2012.

Wood, Diana F. "Bullying and Harassment in Medical Schools: Still Rife and Must Be Tackled." *British Medical Journal* 333, no. 7570 (2006): 664-665.

아서 클라인먼 정신의학, 의료인류학, 세계보건, 사회의학 분야의 세계적 석학. 스탠퍼드 의대에서 수
ARTHUR KLEINMAN 학했고 40여 년 동안 하버드 대학교에서 학생들을 가르쳤다. 현재 하버드 의대 정신
의학, 의료인류학 교수이자 하버드 문리대 인류학과의 에스터 앤드 시드니 랍 교수다.
2008년부터 2016년까지 하버드 아시아 센터장을 역임했다. 총 여섯 권의 책을 집필했
으며 그중 《질병 이야기The Illness Narrative》는 여러 의대에서 교재로 읽히고 있다. 미
국 의학 협회, 미국 예술 과학 아카데미 회원이다.

옮긴이 노지양 연세대학교 영어영문학과를 졸업하고 KBS와 EBS에서 라디오 방송작가로 활동했으
며 현재 전문 번역가로 일하고 있다. 에세이 《먹고사는 게 전부가 아닌 날도 있어서》
를 썼으며, 《나쁜 페미니스트》《헝거: 몸과 허기에 관한 고백》《파워북》《남자들은 항
상 나를 잔소리하게 만든다》 등 80여 권의 책을 우리말로 옮겼다.

케어

초판 1쇄 인쇄일 2020년 5월 25일
초판 3쇄 발행일 2022년 1월 20일

지은이 아서 클라인먼
옮긴이 노지양

발행인 박헌용, 윤호권
편집 엄초롱 **디자인** 김지연
발행처 ㈜시공사 **주소** 서울시 성동구 상원1길 22, 6-8층 (우편번호 04779)
대표전화 02-3486-6877 **팩스(주문)** 02-585-1755
홈페이지 www.sigongsa.com / www.sigongjunior.com

ⓒ 아서 클라인먼, 2020

이 책의 출판권은 (주)시공사에 있습니다. 저작권법에 의해
한국 내에서 보호받는 저작물이므로 무단 전재와 무단 복제를 금합니다.

ISBN 978-89-527-7656-3 03330